Hubertus Mynarek, geboren 1929 in Groß-Strehlitz/Oberschlesien, trat nach seinem Abitur 1948 ins Priesterseminar ein und studierte Theologie, Philosophie und Psychologie an den Universitäten Krakau, Lublin, Münster und Würzburg. Nach der römisch-katholischen Priesterweihe 1953 war Mynarek sechs Jahre lang, mit Unterbrechungen, in der Seelsorge tätig. 1954 Promotion zum Dr. theol.; 1956 Lizentiat der Philosophie; 1966 Habilitation an der Universität Würzburg; 1966–1968 Professor für Religionsphilosophie und Fundamentaltheologie an der Hochschule Bamberg; 1968–1972 Professor für Religionswissenschaft an der Universität Wien, 1971–1972 Dekan der katholisch-theologischen Fakultät der Universität Wien. Im November 1972 offener Brief an den Papst und Kirchenaustritt, daraufhin kirchliches Berufsverbot, d. h. Entzug der kirchlichen Lehrbefugnis, und Pensionierung durch den Staat. Er heiratete und ist Vater von zwei Kindern. Im November 1973 veröffentlichte Mynarek das Buch »Herren und Knechte der Kirche«, im Herbst 1977 »Religion – Möglichkeit oder Grenze der Freiheit?«. Beide Bücher befassen sich – das eine in mehr autobiographischer Sicht, das andere in systematischer Betrachtungsweise – mit den repressiven Strukturen der Kirche. Im Dezember 1979 legte der Autor einen Leitfaden für eine sozialethische Wirklichkeitsgestaltung unter dem Titel »Orientierung im Dasein« vor. Darüber hinaus hat Mynarek zahlreiche wissenschaftliche Arbeiten, Aufsätze sowie acht weitere Bücher über Philosophie, Religionspsychologie und Theologie veröffentlicht.

Juni 1980
Vollständige Taschenbuchausgabe
Droemersche Verlagsanstalt Th. Knaur Nachf.
München/Zürich
Lizenzausgabe mit freundlicher Genehmigung des Econ Verlages

Umschlaggestaltung Ursula und Peter J. Kahrl
Satz IBV Lichtsatz KG, Berlin
Druck und Bindung Mohndruck, Gütersloh
Printed in Germany
ISBN 3-426-03628-2

Hubertus Mynarek:
Eros und Klerus

Vom Elend des Zölibats

Droemer Knaur

Inhalt

Meinen Söhnen
Hubertus Heinrich
und
Markus Karl

Einleitung

»Solange dieses Zölibatsgesetz besteht, kann ich nicht mehr jungen Menschen empfehlen, den geistlichen Beruf als Priester oder Ordensfrau zu ergreifen.«

Das steht in einem der vielen Briefe, die der Verfasser des vorliegenden Buches von katholischen Priestern erhalten hat und in denen sie der tiefgehenden Unzufriedenheit mit ihrer gesetzlichen Verpflichtung zur Ehelosigkeit durch die römisch-katholische Kirche mannigfachen Ausdruck verleihen.

Angefügt haben nicht wenige von ihnen den Wunsch und die Bitte an mich, ein auch auf ihren Aussagen und Informationen basierendes Buch über die durch das kirchliche Zölibatsgesetz verursachten Zustände innerhalb des Klerus und über die kirchliche Sexualrepression insgesamt zu schreiben. Lange habe ich über die Angemessenheit und Realisierbarkeit dieses Wunsches nachgedacht. Stellen sich doch der Verwirklichung eines entsprechenden Vorhabens nicht geringe Hindernisse in den Weg, Hindernisse in Form von Vorurteilen, Bedenken, entgegengesetzten gesellschaftlichen Interessen und Machtkonstellationen usw. Mit der weitgehenden Enttabuisierung erotisch und sexuell relevanter Sachverhalte in der säkularisierten Gesellschaft von heute hat ja die Aufklärung über das Bestehen und die Art einer »erotischen Zone« im mehr oder minder geschlossenen Sakralkörper »Kirche« in keinerlei Hinsicht Schritt gehalten. Wer auf diesem Gebiet längst fällige Aufklärungsarbeit verrichtet, gerät immer noch leicht in den Ruch des Aufwieglers, des Ruhe- und Friedensstörers, des ressentimentbeladenen Querulanten und dergleichen mehr. Das hat viele und teilweise sehr verschiedenartige Gründe. Selbst Zeitgenossen, die persönlich nichts mehr mit dem kirchlichen Christentum verbindet, die dementsprechend auch nicht aus dem offiziellen »Glauben der Kirche« leben, jedoch geistig wenig beweglich sind, brauchen mehr unterbewußt als bewußt einen festen Punkt in der atemberaubenden Fluktuation der modernen gesellschaftlichen Prozesse und halten die Kirche – allein auf Grund ihrer Existenz – für diesen auch noch ihr eigenes Leben von ferne her stabilisierenden Hort und Garanten traditioneller Wertauffassungen. Daß die Kirche selbst (mindestens in ihrem von zahlreichen modernen Theologen artikulierten Selbstverständnis) Wandlungen durchgemacht hat, die von einer Identitätskrise und Irritation dieser Institution in bezug auf die eigenen tragenden Wertvorstellungen zu reden berechtigen, konstatiert gar nicht mehr das neue Entwicklungen von vornherein ausschließende Bewußtsein dieser Zeitgenossen. Dementsprechend blind und fassungslos reagieren sie auf jede Kritik an der Kirche, insbesondere auf eine solche an deren (sexual-)moralischen Vorstellungen und Geboten, weil sie sich dadurch selber in ihrer erstarrten Denk- und Daseinsweise in Frage gestellt fühlen.

In ähnlicher Weise, nur noch potenzierter, muß die Masse des Kirchenvolkes, die durch einen tiefen Graben von der elitären Bewußtseinsschicht der kirchlichen Intellektuellen, den Theologen, getrennt ist, auf Vorstöße reagieren, die die »ewigen sittlichen Wahrheiten« der Kirche, insbesondere ihre Geschlechtsmoral, einer kritischen Prüfung unterziehen. Ein keineswegs geringer Prozentsatz von ihnen wird sich zwar nicht gegen eine Lektüre wie die des vorliegenden Buches sperren, aber er wird es – wiewohl mit äußerlich verhaltenem, nicht gern eingestandenem Interesse – durch die Brille der längst internalisierten kirchlichen Sexualverbote lesen, d. h. nicht imstande sein, sein diesbezüglich falsches Bewußtsein zu korrigieren.

In beiden Gruppen, den gleichermaßen von einem statischen Bewußtsein geprägten Outsidern wie Insidern, wirkt zuungunsten einer Enttabuisierung verschwiegener, verborgener oder verschleierter Tatbestände die Macht des Faktischen und der Gewohnheit. Was ist, erweckt ja zunächst den Eindruck, als ob es so sein müßte und auch immer so war. Was längere Zeiträume überstand, erscheint sakrosankt und unantastbar schon allein durch die imposante Quantität wenn auch nur mechanisch sich aneinanderreihender Zeitmomente. Der gegen ungerechtes, aber wohletabliertes Dasein Aufbegehrende befindet sich also von vornherein in der Rolle des gegen den Strom schwimmenden Außenseiters. Ihm gilt die Wut der in ihrer Ruhe Aufgescheuchten, deren »ewige« Wahrheiten von dem Ruchlosen angetastet wurden.

Das Gewohnte schreckt nicht oder schreckt nicht mehr, obwohl es schrecklich genug ist oder sein kann. Das gilt ganz sicher für die Sexualrepression der Kirche und deren Kernstück, die gesetzliche Verpflichtung der Priester zur Ehelosigkeit eben durch die römisch-katholische Kirche. Vor dieser Art von Repression erschrickt ein Teil der Zeitgenossen nur deshalb nicht, weil sie sie nicht oder ihrer Meinung nach nicht betrifft und weil sie für ein ehrwürdiges Erbstück der Vergangenheit von permanentem Wert gehalten wird. Auch kommt hier zur an sich schon kräftig genug wirkenden Macht der Gewohnheit und des Althergebrachten eine spezifische, bewußtseinsfixierende Qualität hinzu: die Dignität der Offenbarung. Die kirchliche Sexualmoral, geschichtlich geworden wie alle menschlichen Anschauungen und organisierten Ideologien, wird so in den Rang eines unantastbaren Wahrheitssystems erhoben; mittelalterliche Naturrechtslehren, bar jeder Kenntnis der eigentlichen Rolle der Sexualität im Gesamtgefüge der menschlichen Person, treten nun mit dem dogmatischen Anspruch auf, den unfehlbaren Willen eines höchsten überirdischen Wesens wiederzugeben, das sich durch seinen Sohn geoffenbart habe. Entsprechend sind die Reaktionen offizieller und offiziöser kirchlicher Stellen, wenn an diesen »Wahrheiten« Kritik geübt wird, und sei sie noch so legitim. Dann – so wird lamentiert – hat es die Strategie der Kirchenfeinde auf die »höchsten Werte eines Volkes« abgesehen, zielt sie darauf ab, die ganze Gesellschaft, die ohne die Normen der Kirche nicht lebensfähig sei, »zum Einsturz zu bringen«, dann werden von kirchlicher Seite »Schmerz und Protest« wegen »entweihender«, »antikultureller«, »vulgärer«, die ganze Nation »tief erniedrigender und demütigender« kirchenfeindlicher Aktionen bei höchsten staatlichen Instanzen zum Ausdruck gebracht, wie noch kürzlich geschehen anläßlich einer relativ harmlosen kirchenkritischen Sendung im italienischen Fernsehen.[1]

Daß nicht alle Zeitgenossen auf derselben Bewußtseinsstufe stehen, daß atavistische Eruptionen, wie kürzlich noch die kirchlich abgesegnete Teufelsaustreibung von Klingenberg, immer wieder vorkommen, daß primitiv-irrationale Unterströmungen im Souterrain einer Epoche unterhalb der Beletage ihrer wissenschaftlichen Ergebnisse und rationalen Erkenntnisse munter wuchern können – das alles muß man wohl oder übel, mit einem Achselzucken oder moralischer Entrüstung, hinnehmen. Aber daß Atavismus als System, institutionalisierte Beschneidung grundlegender erotisch-sexueller Entfaltungsmöglichkeiten der Person bei einer ganzen Gruppe von Menschen, eben der auf solche Weise konstituierten Priesterkaste, heute wie gestern und vorgestern in der Pose des Selbstverständlichen und Natürlichen, ja sogar in der Pose eines normativ-vorbildhaften Lebensstils auftritt, das hätte man wohl kaum mehr für möglich gehalten, wenn es nicht traurige Wirklichkeit wäre. Es gibt also groteskerweise eine Insel verknöcherter, struktureller Antiquiertheit im Meer der Moderne, eine Insel, die sich schon durch ihre absolute Isoliertheit gegenüber allen Einsichten der allgemeinen und der Sexualanthropologie als toter Fremdkörper erweist, daher auch aufgrund des Mangels an Beziehungen zur pluralistisch gewordenen Gesellschaft eine Bastion der weltanschaulichen und ethischen (oder unethischen) Verklemmung, der

Unfreiheit und Intoleranz, ein Gefahrenherd im Sinne der Entstehungsbegünstigung sexualrepressiver Initiativen und Aggressionen sein muß. Diesem Gebilde gegenüber ist die grundsätzliche Frage zu stellen: Soll an seit Jahrhunderten Ungerechtigkeit, Inhumanität und Repression reproduzierenden Strukturen, sozusagen an »strukturellen Amoralitäten« (H. Hermann),[2] nur deshalb nicht gerüttelt werden, weil sie von dem durch ständige Konfrontation mit Gewohntem abgestumpften Lebensgefühl mancher Gegenwartsmenschen nicht als solche empfunden, ja nicht einmal mehr registriert werden? Daß aber derartige Amoralitäten das Resultat systematischer, institutionalisierter sexueller Unterdrückung bzw. Verdrängung sind und sein müssen, lehrt die Tiefenpsychologie und weist das vorliegende Buch an konkreten Priesterschicksalen auf. Andererseits liegt die Annahme nahe, daß diejenigen, die gegen einen solchen, sich an ein breiteres Publikum wendenden Aufweis sind, die seit Jahrhunderten wirkende Sexualrepression oder Kirche bereits derart perfekt verinnerlicht haben, daß sie sie als Zwangsjacke ihrer Freiheit nicht mehr spüren.[3] Es gibt ja schließlich das nur »scheinbar Paradoxon von maximaler Unterdrückung bei minimaler subjektiver Frustration«.[4]

Eine Veröffentlichung von der Art des vorliegenden Buches muß noch mit dem Einwand der Irrelevanz rechnen. Sind nicht in der Tat die politischen, ökonomischen und ökologischen Probleme und Katastrophensituationen der Gegenwart von einer ganz anderen, fundamentaleren Wichtigkeit und Wertigkeit als das antiquierte Zölibatsgesetz der Kirche und die nicht minder veraltete kirchliche Sexualethik in ihrer Gesamtheit? Man ist zunächst unwillkürlich bereit, diese Frage zu bejahen. Dann aber melden sich Bedenken gegen eine vorschnelle Zustimmung. Daß die Ökonomie, die wirtschaftliche Situation einer Gruppe, einer Gesellschaftsform, stets in Wechselwirkung mit der Art ihrer Sexualität steht, daß die spezifischen sexualrepressiven Maßnahmen dieser Gesellschaft Wirkung wie auch teilweise Ursache ihrer ökonomischen Formation und Abhängigkeitsverhältnisse, ihrer Verteilung von Kapital und Arbeit sind, läßt sich nicht leugnen. Sexualethische Ideologie und sozio-ökonomische Formation bedingen einander.[5] Daß speziell unsere, unter vielen Gesichtspunkten noch immer autoritär-patriarchalische Gesellschaft in der typisch maskulinen Organisation der römisch-katholischen Kirche ihr Vorbild, ihre Stütze und ihre auch heute noch nicht unerhebliche, wenn auch verschleierte Motivationsbasis besitzt bzw. sucht, kann ebenfalls nicht bezweifelt werden. Damit aber gewinnt jede Arbeit automatisch an Bedeutung, die die Grundlagen kirchlicher Sexualrepression zu erforschen sucht.

Schon rein quantitativ-statistisch läßt sich belegen, daß das in diesem Buch zentral behandelte Problem nicht unwichtig sein kann. Ungefähr 400000 zölibatäre Priester sind in der römisch-kathotischen Weltkirche als Papst, als Kardinäle, Bischöfe, Pfarrer, Kapläne, Ordensleute, Missionare usw. tätig.[6] Sie stellen aufgrund des typisch klerikal-hierarchischen Organisationsprinzips und -aufbaus der römisch-katholischen Religion die Kerntruppe des katholischen Kirchenvolkes. Angesichts der in die Milliarden gehenden Weltbevölkerung scheint eine 400000 Mann zählende Gruppe nicht ins Gewicht zu fallen. Aber man bedenke, daß diese vergleichweise elitäre, wenn auch in sich soziologisch, ausbildungsmäßig, intelligenzmäßig usw. nicht ganz einheitliche Gruppe aufgrund der eben erwähnten klerikalen und autoritären Organisationsstruktur der Kirche einen mehr oder minder bedeutenden Indoktrinationseinfluß auf die etwa 600 Millionen Katholiken in der Welt ausübt. Diese aber stellen ein Viertel bis ein Fünftel der Weltbevölkerung dar. Der Einfluß, um den es hier geht, ist u. a. wesentlich ein sexualrepressiver, weil die Priester als zum Zölibat verpflichtete hauptamtliche, sinnvermittelnde Funktionäre der römisch-katholischen Religion selber in besonderem Maße in der erotisch-sexuellen Dimension ihres Wesens »Beschnittene« sind und den belastenden Druck, dem sie in dieser Hinsicht permanent ausgesetzt sind, zwangsläufig an das ihnen untergebene kirchliche Fußvolk weitergeben.
Die Zahl der Priester und Priesteramtskandidaten, die die permanente Unterdrückung einer wesentlichen Sphäre ihres menschlichen Seins nicht mehr ohne weiteres hinzunehmen bereit sind, hat sich in den letzten Jahrzehnten ständig vergrößert. Von denen, die zwischen 1966 und 1970 in der Bundesrepublik Deutschland zu Priestern geweiht wurden, halten 54 Prozent die Aufhebung der Zölibatsverpflichtung für notwendig. Derselben Ansicht sind 52 Prozent der Priesteramtskandidaten.[7] Ebenso vermag die Zahl der kontinuierlich sinkenden Neueintritte in die Priesterseminare der Bundesrepublik von 777 im Jahr 1962 auf 316 im Jahr 1972 und die hier ebenfalls zurückgehende Zahl der Priesterweihen von 395 im Jahr 1966 auf 204 im Jahr 1972 das wachsende Unbehagen der Geistlichen an einem widernatürlichen Gesetz zu demonstrieren. Eine deutliche Sprache spricht diesbezüglich auch die Tatsache der vielen Austritte aus den Priesterseminaren: Während noch von den Anfang der sechziger Jahre in die Priesterseminare Eingetretenen etwa die Hälfte sich später auch tatsächlich weihen ließ, ist dieses Verhältnis im Jahr 1973 auf ein Viertel zurückgegangen. Kirchliche Stellen sprechen sodann auch selber von einem geradezu »alarmierenden Trend« der Dispensgesuche von Priestern, d. h. ihrer Anträge auf Befreiung von den mit ihrer Weihe ver-

bundenen Verpflichtungen. Ersuchten im Jahr 1964 nur 371 Welt- und 269 Ordenspriester um eine solche Dispens, so waren es 1968 bereits 1026 bzw. 1237. Dabei bleibt noch unberücksichtigt, daß mindestens ebenso viele Welt- und Ordenspriester im gleichen Zeitraum einfach ohne Dispensgesuch weggingen.[8]

Inzwischen haben sich die Verhältnisse noch weiter verschlechtert. Zwar wurden von offizieller kirchlicher Seite bisher keine weiteren, die Situation der Priester in der Weltkirche bzw. in der Bundesrepublik Deutschland betreffenden Gesamtstatistiken veröffentlicht. Aber es liegen Statistiken über den Klerus einzelner Diözesen Westdeutschlands vor, die einen sicheren Analogieschluß auf die Gesamtsituation der Priester in der Bundesrepublik erlauben.

Nach dem vom Bischöflichen Ordinariat vorgelegten »Entwurf des Stellenplans für die pastoralen Dienste im unmittelbaren Gemeindedienst für die Diözese Rottenburg-Stuttgart, Prognose 1984, vom 16. 11. 1978« lag die Anzahl der Pfarreien, die nicht mehr mit einem Priester besetzt werden können, im Jahre 1976 bei 185 und wird im Jahre 1984 die Zahl 350 voraussichtlich übersteigen. Die Zahl der Priester im unmittelbaren Gemeindedienst wird im gleichen Zeitraum von 928 auf 658 fallen. 36 Prozent der Pfarreien dieses Bistums waren im Jahr 1979 bereits ohne eigene Priester.

Auch in der Diözese Limburg hat sich der Priestermangel in den letzten Jahren weiter verschärft. Von den rund 350 Priesterstellen dieser Diözese waren im Jahr 1979 nur noch 270 besetzt, und 1985 werden es nur noch 190 sein. 49 resignierende Seelsorger hängten hier in den letzten 15 Jahren ihr Priestergewand an den Nagel, während im selben Zeitraum lediglich 72 Neupriester geweiht wurden. Inzwischen müssen in dieser Diözese bereits über 50 Geistliche zwei oder mehr Gemeinden leiten. »Wenn die Entwicklung nach 1985 ähnlich weitergeht, dann wissen wir nicht, was wir tun sollen«, erklärte der Personalreferent des Bistums Limburg, Ordinariatsrat Gerhard Kilian, bei einer Sitzung des Diözesansynodalrates im Frühjahr 1979.

Ausdrücklich weisen Kommentatoren dieser Zahlen auf ähnliche Alarm-Statistiken in den übrigen 20 Diözesen der Bundesrepublik Deutschland hin. Man kann mit Sicherheit davon ausgehen, daß 30 Prozent aller Pfarreien Westdeutschlands keine eigenen Priester mehr haben.

Daß das gravierende Priesterdefizit seinen wesentlichen Grund tatsächlich in der rigorosen Verpflichtung des katholischen Klerus zur Ehelosigkeit hat, beweist der Umstand, daß zur gleichen Zeit durchaus viele Menschen bereit sind, den Seelsorgedienst zu übernehmen, vorausgesetzt, daß man ihnen die Heirat nicht verbietet. Gedacht ist hier an die sogenannten Laientheologen, die wie die geweihten Priester Theologie studiert, aber sich nicht zum Zölibat verpflichtet haben und die nun von der Amtskirche wegen des akuten Priestermangels als Pastoralreferenten eingesetzt werden. Die Amtskirche enthält ihnen zwar mit aller Strenge den Priesterstatus vor, den sie nach wie vor eisern mit der Zölibatsverpflichtung koppelt, ebenso den Vollzug des Meß- oder Eucharistieopfers, ansonsten aber unterscheiden sich diese Pastoralreferenten in keiner Weise von den Seelsorgern in der Soutane, denn sie verrichten alle in der Pfarrgemeinde anfallenden pastoralen Aufgaben und Arbeiten und fungieren faktisch als Pfarrer- und Kaplansersatz. Im Bistum Münster beläuft sich ihre Zahl bereits auf 200. Gegenüber 1083 Priestern ist das schon ein Anteil von fast 20 Prozent. In dem vorhin erwähnten kleineren Bistum Limburg sind immerhin 40 Pastoralreferenten tätig.

Die Tatsache, daß immer mehr Abiturienten katholische Theologie studieren, jedoch keineswegs in den Priesterberuf wollen, dafür aber gern das Amt des Pastoralreferenten, Gemeindeassistenten, Diakons etc. übernehmen, birgt natürlich eine ganze Portion Dynamit. Denn die eigentlichen Priester, die nicht heiraten dürfen, fühlen sich benachteiligt gegenüber den Pastoralreferenten, denen die Heirat erlaubt ist. Und die letzteren fühlen sich den ersteren gegenüber benachteiligt, weil sie fast alle seelsorgerlichen Tätigkeiten der Priester verrichten und deshalb mit Recht verlangen, daß ihnen auch noch der Zugang zur Zelebration der Eucharistiefeier eröffnet wird. Schon warnt man in diesem Zusammenhang vor der Bildung einer Untergrundkirche, d. h. vor Gemeinden, denen wegen des fehlenden Priesters vom Bischof das Recht auf ihre Eucharistiefeier versagt wird und deren Pastoralreferenten sich deshalb selbst das Recht nehmen, die Eucharistiefeier mit den Gemeindemitgliedern zu vollziehen. Es gibt auch führende Theologen, die eine solche Notlösung in bestimmten Fällen als legitim ansehen.

Berücksichtigt man diese – wie man sieht – zunehmend noch akuter werdende Zölibatsproblematik nebst ihren Konsequenzen für die sexual-repressive Gesamtmoral der Kirche, so ergibt sich für das vorliegende Buch, daß es heute zum Zeitpunkt seiner Herausgabe als Taschenbuch fast noch aktueller und notwendiger erscheint als vor zwei Jahren, da es überhaupt zum ersten Mal als gebundene Ausgabe auf den Markt kam.

Diese Aktualität wird auch noch durch die Tatsache unterstrichen, daß in der kurzen Zeitspanne seit 1978 bereits eine griechische und eine spanische Ausgabe des Buches erschienen sind, die letztere mit ausdrücklicher

Verbreitungslizenz für alle spanisch sprechenden Länder Südamerikas, wo die pastoralen Engpässe aufgrund des Zölibatsproblems besonders gravierend sind.
Nicht zuletzt aber wird die im vorliegenden Buch behandelte Zölibatsproblematik auch durch den Umstand weiter angeheizt, daß der so dynamische neue Papst Johannes Paul II., in den viele Priester große Hoffnungen gesetzt hatten, in den wenigen grundsätzlichen Stellungnahmen nach seiner Wahl im Oktober 1978, etwa der Enzyklika »Redemptor Hominis« und dem österlichen Schreiben an Bischöfe und Priester, einen eindeutig konservativen Kurs steuert, zu dem die starre Beibehaltung der Zölibatsverpflichtung für den Klerus und die Kritik an der Verweltlichung des priesterlichen Lebens gehören.
Nüchterne Zahlen wie die oben angegebenen sagen wenig über die Innenseite eines Problems aus, selbst wenn wir noch hinzufügen, daß nicht weniger als etwa 40000 Priester in den letzten 15 Jahren ihren Dienst quittiert haben[9] und die »innere Emigration« von in der Kirche bleibenden Priestern in eine Haltung der Resignation, des Zweifels, der verbissenen Trotzreaktionen noch weit über dieser Zahl liegen dürfte. Statistiken geben nicht die Frustrationen der betreffenden Priester wieder, und noch weniger sagen sie etwas aus über den großen Kreis der von diesen Frustrationen Mitbetroffenen: über die Eltern und Geschwister der Geistlichen, denen ja für gewöhnlich die Problematik, unter der ihr Sohn bzw. ihr Bruder leidet, nicht verborgen bleibt; über die vielen von den zölibatären Klerikern betreuten Gläubigen, die bei ihrer Suche nach Rat, Hilfe und seelischer Geborgenheit auf einen Seelsorger treffen, dessen psychisches und biologisches Gleichgewicht nachhaltig gestört ist; über die Partnerinnen bzw. Partner der Priester, die heimlich heterosexuellen Verkehr haben oder verschiedenen Deviationen der Sexualität – oft infolge ekklesiogener Verschuldung – ergeben oder erlegen sind. Über diese Innenseite der zölibatären und überhaupt sexualrepressiven Problematik in der Kirche will das vorliegende Buch berichten. Nicht von »Gottesvergiftung« (T. Moser) durch die Kirche, sondern von »Erosvergiftung« durch diese Institution handelt es, obwohl beide Vergiftungsarten in untrennbarem Zusammenhang stehen.
Durch das hier Gesagte erscheinen das nur scheinbar partikuläre Zölibatsproblem und die mit ihm wechselseitig verbundene sexualrepressive Problematik der Kirche in einem neuen Licht und in einer Rolle, die der Öffentlichkeit, auch der nichtkatholischen und nichtkirchlichen, einfach nicht gleichgültig sein kann und darf. Angesicht der Bedeutung, die alle einschlägigen soziologischen Untersuchungen der Religion in ihrer offe-

nen Form oder in ihren verkappten Gestalten für die Integration und ideologische Sinngebung jeder Gesellschaft, auch der sich betont atheistisch gebenden, beimessen, erscheint eine systematische und zugleich konkrete Behandlung der Frage nach dem Zusammenhang zwischen organisierter Religion und Unterdrückung der Sexualität als besonders dringlich. Das vorliegende Buch verankert diese Frage vornehmlich in der perfektesten Organisation von Religion überhaupt, in der römisch-katholischen Religionsinstitution, indem es den Stellenwert von Sexualität, Ehe und Amtszölibat in dieser Kirche unter Zugrundelegung eines umfangreichen Materials zu eruieren versucht.

Es gibt über die bisher zur Sprache gekommenen rationalen und wissenschaftlichen Gründe für die Herausgabe eines Buches von der Art des vorliegenden hinaus noch ein zu diesen Gründen zwar keineswegs im Widerspruch stehendes, aber doch andersgeartetes Motiv: das der Solidarität, wie ich es nennen möchte. Nicht aus persönlicher Not heraus schrieb der Verfasser dieses Buch. Er ist nach seinem Ausscheiden aus dem römisch-katholischen Priesteramt und seinem Austritt aus der Kirche glücklich verheiratet und durfte das Glück des Eros und eine besondere Art seiner Erfüllung, die Geburt und das Heranwachsen zweier Kinder, erfahren. Aber er betrachtet die durch das kirchlich oktroyierte Zölibatsgesetz in ihrer menschlichen Entfaltung gehemmten und oft in ausweglos-deprimierende Situationen geratenen früheren Amtskollegen weiterhin als seine Brüder. So ist dieses Buch eine hoffentlich wirkungsvolle Geste der Solidarität mit ihnen, dazu gedacht, zur Beseitigung sinnloser Repressionsstrukturen und der daraus resultierenden Verfehlungen des Lebenssinnes beizutragen. Ist doch der Amtszölibat der Priester, der eine konstitutive, strukturtragende Bedeutung im Rahmen perfekt organisierter und radikal sexualrepressiver Religion wie der römisch-katholischen hat, ein noch immer bestehendes Existenzproblem. Gibt es doch mitten unter uns noch immer eine Klasse von Männern, die von einer mächtigen Hierarchie zwar nicht wirtschaftlich, aber in bezug auf originäre menschliche, sexual-erotische Bedürfnisse ausgebeutet wird und dementsprechend die ihr Untergebenen, das Fußvolk der katholischen Laien, insbesondere die Frauen, traktiert und seelisch malträtiert.

Über das kirchliche Zölibatsgesetz und seine fatalen Auswirkungen, über die sexualrepressive Herrschaftspolitik der Kirche insgesamt muß so lange geschrieben werden, bis dieser epochal-grandiose Unfug, dessen kalte Logik innerhalb des nicht minder grandios-närrischen Gesamtsystems andererseits zweifelsfrei feststeht, von der Geschichtsszene verschwunden ist.

Es stellt auch kein Argument gegen die vorliegende Veröffentlichung authentischer Berichte von Priestern und ihren Partnerinnen bzw. Opfern über ihre Konfrontationen mit dem Joch und den Folgen des Zölibatsgesetzes dar, wenn auf die schon vorhandenen zahlreichen für und gegen dieses kirchliche Gesetz Stellung beziehenden Publikationen in Vergangenheit und Gegenwart hingewiesen wird. Zölibatskritische Schriften früherer Jahrhunderte werden von offiziellen und offiziösen kirchlichen Kreisen mit der Mahnung abgetan, daß man nicht in der Vergangenheit herumstochern solle, weil die damaligen Ausschweifungen des Klerus eine Folge seines im Verhältnis zur Gegenwart niedrigeren Bildungsniveaus, des Zeitgeistes usw. gewesen seien. Die zölibatäre Disziplin des Klerus sei heute – gerade auch infolge der strafferen Kirchenorganisation – aufs große und ganze gesehen über alle Zweifel erhaben.
Bleiben die zölibatsbezogenen Publikationen der Gegenwart, sagen wir umfassender: des 20. Jahrhunderts. Von ihnen aber wagt keine, die Sache selbst beim Namen zu nennen. Man bleibt bei gelehrten Ausführungen über das Für und Wider des kirchlichen Zölibatszwanges, ohne je die Theoriehülle zu durchstoßen und die Objekte dieses Zwanges selbst zu Wort kommen zu lassen. Um so lieber wendet man sich den »Umfällen« kirchlicher Würdenträger in vergangenen Jahrhunderten zu und überläßt es mehr oder weniger nachdrücklich dem Leser, auf dieser Basis den Schluß auf heutige Zustände zu ziehen.
Im Manuskript meines Buches »Herren und Knechte der Kirche«, 1973, hatte ich es zwar unternommen, Namen heutiger kirchlicher Funktionäre im Zusammenhang mit Übertretungen des kirchlichen Zölibatsgesetzes zu nennen, aber die Drohung von Männern der Kirche mit Gerichtsprozessen bewog mich, das entsprechende Kapitel in meinem Manuskript vor dessen Erscheinen als Buch zu streichen.
Der einzige Autor, der bisher eine Reihe von Fallstudien zum Thema Zölibat veröffentlicht hat, war entsprechend gewarnt und brachte die betreffenden Berichte von Priestern anonym und unter Weglassung der biographischen Details, die Aufschluß über die jeweils berichtende Person hätten geben können. Im Vergleich zu den Fallstudien von F. Leist, die hier gemeint sind,[10] ist die vorliegende Untersuchung viel breiter konzipiert. Sie befaßt sich nicht nur wie Leist mit dem Schicksal Zölibatärer, sondern bringt Fallstudien und systematisierende Kommentare zu allen Arten sexueller Repression und der von ihr Betroffenen in der römisch-katholischen Organisationsform der Religion. Vor allem das Schicksal der Frauen, die Tragik ihrer Repression und nicht bestehenden Gleichberechtigung und Emanzipation in der Kirche erhält hier endlich die ihr

längst gebührende konkret-realistische Würdigung, ebenso das Schicksal der Homosexuellen.[11]

Die Sexualrepression der Kirche, Ausfluß ihrer totalitären Organisationsstruktur, legt auch den Grund für die in der vorliegenden Untersuchung geschilderte Erpreßbarkeit Zölibatärer, also von Nonnen, Mönchen, Priestern, Seelsorgehelferinnen, soweit die letzteren das Gelübde der Jungfräulichkeit abgelegt haben. Heutige, abgemilderte Formen der Bestrafung von Zölibatsbrechern kommen zur Sprache und legen trotz dieser milderen Form Zeugnis ab von dem unveränderten Charakter systembedingter, religiöser Intoleranz, die sich auf dem sexuellen Sektor immer besonders aggressiv getummelt hat.[12] »Moderne Beichtpraxis und Sexualität« ist ein weiteres Thema, das aufgrund einer breiten Erfahrungsbasis behandelt wird, ohne daß künstliche Fragestellungen an die Beichtväter herangetragen wurden (wie dies in der bekannten Beichtstudie italienischer Journalisten geschah) und dementsprechend magere Antworten dabei herauskamen.

Ausdrücklich und der guten Ordnung halber sei vermerkt, daß ich nur Berichte publiziere, zu deren Veröffentlichung ich persönlich von den Betreffenden bzw. Betroffenen bevollmächtigt, teilweise sogar gedrängt worden bin. Namen und biographische Umstände, die auf diejenigen schließen lassen könnten, um die es sich handelt bzw. die von diesen Berichten auch nur entfernt tangiert werden, habe ich in allen Fällen selbst bei ausdrücklich gegebener Erlaubnis weggelassen.[13]

Ebenfalls sei noch einmal besonders betont, daß es in diesem Buch nicht darum geht, irgend jemanden zu verunglimpfen. Auch die Bischöfe und der Papst als die eigentlichen Träger der Organisation »Kirche« sind hier nur Gegenstand sachlicher und sachlich notwendiger Kritik. Auch sie wissen, daß es beim Zölibatsproblem der Priester um ein lebenswichtiges Problem der Kirche, möglicherweise um ihr Sein oder Nichtsein geht, wiewohl die meisten von ihnen das offiziell nicht zugeben wollen. Aber selbst einige Bischöfe wagen heute die Mahnung an ihre Amtskollegen zu richten, daß »die Bischöfe sich nicht selbst betrügen dürfen«, daß z. B. »das Schicksal der Kirche Lateinamerikas«, wo etwa 200 Millionen Katholiken leben, »auf dem Spiel steht«, daß die Bischöfe »vor der dringlichen Entscheidung stehen: entweder sofort die Zahl der Priester, seien sie verheiratet oder ledig, zu vervielfachen oder ... dem traurigen Untergang der Kirche Lateinamerikas zu assistieren«.[14]

In einem Gespräch mit Journalisten am 27. März 1979 in Frankfurt rüttelte auch der brasilianische Kardinal und Erzbischof von Sao Paulo, Evaristo Arns, am Zölibatsgesetz der Kirche. Er könne, so sagte er u. a., nicht glauben, daß die priesterliche Ehelosigkeit auf Dauer ein Tabu für die katholische Kirche bleiben werde, und erinnerte daran, daß er aufgrund des akuten Priestermangels in seiner Erzdiözese bereits Papst Paul VI. vorgeschlagen habe, verheiratete Männer zu Priestern zu weihen.[15]

Freilich, Bischöfe, die solches auszusprechen wagen, muß man angestrengt suchen. Die Mehrzahl von ihnen verhält sich abweisend und mißbilligend, wenn Priester es wagen, ihre Zölibatsprobleme vor ihnen offenzulegen. Sie verhalten sich genau so, wie mir das ein Geistlicher in einem Brief geschildert hat: »Es müßte wirklich eine große Protestwelle einsetzen gegen die Art und Weise, wie in der katholischen Kirche wesentliche Lebensfragen behandelt und, wie gerade das Zölibatsthema beweist, unseriös und oberflächlich diskutiert und dann abgewürgt werden...

Die neuen Dienste und Ämter: Gemeindeassistent, Pastoralreferent, Diakon sowie Katechet werden als Möglichkeit gesehen, das Problem zu umgehen. Wenn eben Priestermangel vorhanden ist, werden beliebig Vollmachten erteilt, um Teilbereiche auszufüllen. Man überträgt Teilverantwortung. Den Priestern, deren Zahl erschreckend zurückgeht, lastet man die Verantwortung für das Einheitliche und Ganze auf. Sie sollen in ihrem zölibatären Leben als Zeichen dastehen. Über das menschliche Problem wird beharrlich geschwiegen.

Aus meiner Erfahrung kann ich bestätigen, daß man hier allein gelassen ist. Vor genau sieben Jahren hatte ich Gelegenheit, mit meinem zuständigen Bischof zu sprechen. Ein Gespräch von etwa zehn Minuten. Was weiß der schon von den Schwierigkeiten der einzelnen Priester? Natürlich kann der einzelne Priester immer seinen Bischof sprechen. Aber würde er dieses Gesprächsthema bringen, dann könnte er neben einem gewissen Verständnis des Bischofs sicher auch eine gute Portion Mißtrauen und Verdächtigungen mit heimnehmen.«

Ungerechtigkeit reproduziert Ungerechtigkeit, Behinderung menschlicher Lebensenergie erzeugt zwangsläufig Aggression und fortlaufend Repression. Weil aber jede Art von Repression in einer gesellschaftlichen Gruppe dem Ganzen der mit allen Gruppen in Wechselwirkung stehenden pluralistischen Gesellschaft schaden muß, muß auch das Ganze der Gesellschaft über gruppenspezifische Vorgänge aufgeklärt werden. Diesem Anliegen möchte das vorliegende Buch dienen.

Für den Gesamtzusammenhang von organisierter Religion und Repression, deren einer Aspekt die im vorliegenden Buch behandelte Sexualrepression ist, verweise ich den Leser auf meine Studie »Religion – Möglichkeit oder Grenze der Freiheit?«, Köln 1977.

Danken möchte ich zum Schluß dieser Einführung ganz besonders Herrn Rechtsanwalt Ekkehard Helmig. Herr Helmig hat das Manuskript des vorliegenden Buches unter juristischen Gesichtspunkten durchgesehen und wertvolle Anregungen gegeben, die ich ausnahmslos und gerne berücksichtigt habe.

Odernheim, im Juni 1980 Hubertus Mynarek

I. Einige Bemerkungen zur Geschichte des Zölibatsgesetzes und seiner Übertretungen

Die hauptamtlichen Funktionäre der katholischen Kirche, die Priester, unterstehen als solche dem vom Neuen Testament her nicht begründeten und nicht begründbaren, aber von der römischen Amtskirche diktierten Zölibatsgesetz. Die frühe christliche Kirche kam in den ersten drei Jahrhunderten ihres Bestehens ohne irgendeine gesetzlich gefaßte Verpflichtung der Priester zur Ehelosigkeit aus. Erst das allgemeine Konzil von Nizäa (325) beschloß: »Das Konzil verbietet mit aller Schärfe den Bischöfen, Priestern und Diakonen, kurzum allen Mitgliedern des Klerus, eine Person anderen Geschlechts (bei sich) zu haben, ausgenommen Mutter, Schwester oder Tante oder aber Frauen, bei denen jegliche Verdächtigung gegenstandslos ist« (Kanon 3).[16] Von da an häuften sich in der lateinischen Kirche die Beschlüsse und Strafverordnungen gegen die Priesterehe, obwohl die Wirkung selbst ausgesprochen harter Strafen, die an den »sündigen« Klerikern bzw. ihren »Konkubinen« vollzogen wurden, in weiten Teilen des Herrschaftsgebiets Roms praktisch gleich Null war. Erst die verschiedenen Laterankonzilien des 12. Jahrhunderts (1123, 1139, 1179) brachten die rechtliche Fixierung des Priesterzölibats zu einem gewissen Abschluß, was aber selbstredend nicht bedeutete, daß die Vergehen gegen ihn nach dem II. Laterankonzil (1139), das u. a. die Eheschließung eines Maioristen nach der Weihe für rechtlich ungültig erklärte, abgenommen hätten.
Aber etwas anderes wurde erreicht: Es gab ein unmenschliches, widernatürliches, kirchliches Zölibatsgesetz und eine dahinterstehende Macht, die es entweder mit Gewalt durchsetzen oder aber für dessen Nichtbefolgung harte Strafen auferlegen konnte, kurzum: die kirchlichen Machthaber hatten ein neues Mittel zur Manipulierung des Klerus in ihrer Hand. Und dieses Mittel war gleichsam universal anwendbar, weil Vergehen gegen das Zölibatsgesetz praktisch überall vorkamen. In dieser Hinsicht hat sich vor und nach dem 12. Jahrhundert nichts geändert.
Hier ist nicht der Ort, eine Geschichte der Zölibatsverfehlungen kirchlicher Funktionäre zu schreiben. Die Zahl der Übertretungen des von der Kirche verordneten Gesetzes zu allen Zeiten und auf allen Ebenen der kirchlichen Hierarchie war und ist derart immens, daß selbst dickleibige, in mehreren Bänden erschienene Werke über diesen Gegenstand sich

schwertun, Ausmaß und Charakter dessen, was in dieser Hinsicht geschehen ist, einigermaßen angemessen darzustellen.[17] »Ungezählte Verstöße von Klerikern aller Weihegrade gegen die Forderung der Enthaltsamkeit« überschreibt z. B. ein moderner katholischer Kirchenhistoriker ein Kapitel seines Buches »Das Papsttum und der Amtszölibat«. »Ausgedehnte Mißachtung des Zölibatsgesetzes...« betitelt er ein anderes Kapitel desselben Werkes.[18] A. Huxley hat recht, wenn er sagt: »Es ist schwer, irgendeinen Schriftsteller des Mittelalters oder der Renaissance zu finden, welcher es nicht für ausgemacht hält, daß vom höchsten Prälaten bis zum niedersten Klosterbruder die Mehrheit der Geistlichen durch und durch verderbt ist.«[19] Nur reicht diese Verderbtheit weit über Mittelalter und Renaissance hinaus. Sie hat sich in Neuzeit und Moderne lediglich besser zu tarnen gelernt. Das scheint paradox angesichts der vermeintlichen Befreiung und Freilegung des Sexus und seiner Dimensionen in der Gegenwart,[20] bildet aber in Wirklichkeit nur einen Hinweis darauf, daß viele Priester heute zwar offener über Sexualität und Erotik reden, solange all ihre Ausführungen im Allgemeinen und möglichst Unverbindlichen verharren, jedoch nicht ihren eigenen heimlichen Ausbruch aus dem Zwangssystem kirchlich verordneter Reglementierung des Geschlechtstriebs auszusprechen oder auch nur anzudeuten wagen.

Was in der Geschichte des Verhaltens des Klerus zum kirchlich verordneten Zölibatsgesetz besonders auffällt, sind zwei Dinge: einerseits die überschäumende, fast grenzenlos erscheinende sexuelle Ausschweifung der Priester,[21] die die vergleichbarer gesellschaftlicher Schichten im profanen Bereich weit übertraf und offenbar als notwendige Reaktion auf die massive kirchliche Gängelung ihres Geschlechtslebens aufgefaßt werden muß; andererseits der Umstand, daß Maß – richtiger Unmaß – und Raffinement dieser Ausschweifungen mit der Höhe der hierarchischen Stufe, auf der sich der betreffende Kirchenfunktionär befand, in der Mehrzahl der Fälle zunahmen. Die folgende Parodie aus dem 12. Jahrhundert,[22] die noch nach ungefähr 300 Jahren in einer Konzilsparodie wiederkehrt, dürfte nicht nur die »zölibatären« Zustände innerhalb dieses langen Zeitraums, sondern auch das Verhältnis von hierarchischer Position und Liebesleben der Kirchenfunktionäre im wesentlichen richtig wiedergeben: »Habebimus clerici duas concubinas, monachi, canonici totidem vel trinas, decani, praelati quatuor vel quinas. Sic tandem leges implebimus divinas.« (»Als Kleriker werden wir zwei Konkubinen haben, als Mönche und Kanoniker dieselbe Anzahl oder drei, als Dechanten und Prälaten vier oder fünf. Auf diese Weise werden wir die göttlichen Gesetze erfüllen.«)
Man könnte die eben zitierte Stufenliste in bezug auf Erzbischöfe, Kardi-

näle und Päpste noch proportional und ohne der Geschichte Zwang anzutun fortführen. Sie bewiese, daß viele von jenen es sexuell am wildesten trieben, die die Zölibatsverbote gesetzlich verordneten oder in besonders hartnäckiger Weise für ihre Durchsetzung sorgten bzw. Zölibatsbrecher extrem scharf verfolgten. Die Päpste und Kardinäle am päpstlichen Hof zu Avignon beispielsweise, die doch wiederholt Ermahnungen, Dekrete, Verordnungen und Strafen zur Bewahrung von Sitte und Zucht, von Priesterzölibat und Einehe, von Tugend und Anstand, von Keuschheit und Jungfräulichkeit erließen, setzten sich selber zynisch über das dem niederen Klerus bzw. dem Volk Oktroyierte hinweg. Der berühmte Rechtsgelehrte Francesco Petrarca (1304–1374), ein Liebling der Päpste und Kardinäle, schildert aus eigener Anschauung deren Treiben am päpstlichen Hof zu Avignon und dessen maßlos verdorbene Atmosphäre: »Alles Gute wird da verloren, aber allem zuvor die Freiheit, bald darauf der Reihe nach Ruhe, Freude, Hoffnung, Glaube, Liebe, ungeheure Verluste der Seele. Wahrheit ist dort Lüge, Enthaltsamkeit Unbildung, Schamhaftigkeit ein ungeheures Laster, Ausgelassenheit im Sündigen Großzügigkeit und ausgezeichnete Freiheit, und je befleckter, um so ansehnlicher ist das Leben, je mehr Verbrechen, um so mehr Ruhm, guter Name ist niedriger als Schmutz, und der höchste Ruhm ist der des Geldes. – Zu den Dingen, die zugleich lächerlich und häßlich sind, eile ich. Wer, bitte, gerät nämlich nicht in Zorn und lacht über jene kindischen Greise mit weißem Haar, weiter Toga und so ausschweifender Gesinnung, daß dort nichts falscher scheint, als was Maro sagte: ›Der Kalte ist langsamer zur Liebe‹? So heiß, so jäh sind die Greise zur Liebe, so groß ist ihre Glut und ihr Zustand, daß sie ihre Kräfte vergessen, so entbrennen sie in Begierde, so stürzen sie in alle Schande, als ob ihr Ruhm nicht im Kreuze Christi, sondern im Fressen und Saufen und was dem in den Betten folgt, den Unanständigkeiten, bestände: So ziehen sie die Flüchtige mit der Hand zurück, die Gefundene, und das halten sie für den einzigen Gewinn des höchsten Greisenalters, das zu tun, was Jünglinge nicht wagen würden!«[23]

II. Das kirchlich sanktionierte System der Strafen für die Zölibatsbrecher

Auf die »sittliche Qualität« kirchlicher Hierarchen, die wir aus der Geschichte des Zölibatsgesetzes kennen, wirft ein bezeichnendes Licht der Umstand, daß sie nicht müde wurden, immer neue, raffiniertere Strafen für die Zölibatsbrecher zu ersinnen. Da das Zölibatsgesetz der Kirche in den Priestern wie ein Stachel im Fleisch wirkte und sie – wie jedes Verbot – gerade dazu animierte, besonders kräftig zu »sündigen«, konnte die herrschende Schicht in der Kirche um so kräftiger mit Strafen einen Klerus belegen, der noch in der Übertretung des Zölibatsgebots die Herrschaft der Amtskirche anerkannte, gleichsam legitimierte und stärkte, indem er demütig die Strafe annahm.[24] Das ist es ja, was heutige Bischöfe so beklagen, daß die Menschen kein Schuldbewußtsein und keine Bußgesinnung bei ihren Übertretungen dessen, was die Kirche befiehlt oder verbietet, mehr hätten. Denn in diesem Bewußtsein und dieser Gesinnung war in früheren Jahrhunderten die Macht der Kirche je und je gegenwärtig. Und die ideologische Begründung fehlte auch nicht. Das III. Laterankonzil (1179) formulierte sie so: »Wo die Furcht vor Gott nicht mehr ausreicht, um das Böse zu meiden, dort ist es Aufgabe der Kirche, mit strengen disziplinären Maßnahmen nachzuhelfen.«[25]

Ein Bericht, wie man den bußfertigen Klerus durch Strafen manipulierte, würde ein Buch füllen. Daher hier nur einige Beispiele. Viele Bischöfe verhängten den vom Volk so genannten Hurenzins über die Zölibatsbrecher. Diese zahlten einen gewissen Geldbetrag in die Kasse des Bischofs oder leisteten ihm einen anderen materiellen Dienst und durften dafür weiter »brechen« – und wieder blechen.

Manchen Bischöfen scheinen die auf diese Weise zustande gekommenen Einkünfte so gefallen zu haben, daß sie den »Hurenzins« auf alle Priester ihrer Diözese ausdehnten. Priestern, die sich zu zahlen weigerten und darauf hinwiesen, daß sie überhaupt kein Verhältnis mit einer Frau hätten, wurde bedeutet, das sei unmöglich und daher müßten sie auf jeden Fall ihre Abgaben leisten. – Das allgemeine Konzil von Basel (1435) verhängte im Dekret über die Konkubinarier den endgültigen Verlust der kirchlichen Einkünfte über jene Kleriker, die trotz vorher ergangener Warnung und vorübergehenden Entzugs des Benefiziums ihre Konkubine nicht entließen. Das Konzil wandte sich auch gegen die Bischöfe, denen ja durch die eben genannte Bestimmung der Hurenzins zu versiegen drohte. Unter Strafe der ewigen Verdammnis verpflichtete es sie, das Doppelte der von den geistlichen Konkubinariern eingezahlten Beträge für fromme Zwecke zu verwenden. Frömmer wäre es gewesen, ein unnatürliches Gesetz fallenzulassen und so den Bischöfen die Möglichkeit, ihre klerikalen Schafe zu scheren, zu nehmen. Aber im Falle der Aufhebung des Zölibatsgesetzes wäre es auch nicht mehr so gut möglich gewesen, den Besitzstand der Kirche, der nach dem Tod der zölibatären Benefiziaten immer wieder in die Hände derselben zurückfiel, ungeschmälert zu erhalten.

Daß die Kirche sehr wohl die Gefahr, die ihrem Reichtum in dieser Hinsicht drohte, sah, beweist eine weitere Strafe für Zölibatsbrecher: die Irregularitätserklärung ihrer Söhne und das Verbot, testamentarische Verfügungen zugunsten ihrer Nachkommen zu treffen.

Rigoros bestrafte auch das gegenreformatorische Konzil von Trient in finanzieller Hinsicht die Kleriker, die von ihrer »Konkubine« nicht lassen wollten. Sie sollten dreimal ermahnt werden, nach jeder erfolgten, aber erfolglosen Mahung sollte es härtere Strafen geben: nach der ersten den Verlust eines Drittels der Einkünfte, nach der zweiten den Verlust aller Einkünfte und Suspension, nach der dritten den Entzug des Benefiziums und Exkommunikation.

Nicht nur die Macht des Geldes und der materiellen Güter, auch Leibfeindlichkeit und die Überzeugung, der Geist sei nur im Asketen, im Enthaltsamen stark und göttlicher Dinge fähig (capax infiniti), bewogen die kirchliche Hierarchie, dem Klerus die Zölibatsverpflichtung aufzuerlegen. Nur so könne das im Sinnlichen verhaftete Volk zu ihm aufschauen. Deshalb auch gab es zum Beispiel die Strafe der Exkommunikation für diejenigen, die der Meßfeier eines mit einer Frau zusammenlebenden Priesters beiwohnten. Da es Männer waren, die das Zölibatsgesetz auch aus Leibfeindlichkeit und Fleischesverachtung aufgestellt hatten und aufrechterhielten, war es fast logisch, daß die Frauen der Priester meist schwerer als diese bestraft wurden. Die Augsburger Synode von 952 verfügte beispielsweise, daß solche Frauen ausgepeitscht und geschoren werden sollten. Andere Strafen, die von verschiedenen Synoden bzw. von Päpsten verhängt wurden, waren: Erklärungen der Priesterfrauen zu Sklavinnen;[26] Verbot, die Tochter eines Priesters zu heiraten; Verbot für die Eltern unter Androhung der Exkommunikation, ihre Tochter einem Priester zur Frau zu geben; Dekrete, die die öffentliche Brüskierung der Priesterfrauen forderten; Geschorenwerden dieser Frauen am Sonn- oder Feiertag vor versammelten Gottesdienstbesuchern; öffentliche

Buße; Vertreibung mit Hilfe der weltlichen Gewalt aus dem Haus des Priesters und Ehemannes bzw. Konkubinariers usw.
Natürlich war mit der Aufdrängung des widernatürlichen Zölibatsgebots auch dem Spitzelwesen Tür und Tor geöffnet. Keine autoritäre Herrschaft kommt ohne dieses Gesindel aus. Aber die unter der Zölibatsverpflichtung ächzenden Kleriker boten einen besonders weiten Spielraum für Verdächtigungen, Verleumdungen und Entstellungen der Wahrheit. Das Provinzialkonzil von Arles (1234) schrieb sogar ausdrücklich für jedes Bistum sogenannte Sittenwächter vor.
Heute haben sich die äußeren Formen der Bestrafung von Übertretern des kirchlichen Zölibatsgebots gewandelt, und kein Konzil und keine Synode erlassen öffentliche Aufrufe zur Überwachung der Moral der Priester. Aber in der Sache selbst hat sich kaum etwas geändert. Man lese nur einmal die von der Arbeitsgemeinschaft »Priester ohne Amt« herausgegebene und allen Mitgliedern der Gemeinsamen Synode der Bistümer der BRD übersandte »Dokumentation zur Problematik ehemaliger Priester und Ordensleute in der Bundesrepublik Deutschland«,[27] um sich von den vielseitigen Behinderungen und Schikanen, die die Kirche auch heute noch gegen Zölibatsbrecher anwendet, zu überzeugen.

III. Schuldbewußtsein und Neurosen bei Klerikern: Folgen des Zölibatsgesetzes

Die Formen der Bestrafung, der Isolierung, der Verächtlichmachung usw. sind subtiler, aber auch psychologisch wirksamer geworden. Auf einige von ihnen wies ich im Jahre 1972 in meinem »Offenen Schreiben an den Papst« hin:

»Es ist unmöglich, daß Sie nicht wissen, welch giftige Pflanzen im Schatten des Zölibatsgebots wachsen und gedeihen. Dem Herrschaftssystem der Kirche nicht passende Priester lassen sich so gut dadurch erledigen, daß man ihnen auf dem Gebiet des Zölibats Verfehlungen nachweist: Mißgunst, Titelsucht, Neid, Haß und sadistische Rachsucht gegen erfolgreichere, intelligentere, in irgendeiner Hinsicht überlegene Mitbrüder können sich entladen und entfalten, indem man die letzteren bespitzelt und als ›Weiberhelden‹ denunziert. Irgend etwas findet sich ja wegen der Gebrechlichkeit der menschlichen Natur in fast allen Fällen, und man tut dies alles – wie immer wieder pathetisch beteuert wird – nur zum ›Wohl der Mutter Kirche‹.

Ich frage Sie: Was haben die genannten Untugenden, die mit ihnen verbundene Unwahrhaftigkeit, Heuchelei und das gegenseitige Ausstechen im ehrgeizigen Kampf um die höheren Plätze der kirchlichen Rangordnung mit dem Geiste Jesu zu tun? Immer wieder habe ich die Erfahrung gemacht, daß man ehrliche und von der Liebe zur Kirche diktierte Reformbestrebungen von Priestern mit dem Ruf ›cherchez la femme‹ in Mißkredit brachte, während Priester und Theologieprofessoren, die sich als Systemkonforme oder fanatische Traditionalisten bei den Kirchenfürsten beliebt gemacht haben, ihren Zölibat theoretisch und in der Praxis ganz offen sehr lax und weit ›interpretieren‹ dürfen.

Kann es im Sinne Jesu sein, wenn die Priester unter einer ständig empfundenen doppelten Bewachung leben, der durch die kirchlichen Vorgesetzten und spionierende ›Mitbrüder‹ und der durch das ›gläubige Volk‹, das gerade wegen der Freiheiten, die es im Bereich des Sexuellen heute mehr denn je für sich in Anspruch nimmt, danach lechzt, aufzuschauen zu einem absolut Enthaltsamen, einem Aloysius-Typ, der über allem Irdischen schwebt und die Übertretungen seiner Gemeinde als geheiligter Sündenbock auf sich nimmt und vor Gott hinträgt? Beide Bewachergruppen verursachen eine ständige unterbewußte Angst in den unter dem Zö-

libatsgesetz Stehenden, die sie zur krampfhaften unnatürlichen Verdrängung alles dessen aufpeitscht, was in irgendeinem Zusammenhang mit der erotischen oder der sexuellen Sphäre steht.
Machthunger und finanzielle Berechnung spielen keine unwesentliche Rolle in dem brutalen Willen der offiziellen Kirche, den Zölibat beizubehalten. Zölibatäre haben oft ein schlechtes Gewissen und lassen sich deshalb besser regieren als Ehepaare oder ganze Familien. Sie kosten auch nicht soviel wie diese.«
Auch zeigt die Haltung der Kirche in der Zölibatsfrage, daß diese von ihr lediglich im Kontext ihrer egoistischen, von Macht- und Geltungsprinzipien gesteuerten Politik betrachtet und behandelt wird. Der Priester als konkreter Mensch mit seinen erotisch-sexuellen Konflikten, die von den Hierarchen der Kirche halb mitleidig, halb verächtlich als Unterleibsproblematik asketisch zurückgebliebener Kleriker abgetan werden, ist uninteressant. Da aber diese Kleriker das Gros der von den Hierarchen manipulierten Kirchenfunktionäre stellen, darf und muß man sie angesichts der Tatsache, daß ihnen Papst und Bischöfe unveräußerliche, elementarste und ursprünglichste Rechte des Mensch- und Mannseins vorenthalten, als eine in keinem Lehrbuch des Marxismus angeführte ausgebeutete Klasse bezeichnen.
Damit ist auch der wohl entscheidendste Grund dafür angedeutet, daß die Amtskirche kein Interesse daran haben kann, das widernatürliche Zölibatsgesetz aufzuheben. Die Universalität der erotisch-sexuellen Bedürfnisse bei allen Menschen, also auch bei den Priestern, die damit bei den letzteren gegebene Notwendigkeit, gegen das kirchliche Verbot der Befriedigung dieser Bedürfnisse immer wieder zu verstoßen, schafft eine breite Basis klerikalen Schuldbewußtseins, die von den kirchlichen Machthabern ausgiebig genutzt werden kann. Theologen, die das Zölibatsgesetz der Kirche nicht halten, haben einen besonderen Grund, sich als kirchentreue, systemkonforme Männer zu exponieren, und zwar entweder deshalb, weil sie glauben, ihre »Sünde« auf diese Weise vor den Augen der offiziellen Kirche verbergen zu können, oder deshalb, weil dieselbe beide Augen zuzumachen pflegt, wenn der ihr bekannte Zölibatsbrecher sich sonst willig von ihr manipulieren läßt bzw. wenn er sich in anderer Hinsicht Verdienste um diese Institution erworben hat.
Psychisch gesunde, zufriedene und glückliche Menschen dürften im allgemeinen einen geringeren Drang verspüren, sich unnatürlichen Einschränkungen zu unterwerfen, sich zu ducken und sich das Recht auf Befriedigung ihrer Bedürfnisse nehmen zu lassen. Ein Priester jedoch, dem normalerweise seit seiner Kindheit, in intensivster Weise jedoch späte-

stens seit seinem Eintritt ins Priesterseminar oder ins theologische Studium, die repressive Sexualmoral der Kirche eingetrichtert wird, der aufgrund solcher Motivation wertvollste Energien für einen letztlich aussichtslosen Kampf gegen eine biologisch-anthropologische Grundstruktur zu verschwenden gezwungen ist, hat schon derart viel lähmende Resignation und Depression, Unruhe, Friedlosigkeit, Gewissensnot und Verzweiflung erlebt und internalisiert, daß ihm in den allermeisten Fällen der Wille und der Mut zum aktiven, engagiert-gezielten Aufbegehren gegen die das Zölibatsgesetz Verordnenden und seine Einhaltung Überwachenden fehlen.

Den Priestern mit gebrochenem Rückgrat ist der offene Kampf gegen die kirchlichen Herrschaftsstrukturen, von denen *ein* Aspekt und Grundpfeiler eben das Zölibatsgesetz ist, nicht zuzumuten. Die »Herren der Kirche« wissen das. Kein Wunder, daß sie kein Interesse haben, das Zölibatsgesetz aufzuheben. Lieber nehmen sie es in Kauf, daß Tausende, ja Zehntausende von Priestern sich heimlich und leise aus ihrem Amt hinausschleichen, denn auch diese »Deserteure« bestätigen noch irgendwie die unangetastete Struktur der kirchlichen Herrschaft, indem sie selbst nach ihrer Befreiung aus den Fesseln des Zölibatsgesetzes die offene Auseinandersetzung mit der Hierarchie scheuen. Meist bleiben sie ja in der Kirche und warten ihrer verinnerlichten psychischen Demutsstruktur entsprechend darauf, daß die Amtskirche sich ihnen gegenüber gnädig erweist, ihnen einen Religionslehrer- oder einen anderen kirchlichen Posten zuschiebt, auf dem sie, die meist nichts anderes als Theologie »gelernt« haben, ihr Leben fristen können.

Es ist schon viel des Protestes, wenn einige wenige Priester es wagen, ihre aus der Konfrontation mit der repressiven Sexualmoral der Kirche resultierenden psychischen Konflikte einer breiteren Öffentlichkeit, wiewohl ohne Nennung ihres Namens, bekanntzugeben. Was diese Opfer der kirchlichen Sexuallehre ans Tageslicht bringen, stellt einen derart erschütternden seelischen Leidens- und Krankheitsbericht dar, daß Außenstehenden jeder noch verbliebene Rest an Verständnisbereitschaft für die um die inneren Zustände im Klerus wissenden und das Zölibatsgesetz aus Machtmotiven dennoch nicht aufhebenden Hierarchen der Kirche schwindet.

IV. Die »giftigen Früchte« des Zölibatsgesetzes. Authentische Berichte und Kommentare

In meinem »Offenen Schreiben an den Papst« habe ich, wie erwähnt, von den »giftigen Pflanzen« gesprochen, die »im Schatten des Zölibatsgebotes wachsen«. Hier sollen sie nun, freilich ohne Anspruch auf Vollständigkeit, konkreter und einigermaßen systematisch geordnet artikuliert werden. Der Leser darf mir diesbezüglich eine gewisse Kompetenz zutrauen. Wer fünf Jahre Priesterseminar hinter sich hat, fast zwanzig Jahre lang als katholischer Priester mit dem Zölibatsgesetz existentiell konfrontiert war, außerdem als Religionspsychologe im Rahmen seines Faches »Vergleichende Religionswissenschaft« an der Universität Wien zahlreiche Gespräche und Konsultationen mit Priestern, Ordensleuten und Theologiestudenten geführt hat, dem müssen zwangsläufig tiefere Einblicke in die Gesamtkonstellation der mit dem kirchlichen Zölibatsgesetz verbundenen Probleme und Aspekte zuteil geworden sein: Einblicke in die Motivationen, aufgrund derer sich Menschen für den Priesterberuf entscheiden; in die Fehlformen und Ersatzhandlungen, zu denen sie das Zölibatsgesetz zwingt; in die Rollen und Masken, in die sie als dieses Gesetz angeblich Befolgende schlüpfen müssen; in die Folgen für andere und überhaupt die negativen gesellschaftlichen Konsequenzen, die die frustrierende Auseinandersetzung mit ihm nach sich zieht.

1. *Priesterliche Kompromisse zwischen eigener Triebsphäre und kirchlichem Zölibatszwang*

Zunächst sei auf ein paar besonders häufig vorkommende *Kompromisse* eingegangen, zu denen Priester unter dem zweifachen Druck der eigenen sexualen Triebsphäre und des kirchlichen Zölibatsgesetzes gezwungen werden. Jeder von ihnen hat sich im Laufe seines Priesterlebens seine individuelle Auffassung und Form des Zölibats zurechtgezimmert und versucht nun, mit ihr und dem stets gegenwärtig gedachten Zeugen, der Amtskirche, im Sinne eines Kompromisses, eines Arrangements auszukommen.

Eine erste, zahlenmäßig recht große Gruppe von Kompromißlern, die sich vornehmlich aus Priestern der mittleren und älteren Jahrgänge rekrutiert, empfindet im Rahmen dieses Arrangements mit der Amtskirche das Zölibatsgesetz gar nicht mehr als besonderes Problem, als gravierende Last. Sie, die zum Typ der autoritären Persönlichkeit[28] gehören, sind der Meinung, daß die Kirche schon um ihrer höchsten moralischen Autorität willen harte Gesetze auferlegen und verkünden müsse, deren eines die Zölibatsverpflichtung der Priester sei. Die Kirche rechne aber von vornherein mit einer großen Anzahl von Übertretungen dieser Gesetze und sehe dafür das Gnadeninstrument der Vergebung in Form der Beichte vor. Es gibt nicht wenige Priester innerhalb dieser Gruppe, die fest davon überzeugt sind, daß das Zölibatsgesetz der Kirche nur die Ehelosigkeit zur Pflicht mache, somit praktisch alles, einschließlich der Verlobung mit einer Frau, gestatte. Nur heiraten dürfe man sie eben nicht.

Die zu dieser Kompromißgruppe Gehörigen können sich hinsichtlich der Richtigkeit ihrer Interpretation des kirchlichen Zölibatsgesetzes darauf berufen, daß die meisten Beichtväter von Priestern, zumindest in neuerer Zeit, sehr gnädig mit den Zölibatsbrechern umgehen; daß auch die Bischöfe bei öffentlich bekanntgewordener Übertretung des Zölibatsgesetzes die »Sünder« schlimmstenfalls in eine andere Pfarrei versetzen. (Es bleibt ihnen auch kaum eine Alternative: zu groß ist die Zahl der Priester, die sich laisieren lassen. Da helfen harte Strafen nicht. Sie würden lediglich die Zahl der aus dem Priesteramt Ausscheidenden vergrößern. Wichtiger erscheint es den Hierarchen, die Priester im Amt und in der Kirche zu halten, da eine Austrittswelle von Priestern eine multiplizierte Austrittswelle von Laien zur Folge hätte, was sich auch finanziell, nämlich kirchensteuermäßig, äußerst negativ auswirken müßte.)

Auch auf den Codex Iuris Canonici, das noch immer in Geltung befindliche kirchliche Gesetzbuch aus dem Jahr 1917, berufen sich die Kompromißler.

Der den Zölibat betreffende Kanon läßt in der Tat eine entsprechende Interpretation offen. Lautet doch Kanon 132, § 1: »Kleriker mit höheren Weihen dürfen nicht heiraten (a nuptiis arcentur, wörtlich: haben sich von der Heirat fernzuhalten) *und* sind zur Bewahrung der Keuschheit derart verpflichtet, daß sie sich eines Sakrilegs schuldig machen, wenn sie gegen dieselbe verstoßen.« Das »und« wird auch von kirchlich approbierten und empfohlenen Moraltheologen und Kirchenrechtlern als ein »außerdem noch« gedeutet.[29] Im strikten Sinne bedeute der Zölibat also nur die Ehelosigkeit der Priester.

Hinzu kommt die zweideutige Verwendung des Begriffs castitas (Keuschheit). Der Kanon spricht ja nicht von Enthaltsamkeit (continentia), sondern von Keuschheit. Keuschheit aber, so die Priester dieser Gruppe, sei

nicht die Enthaltung von erotisch-sexuellen Handlungsweisen, sondern der rechte Gebrauch der geschlechtlichen Kräfte.
Wie dem auch sei: Es gibt Priester innerhalb der hier besprochenen Gruppe, die das Zölibatsgesetz der Kirche mit einer derartigen Leichtigkeit und ohne die geringsten Gewissenskonflikte im Sinne eines lediglich die Heirat, jedoch sonst keinerlei Kontakte mit dem anderen Geschlecht ausschließenden Verbots verstehen, daß ihnen andere, relativ harmlose Verpflichtungen bereits wieder als wesentlich schwerer erscheinen. Natürlich stoßen sich gläubige Laien, die normalerweise das Zölibatsgesetz für Priester ganz anders verstehen, an solch laxer Auffassung und Behandlung dieses Gesetzes. Dr. R. von G., ein Akademiker aus einer deutschen Großstadt, der selber einige Semester katholische Theologie studiert hat, empört sich in einem Brief an mich: »Anfang der fünfziger Jahre geriet ich mal auf einer Alpenhütte in Gesellschaft von vier Theologen, darunter zwei Jesuitenpatres. Am Kaminfeuer unterhielten die Herren sich über das Problem Zölibat, wobei einer bemerkte, viel schlimmer sei doch die Verpflichtung des Brevierbetens. Mir fiel diese Bemerkung auf, weil ein deutscher Expriester mir vor langen Jahren mal erklärt hatte, ein Hauptgrund seines Austritts habe darin bestanden, das Brevier zu beten. Diese Kritik bezog er auf Länge und Inhalt.«
Nun, dieser Priester bräuchte heute aus diesem »hehren« Motiv durchaus nicht mehr auszutreten. Die Kirche hat das Breviergebet, zu dem sie früher ihre Geistlichen unter Todsünde verpflichtete und das insgesamt etwa eine bis eineinhalb Stunden täglich dauerte, wesentlich gekürzt. (Der soeben zitierte Akademiker führt in seinem Brief noch eine Reihe weiterer, seine Kirchenentfremdung fördernde Erlebnisse an. Zuletzt beschloß er, aus der Kirche auszutreten: »Den formellen Austritt aus der Kirche habe ich freilich erst 1968 vollzogen, als Paul VI. mit seinen Antisexbullen die Welt schockierte.«)

Eine zweite große Gruppe von Priestern entschließt sich zu einem Kompromiß höherer Ordnung. Sie verachten die derbe Sinnlichkeit und Fleischeslust, die genitale Sexualität, den Koitus und betrachten dies als mit dem Zölibatsgesetz der Kirche nicht vereinbar. Jedoch sind sie der Meinung, daß dieses Gesetz keineswegs die »höheren« erotischen Regungen verurteile. Ihre sublimierte Auffassung des Zölibats ließe sich auf folgenden Nenner bringen: Man darf als Priester ruhig eine Vertraute, eine Freundin, eine Gesellschafterin, eine Kameradin, eine Lebensgefährtin, eine Privatsekretärin, eine platonische Liebe, ein in einer lebenden Frau erahntes Ideal, ein lebendiges Abbild des Urbildes Maria und dergleichen haben, wenn man nur die eigentliche sexuelle Vereinigung vermeidet. Mit anderen Worten: Erotik ja – Sexualität nein.

Die zu dieser Gruppe gehörenden Kleriker können sich bei ihrer Verteidigung der Legitimität des Eros auf neuere Entwicklungen in theologischen und kirchlichen Kreisen berufen. Es sind zum ersten die vertieften Einsichten der Biologie, der Psychologie und Tiefenpsychologie, der Pädagogik, Soziologie und Anthropologie in die Bedeutung der geschlechtsbestimmten und -differenzierten Leiblichkeit für die seelische Entwicklung und die Entfaltung der Möglichkeiten der menschlichen Person, die zwar noch immer von den höheren Stufen der kirchlichen Hierarchie weitgehend ignoriert, jedoch von zahlreichen katholischen Intellektuellen, Theologen wie Laien, stark beachtet und auch in ihren Publikationen berücksichtigt werden. So sprechen die Autoren der letzten Ausgabe des katholischen Standard-»Lexikons für Theologie und Kirche« von »der Analogie zwischen religiöser Hingabe und Liebeseinigung mit einer persönlichen Gottheit und den Personhaltungen und der Affektivität der profanen Liebe«;[30] von der Erotik als »zu bejahendem Schöpfungsgut«, die sich zur spezifisch christlichen Liebesform der Agape »ähnlich verhalte« wie die Natur zur Gnade. Betont wird gar, daß die Pflege des Eros »wichtig« sei: »Erosfeindliche Erziehung kann sogar Frigidität und Unfruchtbarkeit bewirken. Doch lebt der Eros nicht aus der Nacktheit des Leibes, sondern aus der Entdeckung der Seele.« Herausgestellt wird die Bedeutung der Erotik für den Zölibatär: »Eros im weiteren Sinn dient auch Ehelosen; er beglückt und macht kritisch gegen morbide und sündhafte Erotik sogenannter Vergnügungsstätten... Darum ist auch wertgebundener Eros nötig.«[31] Zugegeben wird »die wohl immer vorhandene erotische Unterströmung« in jeder Freundschaft und Gemeinschaft, in jeder Begegnung von Mann und Frau. »Beim Menschen als Leib-Geist-Wesen trägt aber auch die primär und überwiegend geistige Gemeinschaft die Tendenz zur leiblichen Bezeugung in sich. Ideale Einzelfälle – etwa aus der Heiligengeschichte – dürfen nicht zu falscher Pädagogik und gefährlichem Verhalten führen... Beim Menschen prägt die Geschlechtlichkeit alle Bereiche seines Wesens mit. Sie drückt eine allgemeine Ergänzungsbedürftigkeit und allseitige, bis ins geistige Wesen von Mann und Frau reichende Ergänzungsmöglichkeit aus, die nur in ganz persönlicher Begegnung sich voll entfalten kann... Das starke Sehnen der Geschlechter zueinander... ist auf Gottes Willen und Stiftung zurückzuführen.«[32]

Berufen können sich die Anhänger der hier behandelten Kompromißgruppe zum zweiten auf gewisse Praktiken, die sich u. a. im Gefolge der soeben angeführten (theologischen) Theorie der Erotik in manchen kirchlichen Seminaren und Bildungsinstituten in den letzten zehn Jahren eingebürgert haben. Man gestattet dort den Adepten neuerdings Dinge, die noch vor nicht langer Zeit streng tabuisiert waren. Dies geschieht natürlich auch und wesentlich unter dem Druck des Faktischen: Von einhundert Priesteranwärtern erreichen nur etwa zehn ihr Ziel; unter den neunzig »Abgesprungenen« befinden sich oft die ethisch wertvollsten und kraftvollsten Individuen, wie Regenten von Priesterseminaren bestätigen können. Wenn eine negative Auslese antriebsschwacher, realitätsuntüchtiger Individuen in den Priesterausbildungsstätten vermieden werden soll, müssen neue Erziehungswege beschritten werden. Und da den meisten Priesteramtskandidaten die unmenschlichen Herrschaftsstrukturen der Kirche zuallererst anläßlich ihrer Konfrontation mit dem hartherzigen und widernatürlichen kirchlichen Zölibatsgesetz bewußt werden, sie also vornehmlich wegen dieses Gesetzes abtreten, müssen vor allem neue bzw. andere Regeln des Verhaltens dem anderen Geschlecht gegenüber gelehrt und eingeübt werden.

Man hat endlich auch in einigen (längst noch nicht in den meisten) Priesterausbildungsstätten bemerkt, daß nicht wenige junge Leute, die den katholischen Priesterberuf wählen, affektiv und geschlechtlich zurückgeblieben bzw. verkümmert sind und einer diesbezüglichen Nachreifung durch eine gesunde Begegnung der Geschlechter dringend bedürfen. Daher betont der für die ethisch-asketische Ausbildung der Alumnen zuständige Spiritual so manchen Priesterseminars heute, man müsse, wolle man die Schwere des zölibatären Priesteramtes in der Zukunft bestehen, einmal so richtig verliebt gewesen sein, ein – versteht sich – ganz reines und unschuldiges Mädchen kennengelernt haben, wobei dieses Kennenlernen – natürlich – die Grenze des Sittsamen nicht übersteigen dürfe.

Man bleibt bei diesen theoretischen Empfehlungen nicht immer stehen. Es gibt einige Priesterseminare in den deutschsprachigen Ländern, deren Vorgesetzte den Alumnen erlauben, zweimal in der Woche mit einem Mädchen bis 24 Uhr auszugehen oder es auf ihrem Zimmer zu empfangen, was noch vor einigen Jahren als Gelegenheit für teuflische Versuchungen galt. (Selbst die eigene Schwester durfte das Zimmer ihres Bruders im Seminar oder Konvikt nicht betreten.) Theater- oder Kinobesuche mit »guten und sauberen« Mädchen werden sogar empfohlen. Man praktiziert also Weltoffenheit in vielerlei Hinsicht – freilich stets gepaart mit Ermahnungen, die Grenzen nicht zu überschreiten. Man stellt den Alumnen hehre historische Vorbilder vor Augen, Vorbilder, denen angeblich die ideale Synthese von christlicher Agape und natürlichem Eros gelun-

gen sein soll: vor allem die Heiligen Klara und Franz von Assisi sowie Jeanne-Françoise de Chantal und Franz von Sales, wobei man sich offenbar der ambivalenten Bedeutung und Konsequenzen dieser Vorbilder nicht recht bewußt ist. Denn gerade am Beispiel dieser historischen Persönlichkeiten wird die Problematik der rein geistigen Freundschaft transparent. Wer beispielsweise einigermaßen Leben und Briefwechsel der beiden zuletzt genannten Partner kennt, der wird es für unmöglich halten, daß zwischen ihnen keine körperliche Liebe stattgefunden hat.
Trotz des problematischen Charakters dieser historischen Vorbilder wird aber von nicht wenigen Verantwortlichen in der Kirche weiterhin so getan, als ob die geistig-geistliche Freundschaft eine echte Antwort auf die durch das Zölibatsgebot für Priester aufgeworfenen Konflikte darstelle. Manche Leiterinnen von Seelsorgehelferinneninstituten empfehlen ihren Schülerinnen durchaus, eine helfend-heilende Freundschaft mit dem in fleischliche und seelische Nöte geratenen Pfarrer oder Kaplan des Seelsorgebezirks, in dem sie einmal arbeiten werden, zu schließen. Als ich einige Jahre vor meinem Kirchenaustritt bei einem in der BRD als geistlicher Ratgeber sehr geschätzten Priester beichtete, sagte der mir: »Gerade als Theologieprofessor bedürfen Sie mehr als der mitten im Leben seiner Pfarrgemeinde stehende Seelsorger der Liebe einer und zu einer Seelsorgehelferin.« Derartige Ratschläge müssen im Endeffekt als zynisch-grausame Empfehlungen von denen aufgefaßt werden, die einmal versucht haben, nur den geistig-geistlichen Teil der Freundschaft zwischen Mann und Frau zu realisieren, und dann erleben mußten, daß diese Verwirklichung ohne das Engagement des Körpers gar nicht gelingen kann. So kommen in diesen Ratschlägen und Empfehlungen letztlich doch wieder die Leibfeindlichkeit der Kirche und die Überzeugung von der Materie als dem bösen Prinzip einigermaßen zum Vorschein. Natürlich kann es Freundschaft ohne die körperliche Komponente geben, aber sie wird kaum dort angesiedelt sein, wo zwei Menschen verschiedenen Geschlechts nicht den intellektuellen Gedankenaustausch, sondern die vollmenschliche Erfahrungskommunikation suchen.
Das Experiment »vollmenschliche Erfahrungskommunikation unter Ausschluß des Leibes« darf übrigens auch als historisch gescheitert gelten. Erinnert sei diesbezüglich an das sogenannte Syneisaktentum, das im frühen Christentum bis hinauf ins 6. Jahrhundert weit verbreitet war und darin bestand, daß ein unverheirateter Mann (Kleriker, Mönch, aber auch Laien) und eine unverheiratete Frau zusammen wohnten, sich jedoch gegenseitig das Versprechen gaben, jungfräulich zu bleiben. Es war sozusagen ein epochaler Versuch in der Geschichte des Christentums, mit Hilfe

der Zweisamkeit die durch das Gelübde der Jungfräulichkeit bedingte innere Einsamkeit zu bewältigen. Kirchenhistoriker wissen ein viele Strophen zählendes, pikantes Lied zu singen über die mannigfaltigen Verfehlungen, die sich zwangsläufig aus dieser im Ursprung vielleicht ideal gedachten, aber weltfremden, leibfeindlichen und unnatürlichen Institution des Syneisaktentums ergeben haben.

Zur Ehrenrettung der allerersten Jahrhunderte des Christentums muß aber gesagt werden, daß in diesem Zeitabschnitt wenigstens niemand zur Ehelosigkeit gezwungen wurde. Die Kleriker konnten sich frei für die Ehe oder die Ehelosigkeit entscheiden, und niemand wurde wegen seiner Wahl der Ehe verteufelt. Das geht u. a. auch aus der völlig unbeschwerten Verwendung der Ausdrücke episcopissa, presbytera, diaconissa in Synodaltexten zur Bezeichnung der Frau des Bischofs, des Presbyters und des Diakons hervor.

Diejenigen römisch-katholischen Priester, die heute den Weg des »erotischen Kompromisses« beschreiten, dürften alle Erfahrung gemacht haben (oder noch machen), daß der Eros keine isolierte, autonome Größe im Aufbau der menschlichen Gesamtperson ist, daß er als Zwischensphäre zwischen geistig-seelischem und körperlich-seelischem Bezirk nach geistiger sowohl wie nach geschlechtlicher Erfüllung wesensmäßig verlangt. Viele Tragödien von Priestern, noch häufigere und schwerere von Frauen, die diesen Weg auf Wunsch der Zölibatäre mitbeschritten, liefern einen zusätzlichen traurigen Beweis für die Wahrheit dieses Sachverhalts. Im folgenden sollen einige dieser Tragödien zur Sprache kommen.

Viele Frauen haben mich nach meinem Kirchenaustritt über ihr Schicksal informiert. Manche von ihnen fühlten sich besonders durch folgenden Passus meines Papstbriefes angesprochen und ermutigt, mir ihre Tragödie zu eröffnen: »Wenn noch ein Funke christlicher Nächstenliebe in Ihnen (d. h. im Papst) glüht, dann sollte Sie zu dieser Aufhebung (sc. des Zölibatsgesetzes) auch das Los der Frauen bewegen, das Los eines nicht kleinen Heeres mehr oder weniger verborgener und mißachteter Konkubinen der Priester, das sich vorwiegend aus Haushälterinnen, Seelsorgehelferinnen, Nonnen, Mädchenjugendführerinnen und Pfarrsekretärinnen rekrutiert. Ebenso das Los der vielen unehelichen Kinder, die nicht einmal wissen dürfen, wer ihr Vater ist.«

Für einige der Frauen, die mit mir korrespondierten oder persönlich bei mir vorsprachen, war Mitleid, war ihre Fähigkeit, sich in einen anderen hineinzuversetzen, seine Sache zu ihrer eigenen zu machen und sie mit ihm durchzustehen, der Anfang ihrer Bindung an einen Priester. »Wenn

Sie mir nicht helfen«, so wörtlich ein Priester zu einer tiefgläubigen Dame, die es zunächst hartnäckig ablehnte, Priestertrösterin zu spielen, »dann sind Sie schuld, daß ich den Priesterrock ablege und furchtbares Ärgernis über die Gemeinde Christi bringe.« So erklärte sie sich denn bereit, ihn anzuhören. Zuerst sei er unendlich glücklich gewesen, sie besuchen zu dürfen und ihr seine aus dem Zölibatszwang resultierende katastrophale seelische Notlage schildern zu können. Wenig später habe er ihr eröffnet, daß er zwar durch ihre aufmunternden Worte viel Trost erfahren, jedoch sich so in sie verliebt habe, daß er auch von ihr erwarte, daß sie seine Liebe erwidere. Ein einziger Kuß ihrerseits würde ihm als Beweis ihrer Liebe genügen und könne ihn von allen Schwierigkeiten mit einem Schlage befreien. So habe sie ihn geküßt, halb aus Mitleid, halb schon aus erwachender Liebe. Dem ersten Kuß seien weitere gefolgt. Lange Zeit habe man es bei erotischen Zärtlichkeiten bewenden lassen. Aber sie habe gespürt, daß der Druck, die Spannung in ihm nicht geringer, sondern immer nur größer und gewaltiger geworden sei. So habe am Ende aller »Teiltröstungen«, die ja längst schon mehr gewesen seien, weil sie ihn bereits geliebt habe, die Totaltröstung, die Vereinigung der Körper entstanden.

Das Verhältnis habe dann weit über zehn Jahre lang bestanden, bis er ihr eines Tages erklärt habe, er sei nun schon ganz frei von allen »Versuchungen des Fleisches«, er danke ihr für ihre Hilfe, ohne die er zu dieser Freiheit nie gelangt wäre. Er wolle jetzt wieder ein ganz vorbildlicher Priester sein. So habe er sich verabschiedet. Kurze Zeit später habe sie erfahren, daß er intime Beziehungen zu einer anderen unterhalte. Damals sei ihre sie zur Verzweiflung treibende Einsamkeit nach seinem Weggang in wütende Enttäuschung und bitteren Haß gegen ihn und alle Diener der Kirche umgeschlagen. Sie habe den Vorfall einem Bischof persönlich vorgetragen. Der aber habe ihr lediglich belanglose, begütigende Worte zu dem Vorfall serviert. Vor allem habe sie den Eindruck gehabt, daß er ihr überhaupt keinen Glauben schenke.

Diese Frau ist trotz ihrer Enttäuschungen als gebrochener Mensch in der Kirche geblieben. Eine andere, die ähnliches erlebt hatte, hielt es nicht in dieser Institution. Sie hatte in Berlin einen Kaplan in der Pfarre kennengelernt, der sie angehörte und in der sie die Heimabende für die Pfarrjugend besuchte. Dieser »große Junge« habe sie gerade durch die Melancholie, die ihn inmitten der fröhlichsten Unterhaltung überkommen konnte, fast magisch angezogen. Sie habe seine Nähe gesucht, habe gewollt, daß er über all das, was ihn bedrückt, auspackt, und er habe das wohl auch gespürt. Aus der Offenbarung seiner sexuellen Konflikte, aus dem

Mittragen seiner Schwierigkeiten, die schließlich nicht mehr nur die sexuelle Sphäre betroffen hätten, sei eine tiefe Liebe zu ihm entstanden. Und sie sei überzeugt gewesen, daß auch er sie wirklich liebe. Die ersten Monate in ihren Beziehungen seien »ein einziger glücklicher Traum« gewesen, und den bald eingetretenen Übergang von Zärtlichkeiten, Liebkosungen, Anschmiegungen usw. zum Geschlechtsverkehr habe sie keineswegs als Bruch, sondern als ganz natürliche Weiterentwicklung ihrer traumhaften Liebe empfunden. Nach einiger Zeit aber habe sie bemerkt, daß ihr Partner den Geschlechtsakt, der für sie höchste Erfüllung bedeutete, für eine Sünde hielt. Nicht aber so sehr dies, als vielmehr die Tatsache, daß er ganz offensichtlich seine »Sünde« als etwas Gewöhnliches, als fast schon mechanisches Abreagieren einer Spannung, die nun einmal auch vor dem Zölibatär nicht haltmacht, ansah und in der Beichte das ebenso automatisch-mechanisch wirkende Mittel zur Befreiung von dieser Sünde erblickte, habe sie maßlos enttäuscht. »Gisela«, habe er zu ihr gesagt, »es ist jetzt 15.30 Uhr. Um 16 Uhr ist Beichte angesetzt, da muß ich in den Beichtstuhl. Wir können es also noch einmal machen. Nachher gehst du deine Sünde beichten – natürlich nicht bei mir, sondern bei einem anderen Priester –, und die Welt ist wieder in Ordnung.« Sie sei zwar gegangen, aber nicht zur Beichte, sondern für immer. Sie habe bald danach Berlin und auch der katholischen Kirche den Rücken gekehrt, habe diesen Priester, auch wenn es sehr weh getan habe, nie mehr wiedergesehen und glaube heute an gar nichts mehr, höchstens an die Schlechtigkeit der Menschen. »Fast wahllos« habe sie sich später mit den verschiedensten Männern, und zwar immer nur für kurze Zeit, abgegeben. Dabei habe sie streng darauf geachtet, ihre Gefühle aus dem Spiel zu lassen. Die Männer seien es nicht wert. Es sei ihr im Gegenteil darauf angekommen, sich durch eisige Gefühlskälte an ihnen zu rächen.
Trotz der erschütternden Tragödie dieser Frau scheint auch ihr klerikaler Partner anfangs durchaus verliebt, vom Eros ergriffen gewesen zu sein, ehe seine Beziehung zu ihr zur (buß-)sakramental abgefertigten Gewohnheit wurde. Fast noch tragischer erscheinen die mir bekannten Fälle, in denen ein Priester das Ergriffensein vom Gott Amor nur vorgaukelt, in Wirklichkeit lediglich das sporadische sexuelle Vergnügen sucht, die so Getäuschte aber aus echter erotischer Liebe alles gibt, was sie hat und ist.
Eine Frau I. B. aus H. schreibt in einem Brief an mich (vom 9. 11. 1973) von »den herrlich, einmalig verliebten und verlebten Wochen« des Zusammenseins mit einem Priester, von dem sie überzeugt gewesen sei, daß er sie ebenso liebe wie sie ihn. Begonnen habe es 1971 in einem Wall-

fahrtsort in Österreich mit dem dortigen Pfarrer im Beichtstuhl. Sie habe, »so weit von H. entfernt und von allen Bekannten«, keinerlei Hemmungen gehabt, rückhaltlos ihre seelische Situation vor dem fremden Priester auszubreiten. Der habe sie »so wahnsinnig nett getröstet« und zu einem weiteren Gespräch in sein Pfarrhaus eingeladen. Dort habe er ihr dann auch sein Herz ausgeschüttet, seine Zerrissenheit und seinen Kampf um die Bewahrung der priesterlichen Reinheit geschildert und hinzugefügt, daß er in ihr »eine total verwandte Seele entdeckt« habe. Sie habe sich »auf Anhieb in ihn verliebt«. »Es war dann alles einmalig... 1972 wiederholte ich aus demselben Grunde meinen Urlaub (vier Monate).« Aber dieser zweite Urlaub sei »wenigstens in der letzten Hälfte nicht mehr das« gewesen, »was der erste war«. Sie habe »mit wachsender Bitterkeit« bemerkt, daß er dieselben Annäherungszeremonien mit anderen Frauen betrieb, »die er sich aus dem Beichtstuhl in sein Bett holt«. Auch habe sie in Erfahrung gebracht, daß »eine geschiedene Frau R. aus Sch., ...,[33] seit 1956 mit dem Herrn Pfarrer sehr intim befreundet und seit 1966 bei ihm Wirtschafterin im Pfarrhof...[34] ist«. »Sie leben nachweisbar wie in wilder Ehe.« Scheinbar sei aber diese Frau damit einverstanden, »daß er sich von Zeit zu Zeit Abwechslung verschafft«.

»Ich bin dann, mit Kränkungen und Beleidigungen, verabschiedet worden am 15. Oktober 1972.«

Zum Schluß schreibt mir die Enttäuschte und Getäuschte: »Wenn Sie den Fall nachprüfen wollen, es handelt sich um den Herrn Pfarrer E. A.[35]«, der »unter Beibehaltung seines Priesteramtes aus dem Orden ausgetreten«, dann »einige Jahre Pfarrer in P.« gewesen sei und »seit 1966 Pfarrer in der Wallfahrtskirche...« Auch an das Bischöfliche Ordinariat habe sie sich diesbezüglich gewandt. Es sei jedoch nichts unternommen worden. –

Viel tragischer ist der sogleich zu schildernde Vorfall. Ich gebe ihn auch nur deshalb wieder, weil der Bericht über ihn zu einem Teil im Buch eines wissenschaftlich anerkannten Katholiken steht, denn innerkirchliche Kreise sind ja mit dem Einwand, alle Zölibatsaffären seien von Kirchenhassern und Apostaten erfunden, sehr schnell bei der Hand. Am 26. 1. 1974 schrieb mich Frau J. Z. zum erstenmal an (auch in diesem Fall sind die Initiale des Vor- und Zunamens geändert, weil der Fall einer Reihe prominenter Katholiken bekannt ist und innerkirchlich Erstaunen, Befremden und zum Teil Empörung ausgelöst, auf jeden Fall einigen Staub aufgewirbelt hat und wahrscheinlich auch der Grund war, weshalb der betreffende Priester von den kirchlichen Oberen eine Zeitlang »aus dem Verkehr gezogen« worden ist). Sie sei, teilte sie mir mit, auf mein Buch

»Herren und Knechte der Kirche« gestoßen und könne aufgrund eigener Erfahrungen »nur sagen, daß es kein Pamphlet ist... Als Geliebte des...« (es folgen Ordensbezeichnung und Name eines angesehenen und ziemlich bekannten Ordenspriesters), »der mich feige und gemein im Stich ließ... kann ich wohl in das Lied in diesem Chor der Anklagen einstimmen«. Sie habe, nachdem er sie verlassen habe, »sehr Schweres mitgemacht – außer den beiden Suizidversuchen«. »Ich hatte sogar vor, mich selbst zu verbrennen zum Protest gegen diese Heuchelei und Unterdrükkung.« Sie sei dann zur evangelischen Kirche übergetreten und jetzt Mitarbeiterin in einer evangelischen Institution.[36] »Ich wollte«, schreibt Frau J. Z. in einem weiteren Brief vom 9. 2. 1974 an mich, »anfangs alles an den ›Spiegel‹ geben und an Prof. Bense – aber drei Viertel meiner ernst zu nehmenden Freunde rieten ab... Ich würde das physisch und seelisch nicht überstehen, sollte E. F.« (gemeint ist der betreffende Ordenspriester, die Initiale sind wiederum von mir geändert) »in einem Prozeß, bei dem Rom ihm helfen würde, jedenfalls in Form eines jesuitenschlauen Anwalts, alles ableugnen. Gedroht hat E. meinen Freunden T.« (es folgt die Nennung des Namens eines prominenten katholischen Ehepaares, der Anfangsbuchstabe dieses Namens ist von mir geändert worden) »mit dergleichen Schritten.«

In einem dritten Brief vom 19. 2. 1974 kommt sie auf die Menschenfeindlichkeit der Herrschaftsstrukturen der Kirche zu sprechen, die ihr an ihrem Fall mit letzter Klarheit bewußt geworden seien. »Würde es nützen, hätte ich schon eine Bombe in den Vatikan geworfen. Das klingt à la Baader-Meinhof – aber ein Camillo Torres wußte auch keinen anderen Weg als Gewalt. Und ich bin gewiß ein zartes gewaltloses Wesen. Doch man würde mich nur in eine Nervenklinik stecken, wer weiß schon, wie das System der römischen Kirche Menschen zugrunde richten kann. Nicht nur uns Frauen, die Priester avancieren zu Feiglingen, Ehescheuen, Kinderfeinden, Heuchlern. Wer es aber nicht am eigenen Leib verspürte, kann es nicht nachfühlen... Erst wenn ein Mensch fast stirbt, dann geht einem die systemimmanente Menschenfeindlichkeit, ja oft Bosheit, Gewaltherrschaft über die Seelen und die permanente Heuchelei auf. Natürlich bleiben alle letzten Endes des Mammons wegen... Ich kenne in nächster Umgebung Priester, die jetzt einfach resignieren und eben *so* mit ihrer Freundin leben. Holland ist verstummt. Mit Intrige brachte es Rom zum Schweigen. So geht es weiter, wenn nicht von unten her der Umbruch einsetzt.«[37]

Was die konkreten Details ihres Falles betreffe, so verweise sie mich auf eine andere Quelle: »Im Buch von Prof. Leist, ›Zum Thema Zölibat‹, ist mein Schicksal ein Stück beschrieben. Es sind nur Bruchstücke, aber ich hoffe, daß Sie auf diesem Weg an der Glaubwürdigkeit meiner Person nicht zweifeln... Mein Artikel steht auf S. 205 in Dr. Leists Buch«,[38] schreibt sie in ihrem erstgenannten Brief an mich. Wenn ich freilich denken sollte, »daß rachsüchtige Frauen Memoiren schreiben«, so sei ihr das »egal. Es ist mein Leben, und eine alte Frau[39] will sich wohl nicht immer – wie bei Dürrenmatt – rächen«.[40]

Auch Prof. Leist sah sich genötigt, den Bericht über diesen Vorfall mit einer Vorbemerkung zu versehen: »Die hektische, überspannte Schreibweise ist Ausdruck des schweren Schocks, unter dem die Verfasserin stand. Der Wahrheitsgehalt ist im übrigen unanzweifelbar. Dem Herausgeber sind die näheren Umstände bekannt. Nach der Trennung hat die Tagebuchschreiberin einen Suizidversuch unternommen. Sie hat den Versuch lebend überstanden und leidet noch heute – einige Jahre sind vergangen – an den Folgen dieser Begegnung.«[41] Im folgenden einige Auszüge aus der auch in Leists Buch[42] nur fragmentarischen Schilderung:

»Laß doch die anderen Männer alle, es sind alles Egoisten«, habe er zu ihr gesagt und »versucht... mich an sich zu ziehen – ich entzog mich ihm... Vor Mama benahm er sich wie ein Seelsorger, der sich um mich kümmerte... Ich küßte ihn damals nur auf die Stirn. Er spottete und forderte meine Fraulichkeit heraus: ›Du kannst wohl gar nicht küssen, du bist wie ein Stück Holz.‹ Ich habe ihm erst am zweiten Tag bewiesen, daß ich eine Frau bin. ›Hast du schöne, warme Lippen!‹ waren seine (ehrlichen?) Worte. Nun umarmten wir uns, und er sagte wörtlich: ›Liebe mich mehr als die Heimat in mir.‹ Ich sagte nämlich, daß ich ihn liebhabe wie meine Heimat oder die Mutter. Ich war ja so allein. Er erklärte mir auf meine Frage, warum ich erst jetzt von seiner Liebe Kenntnis erhielte, daß ich jetzt eine reife Frau sei und in dem Alter, das zu verarbeiten. Zur Ehe sei er zu alt, und niemand dürfe es erfahren – die anderen verstünden das nie. Wir blieben aber zusammen, es ginge ja auch so. Wenn er mich liebe – dann müßte er als Ehrenmann mit Charakter wissen, was er mir, die ihm vertraute, schuldig sei. Ich wies ihn auch darauf hin, daß ich ein Verlassen von seiner Seite nicht ertrüge – es wäre mein Tod. Das wußte er mit hundertprozentiger Sicherheit aus meinem Mund.

Nach jeder Liebesnacht konnte er mir unglaubliche Dinge sagen: Ich sollte ruhig einen anderen heiraten – damit ich ein Nest hätte, er hätte ja sein Kloster. Aber er glaube, daß ich ja nicht mehr heirate – dann blieben wir zusammen bis ins Alter... Im Dezember fuhr ich mit H. nach O., wo er in der Kirche predigte... Die Predigt gefiel mir nicht. Immer

wieder Moralverurteilung anderer und Flüche wegen offener Kirchentür und etwas Ökumene. Danach Teamtreffen in einem Saal... Er flüsterte mir zu, wie toll ich aussähe und welche Sehnsucht er hätte und daß er letzte Nacht schon eine Erektion gehabt hätte beim bloßen Gedanken an mich... Schließlich ließ ich mich vom Manne, der eben so ist, überrumpeln. Was mag er bloß dabei gedacht haben, wenn alles solche Lüge war? Er kam und suchte seinen Orgasmus – ich sage es aus heutiger Sicht – brutalst.
Wir fuhren also nach G., wo die Zimmer bestellt wurden, aßen dort zu Abend, doch ich konnte nichts essen, mich würgte alles ab. Er trank und aß – er wußte warum. Er war bei mir, und ich konnte mich nur widerstrebend seinen Zärtlichkeiten ergeben. Ich wußte, er geht dann wieder, wenn er alles hat – er bekennt sich nicht zu mir. Ich weinte bei der Umarmung. Er konnte das gar nicht brauchen. Ein Gespräch danach war karg. Er entgegnete nur auf meine immer wieder auftretende Frage nach Beichte (warum er das täte), objektiv sei es Schuld – subjektiv nicht... Ob er sich nur entspannen wollte? Dann aber wegen Dingen, die ihn belasteten und nicht aus Liebe... Doch ich war schon froh, daß er sagte: ›Ich habe ja nicht gewußt, daß Sexualität so etwas Schönes sein kann. Aber nicht mit allen – nur mit dir! (Mit welchen allen...?) Er war so leidenschaftlich – daß ich bei seinem Orgasmus Angst bekam, er stürbe. Was er mir sagte bei diesem Treffen – es war das letzte vor unserer Trennung –, waren seine Anti-Ehe-Argumente. Und das beim Liebestreffen. Ich war erschrocken, aber ich glaubte immer noch an die Treue unter freien Liebenden – vor Gott gebunden.« –
Dieser Priester hat zweifellos ein Menschenleben zur Sinnlosigkeit verurteilt und auch physisch und psychisch ruiniert. Doch sollte man trotz alledem mehr das römisch-katholische System als ihn schuldig sprechen. Denn von der Zölibatsmoral dieses Systems her muß sein Entschluß, sich von der Partnerin zu trennen, als sittlich guter, wenn nicht gar heroischer Akt der Treue gegenüber der Kirche bewertet werden. Als Gefangener des Systems und im Rahmen der systemimmanenten Wertkategorien, an deren Spitze die Liebe zu Gott und zur Kirche, die allein diesen Gott authentisch verkündige, steht, hat er korrekt gehandelt. Die meisten Priester dürften im Rahmen ihrer theologischen und asketisch-spirituellen Ausbildung wiederholt die Worte zu hören bekommen haben, daß für den Fall des sich Verliebens in eine Frau die Liebe und Treue zur Kirche als der Braut Christi den Vorrang hat. Es müsse dann als edelstes Opfer gelten, die Frau hochherzig freizugeben (realistisch gesagt: sitzenzulassen), um Gott und seiner Kirche wieder ungeteilt dienen zu können. Gern wird in

diesem Zusammenhang auf den von der Kirche heiliggesprochenen großen Augustinus (354–430) verwiesen, der seine Konkubine, mit der er über ein Jahrzehnt lang zusammenlebte und mit der er einen Sohn hatte, entließ und später Priester und Bischof wurde. Was aber ist das für eine organisierte Religion, die die Liebe als etwas Teil- und Trennbares verkündet, die zwischen der Liebe zu Gott und der zu einem konkreten Menschen eine Kluft aufreißt, so daß sich gegen den Menschen entscheiden muß, wer sich für Gott und »seine« Kirche entscheidet?!

Bei dem soeben Gesagten handelt es sich keineswegs um boshafte Deutungen eines »Abtrünnigen«. Das oberste Lehramt der Kirche selbst bestärkt die »der Lust erlegenen«, aber reumütig ihren Dienst als Priester wieder aufnehmenden Zölibatsbrecher in der Überzeugung, damit etwas moralisch Einzigartiges und Wertvolles zu tun. In seiner »Enzyklika über den priesterlichen Zölibat« (1967) wendet sich Paul VI. »mit väterlicher Liebe, mit großem Bangen und Schmerz jenen unglücklichen, aber stets über alles geliebten Mitbrüdern im Priesteramt zu, die das ihrer Seele eingeprägte heilige Zeichen des Weihesakramentes in sich tragen und doch so bedauerlich ihren Pflichten, die sie bei der Priesterweihe übernommen haben, untreu geworden sind«.[43] Dagegen will er es »nicht versäumen, Gott mit überaus großer Freude dafür zu danken, daß Wir beobachten können, wie manche von denen, die für einige Zeit untreu geworden sind, sich so eifrig aller geeigneten Hilfsmittel bedient haben – vor allem des demütigen Gebetes, der Übung in der Demut, des zähen geistigen Kampfes und des häufigen Empfanges des Bußsakramentes –, daß sie mit der Gnade des Hohenpriesters auf den rechten Weg zurückgekehrt und zur Freude aller wieder seine vorbildlichen Diener geworden sind«.[44]

Die Diskriminierung der »untreuen« Priester durch den »Pontifex Maximus« trägt noch wesentlich dazu bei, daß die Trennung von einer Frau im Namen der priesterlichen Liebe zur Kirche den betreffenden Klerikern als Tugend erscheinen muß. Die vom Priesteramt Dispensierten werden von der päpstlichen Zölibatsenzyklika als »nur sehr wenige im Vergleich zu der großen Zahl seelisch gesunder und würdiger Priester«, somit als psychisch Kranke und Unwürdige hingestellt. »Die Weigerung, das sanfte Joch Christi« (also den Zölibat) »würdig zu tragen«, wird u. a. »auf eine Glaubenskrise oder auf sittliches Versagen« zurückgeführt, auf »eine Art Verzweiflung, Unsicherheit, Leidenschaft und seelischer Verwirrung«. Die die Zölibatsverpflichtung nicht mehr einhaltenden Priester werden als »unglückliche Diener Gottes«, als »Ärgernis«, »Unruhe..., Schande und... Verwirrung... der heiligen Kirche Gottes Zufügende«, als nach-

teilig Veranlagte, als Abgefallene, als nicht frei und voll verantwortlich Handelnde be- bzw. verurteilt. Ihr Zustand sei »beklagenswert«, ihr »Los traurig«, ebenso wie der »daraus erwachsende öffentliche und persönliche Schaden«. »Wenn diese Priester... *den Vorzug* der übernommenen Verpflichtungen bedächten und einsähen, *welchen Gefahren sie sich in diesem und im zukünftigen Leben* aussetzen, dann würden sie gewiß vorsichtiger und überlegter in ihren Entschlüssen sein, bereiter zum Gebet und gründlicher und tatkräftiger einem *derartigen geistlichen und moralischen Versagen* vorbeugen.«[45]
Auch die Bedingungen, überhaupt die Art, wie die »Gnade« der Dispens vom Priesteramt, die Laisierung, gewährt wird, ohne daß der von der Zölibatsverpflichtung Befreite irgendwelche Rechtsansprüche geltend machen kann, sind diskriminierend. »Soweit jemand im Einzelfall für das Priesteramt nicht zurückgewonnen werden kann, aber doch den aufrichtigen und guten Willen zeigt, als Laie ein christliches Leben zu führen, gewährt der Apostolische Stuhl, die Liebe über den Schmerz stellend, nach gewissenhaftester Abwägung aller Umstände und gemeinsamer Beratung mit dem Ordinarius oder dem Ordensoberen *bisweilen* die erbetene Dispens. Dabei werden *einige Werke der Frömmigkeit und der Sühne* auferlegt, damit in dem unglücklichen und doch immer geliebten Sohn ein heilsames Zeichen des mütterlichen Schmerzes der Kirche und eine lebendige Erinnerung daran verbleibe, daß alle der göttlichen Barmherzigkeit bedürfen.« – »Streng und zugleich doch barmherzig«, »von höchster Klugheit und Behutsamkeit bestimmt«, nennt der Papst dieses Vorgehen.[46] Denkt er dabei wohl an Italien, in dessen Hauptstadt er residiert und in dem »die unmenschlich-grausamen Bestimmungen, die der Vatikan in den Lateranverträgen von 1929 durchgesetzt hat, den einstigen Priester überaus ›christlich‹ aus allen Lebenszusammenhängen ausstoßen und ihm jeden menschenwürdigen Beruf verunmöglichen. Ein Großteil der Gepäckträger auf den Bahnhöfen italienischer Großstädte sind einstige Priester – heute vorwiegend Kommunisten. Italien steht an der Spitze – vorläufig noch – der Länder mit den meisten Priesteraustritten, wobei eine beängstigende Dunkelziffer mit hereinspielt; sie geht in die Zehntausende, erklärlich angesichts der unmittelbaren rücksichtslosen Repressionen, die der Vatikan dort noch auf den Stand ausüben kann«.[47]

Kehren wir aber noch einmal zu dem von Frau J. Z. geschilderten Vorfall zurück. Vielleicht möchte der eine oder andere der um ihr Lebensglück betrogenen Partnerin den Vorwurf machen, sie sei naiv gewesen. Eine Frau reiferen Alters müsse doch wissen, daß viele Männer von Liebe sprechen, wenn sie Sex wollen. Schuld an dieser naiven Vertrauensseligkeit katholischer Mädchen und Frauen trägt aber wiederum das organisierte römisch-katholische Religionssystem, das den Menschen jahrhundertelang verkündet hat, der Priester sei ein engelgleiches, von Gott auserwähltes, von den Laien unterschiedenes und über das Natürlich-Menschliche erhabenes, begnadetes Ausnahmewesen, dem als Verwalter der Geheimnisse Gottes besondere Ehrfurcht und kindliches Vertrauen entgegenzubringen seien. Auch katholische Kritiker warfen ja bekanntlich noch der Zölibatsenzyklika von Papst Paul VI. vor, »sie entwickle eine Theologie des Priestertums..., die den Priester wieder zu einer Art von Ausnahmemenschen mache, ihn zu einer gefährlichen Identifikation mit Christus verleite«.[48]

Als begnadetes Ausnahmewesen wird der Priester geradezu gezwungen, sich stets andersartig, idealistischer, sittlich erhabener zu benehmen, als er tatsächlich ist. Dies gilt natürlich auch für sein Benehmen Frauen gegenüber. Hinzu kommt, daß man ihm in vielen Jahren der Priester- und Predigerausbildung jene salbungsvolle Sprache beigebracht hat, durch die sich alle offiziellen kirchlichen Verlautbarungen, nicht zuletzt die Zölibatsenzyklika Pauls VI. oder die jüngste Erklärung der Glaubenskongregation des Vatikans »zu einigen Fragen der Sexualethik«, auszeichnen. Einen Aspekt im Rahmen der permanenten Selbstrechtfertigungsideologie des römisch-katholischen Religionssystems stellt ja die Tatsache dar, daß selbst den banalsten Realitäten in Kirche und Welt sprachlich eine göttliche, eine christologische, eine moralisch-pathetische, eine pädagogische, eine von der Vorsehung gewollte oder zugelassene Dimension hinzugefügt wird. Dementsprechend müssen die Funktionäre des Systems – die höheren ebenso wie die niederen – mit der Zeit zwangsläufig der Illusion verfallen, sie seien tatsächlich so, wie sie sprechen. So tragen sie selber wesentlich zur Polarisierung der ihnen begegnenden Menschen bei: diese müssen sie entweder für ethische Übermenschen oder aber für Betrüger und Ver-rückte (im ursprünglichen Sinne dieses Wortes) halten. In diesem Sachverhalt liegt auch die Wurzel dafür, daß Frauen derart enttäuscht, betrogen und mißbraucht werden können von Priestern, denen sie ein viel größeres Vertrauen als anderen Männern entgegengebracht haben.

In manchen katholischen Ländern der Erde, teilweise auch in Europa – und hier besonders in ländlichen oder zivilisatorisch und bildungsmäßig zurückgebliebenen Gegenden –, bringen Frauen und Mädchen den Priestern noch einen derartigen Überschuß an Vertrauen entgegen, daß man sich nicht zu wundern braucht, wenn diese einen solchen gratis gegebenen

Vorschuß dann auch bisweilen mißbrauchen. Von Mißbrauch kann aber dort vielleicht nicht einmal mehr gesprochen werden, wo mancherorts auf junge, gut aussehende Kapläne von seiten der weiblichen Pfarrjugend und auch reiferen Frauen geradezu Jagd gemacht und es direkt als eine Art Ehre betrachtet wird, den Priester für sich zu gewinnen und sich damit vor den Konkurrentinnen zu brüsten. Es gibt genug Gegenden in der »katholischen Welt«, wo es noch als Schande gilt, vor der Ehe entjungfert zu werden, aber es ist in denselben Gegenden teilweise noch immer keine Schande, wenn es ein Priester war, der für den Verlust der »Jungfräulichkeit« sorgte. Dies dürfte noch eine Folgeerscheinung des Ius primae noctis sein, das Fürsten und Priesterfürsten höheren und niederen Ranges in früheren Jahrhunderten so weidlich nutzten. Auf diese Weise wird es zum Teil auch heute noch dem unter Priestern gar nicht so selten vertretenen Typ des zölibatären Playboys besonders leicht gemacht, seine Beute zu finden.

Interessanter- oder gar paradoxerweise sind es die kommunistisch regierten Länder Osteuropas, insbesondere Polen, in denen die Ehrfurcht vor der Sakralität und Sanktität des katholischen Priesters im allgemeinen noch wesentlich größer ist als in Westeuropa. Kenner der Szene werden mir zustimmen, wenn ich behaupte, daß es dort nicht wenige katholische Frauen gibt, die es sich noch als Ehre anrechnen, mit einem Priester zu schlafen oder geschlafen zu haben. Man muß einmal die frenetisch-ekstatische, mystisch-erotische Stimmung miterlebt haben, in die die Frauenmassen geraten, wenn ein Bischof oder Kardinal dort eine Visitation macht. Auch vor sonst intelligenten und durchaus gebildeten Frauen macht dieser Enthusiasmus nicht halt. Als der damals noch sehr jung wirkende polnische Primas, Kardinal Wyszynski, im Jahre 1955 die Universität Lublin, an der er studiert und doziert hatte, besuchte und das überfüllte Auditorium maximum betrat, konnte wohl keiner der Anwesenden – ebensowenig wie ich – die knisternde erotische Spannung, den Begeisterungsrausch bei den katholischen Studentinnen übersehen, der dem Kirchenfürsten entgegenschlug. Nicht zuletzt dieser Enthusiasmus der Polinnen für die Priester ist es, der die Amtskriche in Polen von der Basis her derart stärkt, daß sie es mehr als in anderen Ostblockstaaten wagen kann, der kommunistischen Führung selbstsicher die Stirn zu bieten.

Bei einem solchen Maß an Vertrauen, das ihnen die Frauen entgegenbringen, muß es den Priestern natürlich leichtfallen, Kontakte zu knüpfen und Verhältnisse einzugehen. Der frühere Regens eines polnischen Priesterseminars, nachher Theologieprofessor an der eben genannten Universität, später Bischof einer polnischen Diözese, sagte mir einmal wäh-

rend meines Studienaufenthalts in Lublin, daß er bei den vielen Beichten, die Priester bei ihm ablegten, inzwischen geradezu überrascht und erstaunt sei, wenn einer von ihnen keinen Beischlaf zu vermelden habe. Kurios geht es auch in manchen südamerikanischen Staaten zu. Es geschieht dort häufig, daß unbegüterte Ehemänner dem Priester aus Dankbarkeit dafür, daß er sich für eine ihnen am Herzen liegende Angelegenheit eingesetzt oder ihnen Nahrung und Arbeitsmöglichkeiten verschafft hat, ihre Frau kostenlos für eine Nacht anbieten und dann in ihrer unschuldigen Einfalt gar nicht verstehen können, wenn der eine oder andere diese hochherzige Gabe verschmäht. Schließlich haben ja viele Priester schon eine Partnerin. Auf dem Essener Katholikentag bekannte ein südamerikanischer Bischof vor einem kleineren Kreis freimütig, daß er in seiner Diözese im ganzen fünfzehn Priester zur Verfügung habe, von denen vierzehn mit ihrer Haushälterin als Ehefrau lebten und einigermaßen solide Seelsorgearbeit verrichteten, während der einzige Zölibatär unter den fünfzehn wegen seiner Jungfräulichkeit sich eitel wie ein Pfau gebärde, ansonsten aber überhaupt nichts Nützliches tue.
Priesterbefragungen in westeuropäischen Ländern sowie Berichte über Anzahl und Motivationen der Priester, die ihr Amt niederlegten, lassen vermuten, daß auch hier ein beträchtlicher Teil der noch im Amt befindlichen Geistlichen das Zölibatsgesetz der Kirche durch sporadische oder feste Sexualkontakte mit Frauen übertritt oder für die Abschaffung dieses Gesetzes ist.[49] Auch die bereits geschilderten und die noch zu berichtenden konkreten Vorfälle beziehen sich jeweils auf die Bundesrepublik bzw. auf westeuropäische Länder. In den USA würde Untersuchungsberichten zufolge etwa ein Drittel aller katholischen Priester heiraten, wenn die katholische Kirche das Zölibatsgesetz aufhöbe. Bezüglich der restlichen zwei Drittel sollte man nicht vergessen, daß es eine ganze Reihe Geistlicher aus dem niederen wie aus dem höheren Klerus gibt, die nur deshalb gegen die Aufhebung des Zölibatsgesetzes sind, weil sie sporadische, vorläufige, jedenfalls nicht endgültige Bindungen an Frauen einer verantwortlich geführten Ehe mit all ihren Lasten vorziehen. Beide Kategorien, der höhere wie der niedere Klerus, können also noch stolz über ein unverdientes Vertrauenskapital von seiten der katholischen Frauenwelt verfügen. Auch dieses Kapital ist zwar im Abbau befindlich, aber es handelt sich dabei um einen Langzeitprozeß, der die Möglichkeit gewährt, das Vertrauen von Frauen noch eine Zeitlang zu mißbrauchen.

Bei der ethischen Beurteilung der Priester, die das ihnen von Frauen entgegengebrachte Vertrauen mißbraucht haben, sollten auch die *Motive* berücksichtigt werden, aufgrund derer sie sich einmal entschlossen haben, diesen Beruf zu erwählen. Es gibt zwar eine amtskirchliche Ideologie, wonach nur die höchsten sittlichen und religiösen Ideale das Motiv zur Wahl des Priesterberufs bilden und bilden dürfen, und die Mehrzahl der Priesteramtskandidaten, die im Rahmen ihrer Ausbildung ständig mit dieser Ideologie berieselt werden, glaubt am Ende selber, sie würde nur aus den selbstlosesten und erhabensten Beweggründen dieses Amt antreten. Aber die konkrete Wirklichkeit sieht doch viel grauer aus. Zwar preist das höchste kirchliche Lehramt die »vollkommenere Lebensweise« des zölibatären Priestertums, »wo sich der Mensch aufgrund eines besonderen Charismas dem Himmelreiche weiht durch die Jungfräulichkeit«; zwar verkündet es als »wahren und tieferen Beweggrund für den Zölibat..., daß der Priesterkandidat sich zum Nutzen der gesamten Menschheit dem Mysterium Christi und der Kirche enger und rückhaltloser verpflichtend verbinden will«, so daß »zweifellos bei dieser Wahl die erhabensten menschlichen Werte voll und ganz entfaltet werden können«; zwar gibt es als Bedingung der Wahl des zölibatären Priestertums »eine aufmerksame Selbstzucht und eine weise Erhebung der Seele zu einem höheren Ideal« an und ebenso den Zeugnischarakter »derer, die sich ganz den heiligen und höchsten Idealen hingeben, damit auch unsere Zeit nicht des wunderbaren, ja göttlichen Lichts für den menschlichen Geist entbehrt, der nach dem Höchsten strebt«.[50] Aber die Ergebnisse von Untersuchungen der realen Motive von Priesterkandidaten weichen doch weitgehend von dieser klerikalen Motivationsideologie ab.

Ein Motiv, das eigentlich gar keines ist, vielmehr eher das Resultat eines mehr oder minder sanften bzw. schweren Zwanges darstellt, spielt eine nicht geringe Rolle bei der Wahl des Priesterberufs: die *Mutterbindung*. Wir haben gelegentlich schon darauf hingewiesen, daß vitale, biologisch und ethisch starke Persönlichkeiten selten im Priesterseminar bleiben. Sie entscheiden sich für einen anderen Beruf, weil sie die frömmelnde, gekünstelte, salbungsvolle oder aber autoritäre und intrigante Atmosphäre, wie sie in vielen Priesterausbildungstätten herrscht, ablehnen. Genau diese Atmosphäre aber wird von den jungen Leuten mit extremer Mutterbindung ohne Widerspruch in Kauf genommen, weil sie im Grunde nur die Fortsetzung der häuslichen Atmosphäre bildet, in der sie aufgewachsen sind. Ein Psychologe meint dazu: »Der Zölibat führt zu einer Anreicherung von infantilen Typen im Klerus, von Mutterfixierten, die aus der Not, die erwachsene Frau seelisch nicht bestehen zu können, infolge eines unbewußten Abwehrmechanismus die Tugend der ›Reinheit‹ machen. Die Folge ist ein vielfach anzutreffendes unmännliches Intrigantentum, ebenso wie ein Narzißmus, der die in der Ehe notwendig erlebte Verantwortung für andere – auch in einem höchst realistischen, materiellen Sinn – nicht realisiert. Salbungsvolle Scheinväterlichkeit tritt leicht an Stelle jenes belastenden Wir-Bewußtseins eines Familienvaters.«[51]

So manche Priestertragödie hat in dieser Mutterfixiertheit ihre Wurzel. Wo die Mutter »berufen« (aber eben leider kein Mann) ist, projiziert sie ihre unerfüllte Sehnsucht in den Sohn und knetet ihn so lange zurecht, bis er ihren Wunsch internalisiert hat und aus »eigenem und freiem« Entschluß Priester werden will. Nicht immer geht diese Internalisierung ohne Reibungen vonstatten. Einige Priesteramtskandidaten, die mich konsultierten, berichteten mir, daß sie den Mechanismus dieser Internalisierung durchaus durchschauten, sich aber nicht stark genug fühlten, auf alles zu verzichten, was ihnen von seiten des Elternhauses, insbesondere der Mutter, an materiellen und gefühlsmäßigen Zuwendungen bisher zugeflossen sei. Und das würde sofort versiegen, wenn sie sich gegen den mütterlichen Wunsch auflehnten. Bei zweien gelang es mir dennoch, sie umzustimmen. Sie traten aus dem Priesterseminar aus, der eine nach dem vierten, der andere nach dem zweiten Semester sowie nach einer Vielzahl von Gesprächen mit mir. Beiden fiel es unsagbar schwer, vor die eigene Mama hinzutreten und ihr ins Gesicht zu sagen, daß sie keine Eignung zum katholischen Priestertum in sich verspürten. Als sie es dennoch endlich taten, gab es zwar von seiten beider Mütter viele Tränen und Lamentationen ob der Undankbarkeit des Sohnes, aber es ging alles doch viel leichter ab, als sie es sich vorgestellt hatten. Selbst ihr reichliches monatliches Taschengeld bekamen sie nach einer relativ kleinen Verzögerungspause wieder regelmäßig, und auf die mütterliche Liebe brauchten sie auf die Dauer auch nicht zu verzichten. Immerhin war aber durch ihren Sieg über die eigenen, durch Mutterfixiertheit entstandenen Hemmungen ein seelischer Befreiungsprozeß in Gang gesetzt worden.

Schon bei dem eben behandelten »Motiv« der Mutterbindung spielte auch der Wunsch nach materieller Sicherheit bzw. Sorglosigkeit eine gewisse Rolle. In der Tat wird auch von offiziellen Kirchenvertretern nicht geleugnet, daß es viele schwache Charaktere gibt, die die Rolle des kirchlich verordneten zölibatären Priesters, zumindest den dieser Rolle entsprechenden äußeren Lebensstil, auf sich nehmen, wenn sie sich dadurch nur eine bequeme Lebensversorgung einhandeln können. Das katholische Standard-»Lexikon für Theologie und Kirche« zählt als erstes der »berufsfremden ... Berufswahlmotive« von Priesterkandidaten das der bequemen Versorgung auf.[52] Bischöfe, die selber keineswegs zu den von der

»göttlichen Vorsehung« materiell Vernachlässigten gehören, führen beredte Klagen über die Materialisierung im Klerus. Hier eine dieser Klagen: »Wir sind zu Funktionären, zu Beamten geworden, die ihren Dienst leisten, um das Gehalt zu rechtfertigen, das sie bekommen, und nichts mehr. Es gibt fast keinen Seeleneifer mehr, keine Anstrengungen, um dem Herrn zu gefallen und zu versuchen, ihm Seelen zu gewinnen. Das Ideal vieler Priester ist ihr eigenes Wohlergehen, und dem wird alles untergeordnet. Jeder hat, so gut er konnte, sich sein eigenes Nest gebaut, das ziemlich komfortabel ist: mit Auto, Fernsehen, bequemem Heim – und nur das zählt. Man spricht so viel von der ›armen Kirche‹. Viele Priester aber erwecken den Eindruck, es gehe ihnen nur darum, viel zu verdienen.«[53]

Der »Versorgungspriester« hat eine lange Geschichte hinter sich. Seine wohl beste Zeit hatte er, »da die Bischöfe zuerst Lehensträger des Königs und lange danach erst Hirten der Seelen waren; und als sie wieder nach unten die Abteien und Pfarren weiter vergaben; als die weltlichen Herren Pfründen vergaben und sich das bezahlen ließen. Wer durch Pfründenkauf zu seinem Benefizium gekommen war, suchte die Kaufsumme durch hohe Stola bei Taufen, Messen, Kommunionen, bei Versehgängen und Einsegnungen hereinzubringen. Auch die Absolution wurde oft gegen Geld erteilt... Weil eine Stiftung oder eine Pfründe nicht immer für den Lebensunterhalt ausreichte, ließen sich manche Priester öfters belehnen (›Pfründenfresser‹). Und so ließ sich leben«.[54]

Im Versorgungsmotiv liegt einer der Gründe dafür, daß sich der katholische Klerus den jeweils Mächtigen im Staat anpaßte und – sie so alle überlebte: Wo die lutherische Reformation siegte, wo sie einem damit auch den Lebensunterhalt sicherte, dort schloß man sich ihr an.[55] (Die Kirchengeschichte berichtet sogar von Pfarrern, die gleichzeitig Vorsteher einer katholischen und einer lutherischen Pfarre waren.) Den staatskirchlichen Richtungen des Gallikanismus und des Josefinismus widersetzten sich nur wenige Priester. Wer wollte damals schon auf den Status eines gutbesoldeten Beamten des Staates verzichten. Selbst der verhaßten Französischen Revolution leistete ein Drittel der Priester Frankreichs den staatlichen Treueeid, wiewohl es nicht die neue Republik war, der sie ihre Sympathie entgegenbrachten, sondern das Gehalt, das sie ihnen bei Ablegung des Treueeids zahlte. Nach dem Erfolg der restaurativen Bewegungen in Europa war es der Absolutismus, dem die Priester zu dienen sich beeilten, weil er ihr neuer Brotgeber war. Und im 20. Jahrhundert ist es nicht anders: Gewissenshemmungen gegenüber rechten und linken Diktaturen lassen die meisten Geistlichen fallen, wenn ihnen von diesen Sy-

stemen nur der Lebensunterhalt bzw. ein materiell angenehmes Leben gewährt oder mindestens nicht verwehrt wird.
Der heutige katholische Pfarrer in der BRD wird bezahlt wie ein Studienrat, wobei jedoch der Diözesanbischof etwa 20 Prozent des Gehalts für besondere Zwecke einbehält. Diese Gehaltshöhe erscheint manchen vielleicht nicht sonderlich attraktiv. Aber angesichts des wachsenden akademischen Proletariats, des über viele Studienrichtungen – nicht aber über die Theologie – verhängten Numerus clausus, des mit existentieller und materieller Unsicherheit belasteten Konkurrenzkampfes und Leistungsdruckes zwischen den bzw. auf die bereits in einem akademischen Beruf Stehenden muß der Berufsstand des Pfarrers, der – einmal installiert – keine Sorge um den Arbeitsplatz kennt, geradezu als Idylle anmuten und dementsprechend motivierend wirken. Die nach einer Phase der Stagnation und teilweisen Regression wieder erheblich wachsenden Studentenzahlen in den theologischen Fachbereichen der Universitäten scheinen das zu bestätigen.
Kurios ist nur, daß es auch im 20. Jahrhundert noch Eltern gibt, die von ihren Söhnen allen Ernstes verlangen, Priester zu werden, und für den Fall des Widerstandes materielle Repressionen androhen und auch exekutieren. Ein ziemlich bezeichnender Fall aus den dreißiger Jahren sei hier angeführt. Ein ehemaliger katholischer Theologiestudent berichtete mir: »Ich hatte in M. katholische Theologie belegt und wurde in das Collegium D. eingewiesen. Dieses stand unter der Leitung von Herrn Dr. K., eines ebenso konservativen wie abgrundtief humorlosen Klerikers ... Ab drittem Semester belegte ich auch Vorlesungen bei evangelischen Theologen, u. a. solche über Religionsphilosophie und vergleichende Religionsgeschichte. Kurz vor Ablauf des vierten Semesters bekam ich eine Vorladung zu Dr. K. Er eröffnete mir, daß ich nichtkatholische Bücher gelesen und Vorlesungen gehört hätte. Er sehe sich daher veranlaßt, mich vom weiteren Studium der katholischen Theologie auszuschließen. Da mein katholischer Glaube ohnehin schon ins Rutschen gekommen war, entgegnete ich ihm, ich würde ab nächstem Semester ohnehin eine andere Fakultät belegen. Darauf seine Antwort an mich: ›Wenn ich Ihr Vater wäre, würde ich Sie von der Universität wegnehmen, damit Ihnen das Denken vergeht.‹ Das war alles, was der Mann mir zu sagen hatte, durch dessen Hände Hunderte von Theologiestudenten gegangen waren ...
Mich traf der Schlag, als ich etliche Jahre später in der Zeitung las, daß ausgerechnet dieser Mann zum Weihbischof von F. bestellt worden sei. Als solcher ist er auch gestorben, ganz bestimmt mit ruhigem Gewissen, jederzeit seine Pflicht gegen die Kirche erfüllt zu haben ...

Mein Vater tat übrigens genau das, was Herr Dr. K. getan hätte, wenn... Ich habe einige Semester ausgesetzt und mir als Werkstudent das Geld für das weitere Studium verdient. Es ist mir übrigens bekannt, daß Kommilitonen, die gleich mir die kath. theol. Fakultät wechseln wollten, von ihren Vätern – meist Bauern – vor die Alternative gestellt wurden, entweder ›Pastor zu werden oder hinter dem Pflug zu gehen‹. Ich möchte nicht wissen, wie oft diese Männer später den Tag verflucht haben, als sie sich für das scheinbar bequemere und angesehenere, wenn auch zölibatäre Priesteramt entschieden.«

Menschen, die aus einer solchen materialistischen Motivation heraus Priester wurden, werden natürlich geradezu gezwungen sein, den kirchlich verordneten Zölibat als notwendiges Übel mit in Kauf zu nehmen. Es ist aber im Hinblick auf eine so geartete Motivationsbasis kaum anzunehmen, daß sie die hochgestochenen idealistischen und wirklichkeitsfremden Gründe, mit denen das offizielle Lehramt der Kirche zur Einhaltung des Zölibatsgesetzes anregt, sich auch innerlich, in echt sittlicher Entscheidung aneignen würden. Sie werden höchstens rein formalistisch und legalistisch so tun, als ob... Sie werden wahrscheinlich ihre zölibatären Fehltritte mit allen Mitteln zu verschleiern suchen oder aber den Vorgesetzten gegenüber besonderen Anpassungswillen in allen anderen Bereichen des kirchlichen Lebens demonstrieren. Kann man doch auch als notorischer Zölibatsbrecher gut in der Kirche leben, wenn man ansonsten brav und gehorsam wiederkäut, was die Vorgesetzten lehren, empfehlen und befehlen.

Natürlich gibt es noch eine Reihe anderer Berufswahlmotive für Priester. Aber die meisten dieser Motive haben mit dem Zölibatsgesetz der Kirche nichts zu tun. Die Mehrzahl derer, die heute Priester werden, tut dies nicht wegen »des priesterlichen Zölibats, den die Kirche wie einen strahlenden Edelstein in ihrer Krone hütet« (Paul VI.),[56] sondern trotz des Eheverbots. Kein Wunder, daß sich viele Priester deshalb auch innerlich keineswegs verpflichtet fühlen, sich diesem Gesetz gemäß zu verhalten. Das wäre nicht weiter schlimm und eher als Ansatz einer antihierarchischen Protest- und Emanzipationsaktion positiv zu bewerten, wenn es nicht so viele Menschen, vornehmlich Frauen, aber auch Männer und Kinder im Einflußbereich der katholischen Kirche gäbe, die aufgrund kirchlicher Tradition, Erziehung und Verkündigung an den Priester ganz bestimmte Rollenerwartungen herantragen, die alle das Moment der Geschlechtslosigkeit mit enthalten. Er soll von übersinnlicher Selbstlosigkeit sein, ihnen zuhören, sie beraten, sie in ihrer Einsamkeit gleichsam göttlich-überirdisch trösten, immer für sie da sein, ohne je etwas für sich zu erwarten oder gar zu verlangen. Ein solches Vertrauen zum Priester, durch die überspannte, von Herrschaftsmotiven bestimmte kirchliche Verkündigung des Geistlichen als Ausnahme- und Übermenschen verursacht, muß selbstredend eher oder später enttäuscht werden. Priester, denen sich auch heute noch nicht wenige Frauen und Mädchen unter Mißachtung aller sonst Männern gegenüber beobachteten und gewahrten Distanz vertrauensvoll nähern, erleben aufgrund dieser speziellen Unmittelbarkeit der Situation häufig, daß ihre internalisierten Sicherungen durchbrennen, daß ihre durch das Zölibatsgesetz der Kirche unterschlagene körperlich-seelische und erotisch-sexuelle Dimension explosiv aufbricht, oft genug zum Entsetzen des Gegenübers. Dieses Gegenüber, dessen Vertrauen mißbraucht wird, sind aber auch oft Knaben und Männer. Ihnen gegenüber tut sich für homosexuell veranlagte Priester ein ergiebiges und leicht zugängliches Feld der Befriedigung pädophiler und homoerotischer Neigungen auf. Wir werden darauf noch zurückkommen. Hier sollte nur der Zusammenhang zwischen einigen typischen Berufswahlmotiven von Priestern und der Möglichkeit des Vertrauensmißbrauchs durch sie einigermaßen deutlich werden. Dieser Zusammenhang ist im Grunde ein Teufelskreis: Da ist einerseits die kirchliche Ideologie, die den Priester zu einem weltüberlegenen Wesen hochstilisiert; da ist andererseits der Priester, der aus oft recht weltlichen und egoistischen Gründen seinen Beruf erwählt hat und ihn dementsprechend ausübt; und da ist schließlich das gläubige Kirchenvolk, das um die Kluft zwischen der kirchenamtlichen Priesterideologie und dem Priester, wie er faktisch ist, nicht wissen kann und deshalb auf ihn hereinfallen muß, wenn er das in ihn gesetzte Vertrauen mißbraucht. Aber auch dort, wo dieser Mißbrauch geschieht, sollte trotz aller Empörung über die Schuld des Priesters der sichtbar gar nicht in Erscheinung tretende, aus dem Hinterhalt wirkende eigentliche Schuldige nicht übersehen werden: das kirchliche System mit seinem Zölibatszwang, dem der Priester nicht entsprechen kann und unter dem mittelbar auch noch das Kirchenvolk bzw. ein Teil desselben zu leiden hat, wenn es (bzw. er) mit dem zölibatär verkorksten Kleriker in Berührung kommt.

2. *Der katholische Priester und der Ehebruch. Verhältnisse Zölibatärer mit verheirateten Frauen*

Wenn wir im folgenden auf weitere »giftige Früchte« des von der Amtskirche diktierten Zölibatsgesetzes zu sprechen kommen, so wird sich auch bei diesen noch zu besprechenden Fehlformen zölibatärer Lebensweise jeweils ein gewisser, nicht begründeter Vertrauensvorschuß an den Priester als die Grundlage herausschälen, auf der dem letzteren der betreffende Mißbrauch seines Gegenübers erst möglich gemacht wurde. In all diesen Fällen aber ist der eigentliche Drahtzieher wiederum die amtskirchliche Ideologie des Zölibats und der Sexualität überhaupt, deren Internalisierung den Priester wie den ihm begegnenden Laien zu Marionetten, zu außengelenkten Quasiagierenden erniedrigt. Wenden wir zunächst unsere Aufmerksamkeit jenen Fällen zu, *wo Priester in den »heiligen Bereich« der Ehe eindringen,* wo sich ein Verhältnis mit einer Ehefrau ergibt.

Es scheint, als ob man der kirchlichen Hierarchie, der Amtskirche als solcher diese durch Priester verursachten Ehebrüche keineswegs anlasten darf. Schließlich verkündet sie durch alle Jahrhunderte ihres Bestehens die Unauflöslichkeit der Ehe, verdammt sie den Ehebruch als Todsünde, baut sie Schutzwälle der Askese auf, um die Heiligkeit der Ehe und den Bestand der Familie zu sichern und zu wahren. Noch in der jüngsten Erklärung des Vatikans (der Kongregation für die Glaubenslehre) »zu einigen Fragen der Sexualität« heißt es: »Der Gebrauch der Geschlechtskraft erhält nur in der rechtsgültigen Ehe seinen wahren Sinn und seine sittliche Rechtmäßigkeit« ... »Die leibliche Vereinigung... ist nur dann rechtmäßig, wenn zwischen dem Mann und der Frau eine endgültige Lebensgemeinschaft geschlossen worden ist« ... »Jede geschlechtliche Hingabe des Menschen darf nur innerhalb der Ehe erfolgen.« Als Verletzung dieser exklusiven Zuordnung von Ehe und Gebrauch der Geschlechtskraft verurteilt das Vatikandokument sogar den vorehelichen Geschlechtsverkehr wirklich und aufrichtig sich liebender junger Menschen, bei denen also »eine ernste Heiratsabsicht und eine schon fast eheliche Zuneigung in den Herzen der beiden Partner die Erfüllung fordern, die sie als naturgemäß erachten«. »Denn«, so wird in dem Dokument dagegen argumentiert, »wie fest auch immer der Entschluß jener ist, die sich auf solche verfrühten Beziehungen einlassen, es bleibt doch die Tatsache, daß diese keineswegs die Aufrichtigkeit und die Treue der zwischenmenschlichen Beziehungen von Mann und Frau zu gewährleisten, noch sie vor allem gegen Laune und Begierlichkeit zu schützen vermögen.«

Man wird aus dieser kalt ablehnenden Haltung der offiziellen Kirche zum vorehelichen Verkehr auf eine absolute Verdammung jeglicher Art von Ehebruch, insbesondere des von »geweihten Priestern« begangenen, schließen müssen. Und in der Tat lassen sich in jedem Handbuch der katholischen Moraltheologie Sätze ähnlich den sogleich zu zitierenden finden: »Außer der schweren Sünde der Unkeuschheit enthält der Ehebruch noch eine bzw. zwei schwere Sünden gegen die *Gerechtigkeit*... Ein *einfacher* oder ein *doppelter* Ehebruch liegt vor, je nachdem, ob von den Personen, die miteinander sündigen, nur eine oder beide verheiratet sind.«[57] Handelt es sich um »Kleriker in höheren Weihen«, die in den Ehebruch verwickelt sind, so kommt die Sünde des Sakrilegs hinzu.[58]

Unter formalen Gesichtspunkten ist also die Amtskirche schuldlos, wenn ein Priester in eine Ehe einbricht. Schuld ist sie dennoch, wenn so etwas geschieht, wenn auch nur indirekt, aber deswegen nicht weniger gravierend. Ihre Schuld besteht darin, daß sie den katholischen Eheleuten Erotik, Lust und Sexualität vermiest und ihnen Schuldgefühle aufgrund des Verfehlens und des notwendigen Verfehlenmüssens der von ihr aufgestellten, wirklichkeitsfremden sexualethischen Normen einflößt. Häufiger ist es die Ehefrau, die wegen dieses falschen Schuldbewußtseins den Rat des Priesters bei der Beichte und anderswo einholt, wobei sie meistenteils – wiederum mit physischer und fast metaphysischer Notwendigkeit – auf einen Menschen trifft, der seine erotisch-geschlechtliche Dimension nicht ausbalanciert und integriert hat, weil ihm die Kirche diese Sphäre unter Verbot stellt. Wo aber zwei so fehlgeleitete, auf unterschiedliche Weise (von der Kirche) außengelenkte, sexuell desintegrierte[59] Monaden, der Priester und die Ehefrau, aufeinandertreffen, da muß es zwangsläufig zu manchen »Kurzschlüssen« kommen.

Dabei ist schon die Ausgangslage der beiden verschieden. Für den Priester, der sich mit dem seine sexuelle Sphäre betreffenden Zölibatsgebot der Kirche herumschlägt und endgültig sich noch für keinen der weiter oben geschilderten Kompromisse entschlossen hat, ist schon die Tatsache, daß er da eine Frau vor sich hat, die – wie er aufgrund seiner gerade durch dieses Gebot künstlich erregten und aufgeheizten Phantasie meint – in der Ehe, wiewohl nicht ohne kirchlich indoktrinierte Schuldgefühle, sich »austoben« kann, etwas Beneidenswertes, etwas, das ihm seine eigene Leere, sein Unbefriedigt- und Unausgefülltsein kraß zum Bewußtsein bringt. Daraus resultiert die grobe, derbe *Neugierde* mancher Beichtväter, über die sich so viele katholische Ehefrauen beklagen. Diese Neugier ist eine Form der Begierde, der Wunsch, irgendwie an der Geschlechtslust zu partizipieren. Sie erkundigen sich daher nach den intimsten Details des ehelichen Verkehrs, und sie können sich auch dafür noch einigermaßen auf die kirchenamtlichen Anweisungen für Beichtväter berufen, weil diese die genaue Kenntnis aller wichtigen Umstände einer Sünde verlangen, um die Qualität eines Vergehens festzustellen, um die Frage, ob es eine schwere oder leichte Sünde war, zu klären.

J. O., eine Katholikin aus G., schrieb mir nach meinem Kirchenaustritt:

»Ich kann Ihren Kampf gegen das Zölibat der Geistlichen sehr gut verstehen. Vielleicht würde dann, wenn diese Herren heiraten könnten, wenigstens die unverschämte Fragerei im Beichtstuhl aufhören. Mir selber passierte folgendes (aber ich weiß auch von verschiedenen Bekannten, daß ihnen ähnliches widerfuhr): Nach dem Reuegebet fragte mich der Priester, wie wir es machen, ob wir das Hemd dabei ausziehen oder nur hinaufschieben. Es war die Beichte vor der Trauung!«

Frau B. S. aus St. stellt mir in einem Brief bald nach Erscheinen meines Buches »Herren und Knechte der Kirche« die Frage: »Mich würde brennend interessieren, wie Sie wohl im Beichtstuhl waren, ob Sie einem auch Löcher in den Bauch gefragt haben.« Sie fährt dann fort: »Ich muß sagen, daß mein ziemlich angeknackstes Vertrauen zu den Priestern vornehmlich von ihrem Gebaren bei der Beichte herrührt. Angewidert hat mich z. B. eine Frage, die mir ein Priester im Beichtstuhl stellte. Ich hatte ihm gesagt, daß mein Mann, um Kindersegen zu vermeiden, den Akt vor dem Höhepunkt unterbricht. Der Pater entgegnete mir dazu: ›Nach der Lehre der Kirche ist dies eine objektiv schwere Sünde, weil Sie damit Nachkommenschaft verhindern, und diese ist das erste, naturgegebene Ziel des Eheaktes. Aber sagen Sie mir doch bitte noch, damit ich das Ganze richtig einordnen kann: Wohin läßt es ihr Mann denn laufen, wenn er ihn... na, Sie wissen schon, den Penis herausgezogen hat? Auf Ihren Bauch? Das muß doch für Sie abscheulich sein!‹ Ich habe den Beichtstuhl sofort wortlos verlassen. Bin dann längere Zeit nicht mehr zur Beichte gegangen, fühlte mich dabei aber irgendwie ›unrein‹, weil ich seit meiner Kindheit angehalten worden bin, meine Seele alle vier Wochen ›im Bad der Beichte zu waschen‹.«

Unter den Priestern, die bei mir eine Beichte ablegten, z. B. im Anschluß an von mir gehaltene Vorträge oder Einkehrtage für Theologen, gab es relativ viele »Skrupulanten«, die sich der Sünde des »Zuviel« oder aber der Sünde des »Zuwenig« in bezug auf die Erforschug der ehelichen Sexualität bezichtigten. Die einen erachteten es demgemäß für ihre absolute Sorgfaltspflicht, dem Pönitenten endlos Fragen hinsichtlich der Art seines Geschlechtsverkehrs mit dem Ehepartner zu stellen, weil sie, wie sie vor mir behaupteten, nicht vor Gott und der Kirche schuldig werden, sich nicht selber eine Sünde einhandeln wollten, indem sie die Schwere der Sünde von Eheleuten verharmlosten. Die anderen empfanden eine natürliche Scham davor, durch detaillierte Fragen in das Intimleben anderer Menschen einzudringen; hatten dafür jedoch wieder Skrupel und Ängste, weil sie auf die kargen oder verschlüsselten Hinweise der Pönitenten über ihre eheliche Sexualität nicht näher eingegangen waren und möglicherweise die Absolution, die Lossprechung von Verfehlungen, gaben, die sie in ihrer Qualität und Gravität nicht erkannt hatten. Wie leicht zu erkennen ist, waren bei der ersten Gruppe skrupulöse Angst und sexuelle Neugierde einen seltsamen Bund eingegangen.

Doch bildet diese Neugierde nur eine der vielen Formen der Kontaktsuche von Geistlichen mit Eheleuten. In der Situation der Leere, Unbefriedigtheit und Ungesättigtheit, in der sich so mancher Priester aufgrund der ihm übergestülpten zölibatären Zwangsjacke befindet, muß seine Phantasie, seine Sinnlichkeit natürlich erregt werden, wenn er Schuldbekenntnisse katholischer Eheleute aus dem geschlechtlichen Bereich zu hören bekommt. Auf diesem Hintergrund ist es eigentlich gar nicht so verwunderlich, wenn einige Priester *noch mehr* als nur die Befriedigung ihrer erotisch-sexuellen Neugier wollen.

Eine Vielzahl von Informationen und Berichten katholischer Eheleute, die ich nach Veröffentlichung von Teilen meines offenen Briefes an den Papst in der Presse bzw. nach Erscheinen meines Buches »Herren und Knechte der Kirche« erhielt, bestätigen das Gesagte. Im Schreiben einer verheirateten Frau aus der Nähe von Heilbronn an mich heißt es: »Der Pfarrer sagte: ›Ich gebe Ihnen den Segen.‹ Ich faltete die Hände und senkte den Kopf. Eine Zeitlang geschah nichts. Da hob ich die Augen und merkte, wie der Pfarrer mit einem Arm um das Beichtgitter herumgriff, meine linke Hand nahm und sie zu seinem Unterleib hinzog. Ich stand spontan auf und lief weg.« Eine andere aus einem Dorf in der Nähe von Würzburg: »Ich ging zur Beichte, der Priester benahm sich aber sehr sonderbar im Beichtstuhl. Er schien mir erregt, ja verwirrt. Was er mir zu meinen Sünden sagte, war nicht sehr logisch. Plötzlich sagte er mir, er wäre dafür, daß wir unser Gespräch in der Sakristei fortsetzten. Ich folgte ihm also in die Sakristei, nicht wissend, was ich von der Situation halten sollte. Dort setzte er sich auf einen Stuhl, befahl mir, niederzuknien, und nahm meine rechte Hand. Er hielt sie ganz fest in seiner Hand, sagte dabei aber gar nichts. Mir kam alles so sonderbar vor. Plötzlich zuckte sein Körper ein paar Male hin und her. Da ließ er meine Hand los, setzte sich aufrecht hin und sagte zu mir hin: ›Das war jetzt gut. Du kannst jetzt gehen.‹ Ich ging sofort hinaus.«

Eine Reihe anderer Ehefrauen berichtete mir, daß ihnen im Beichtstuhl ganz offen der Antrag gemacht worden sei, sich mit dem die Beichte abnehmenden Priester zu treffen. Meistens wurde die Nützlichkeit oder Notwendigkeit solcher Treffs seelsorgerlich motiviert, aber unter den mir bekannten Fällen gibt es auch solche, wo der Beichtvater ganz offen und unverschlüsselt erklärte, er brauche die Küsse, die Umarmungen, die körperliche Wärme einer Frau, und er halte sein momentanes »Beichtkind« für geeignet, ihm diese Wünsche zu erfüllen.

Wiederum kann man die offizielle Kirche nicht unmittelbar für diese Dinge verantwortlich machen. Stellt doch die Kirche das Vergehen der sogenannten Sollizitation unter sehr schwere Strafen. Der Priester, der bei der Beichte Sollizitation begeht, d. h. »das Beichtkind in Verbindung mit der Beichte zu einer schweren Sünde gegen die Keuschheit verleiten will oder mit ihm unerlaubte und unkeusche Reden führt und Abmachungen trifft«,[60] wird laut Kanon 2368, § 1, des Kirchenrechts von der Meßzelebration und von der Ausübung der Funktion des Beichtvaters suspendiert, ihm werden alle Benefizien und Titel (dignitates) genommen, und in schwereren Fällen wird er degradiert, d. h. laisiert. Voraussetzung dafür ist freilich, daß das Vergehen herauskommt. Aber auch da hat die Kirche vorgebaut. Sie verpflichtet nämlich im Kanon 904 ihres Rechtskodex das Beichtkind unter schwerer Sünde, den Priester, der bei der Beichte Sollizitation begangen hat, innerhalb eines Monats beim Ortsordinarius oder in Rom bei der Kongregation des Heiligen Offiziums (heute: Kongregation für die Glaubenslehre) anzuzeigen. Nach Kanon 2368, § 2, ist auf Unterlassung der Denunziation durch den Pönitenten die Strafe der Exkommunikation gesetzt. Diese Strafe kann zwar von jedem anderen Beichtvater aufgehoben werden, aber nur, nachdem das Beichtkind die Anzeige erstattet oder dieselbe wenigstens aufrichtig versprochen hat. Die Amtskirche sah sich aufgrund jahrhundertelangen Mißbrauchs des Beichtstuhls zu Sollizitationszwecken genötigt, so harte Strafen zu verordnen. Sie kann es sich ja nicht leisten, wegen dieses mannigfachen und mannigfaltigen Mißbrauchs etwa auch die Beichte als solche abzuschaffen, weil diese eine der wesentlichen Formen ist, durch die die Kirche Schuldbewußtsein stiftet und ihre Herrschaft über das Volk ausübt. Da verhängt sie schon lieber schwere Kirchenstrafen, die allerdings ihrerseits wiederum die weitgehende Existenz des Tatbestands, der durch sie geahndet werden soll, beweisen. Wenn im meistgekauften und -gebrauchten deutschsprachigen Taschenbuch der katholischen Moraltheologie derart viele Möglichkeiten der Sollizitation in der Beichte angeführt und als Sünde erklärt werden, dann ist das selbstredend zugleich ein Hinweis darauf, daß all dies in der Beichtpraxis auch schon vorgekommen ist, weiterhin vorkommt und aktuell ist. Da wird erläutert: »Sollizitieren kann man durch Worte, Zeichen, Winke, Berührungen, durch Übergabe von etwas Geschriebenem, das jetzt oder später gelesen werden soll. – Unkeusche Reden und Abmachungen sind schon insofern eine Sollizitation, als der Priester dadurch seiner bösen Lust frönen will. – Sollizitation ist nicht nur dann vorhanden, wenn der Beichtvater das Beichtkind ausdrücklich zu einer Sünde gegen das sechste Gebot veranlaßt, sondern auch, wenn sein ganzes Betragen oder seine Redeweise so beschaffen sind, daß sie ihrer ganzen Natur nach das Beichtkind zu Sünden gegen das sechste Gebot veranlassen oder es darin bestärken... Bei derartigen Sachen ist es oft schwer, Gewißheit darüber zu erlangen, ob schon im Beichtstuhl schwer sündhafte Absicht vorhanden war oder nicht, z. B. wenn der Beichtvater sich nach der Wohnung einer Person erkundigte oder sie auf sein Zimmer bestellte... Anzeigepflicht besteht« (auch, m. A.), »wenn z. B. der Beichtvater eine Kranke besucht und ihr sagt, er wolle sie beichthören, in Wirklichkeit sie aber sollizitiert... Eine Entschuldigung von der Anzeigepflicht... bildet... der Umstand, daß der Priester sehr nahe blutsverwandt oder aufs innigste befreundet ist.«[61] In einem anderen Lehrbuch der Moraltheologie heißt es: »Wenn der Priester sagt: ›Ich würde dich heiraten, wenn ich nicht Priester wäre‹, so gilt das als Sollizitation. Lobt er die Schönheit einer Frauensperson, so ist nach den übrigen Umständen zu beurteilen, ob darin eine Sollizitation zu erblicken ist.«[62]

Wenn die Kirche die Sollizitation im Beichtstuhl unter Strafe stellt, so beweist sie damit, daß sie zwar das Übel verfolgt, nicht aber die Gelegenheit dazu auszuräumen bereit ist. Die Gelegenheit im weitesten Sinne – das ist zum ersten die von der Kirche verschuldete Disposition des Priesters, das ist zum zweiten die ebenfalls von ihr verschuldete Bewußtseinshaltung der beichtenden Ehefrau, und das ist zum dritten der Beichtstuhl bzw. das Beichtgespräch als Ort bzw. Mittel der Gelegenheit. Darüber wird im folgenden zu sprechen sein.

Man vergegenwärtige sich die von der Kirche verschuldete Überforderung des Beichtvaters. Die kirchenamtlich festgelegte Rolle des Priesters im Beichtstuhl oder Beichtgespräch ist die des *Lehrers*, *Arztes* und *Richters*. Was er aber im Hinblick auf Ehe und eheliche Probleme lehren, diagnostizieren, heilen und richterlich beurteilen soll, weiß er nur aus moraltheologischen Lehrbüchern und Vorträgen, die von zölibatären, die Ehe in praxi wiederum nicht kennenden Theologen geschrieben oder gehalten wurden. Er hat nur mehr oder minder scholastische, d. h. sogenannte naturrechtliche und offenbarungstheologische Normen der Ehe im Kopf, dazu die Kasuistik, die Anwendung dieser aus einer vermeintlichen Naturordnung abgeleiteten Normen auf konkrete Fälle. Die »Kasusse«, die Beispiele, die bezüglich der Eheproblematik, des geschlechtlichen Vollzugs der Ehe, der Ehehindernisse usw. den Priesteramtskandidaten von seiten der Professoren der Moraltheologie und des Kirchenrechts serviert werden, tragen nicht selten den Stempel einer antifeministischen bzw. den Stand der Ehe dem der Jungfräulichkeit unterordnenden Grundhaltung. Zuweilen sind sie abgeschmackt und respektlos, teilweise tangieren sie sogar die Grenze des harten Sex und des Pornos. Im allgemeinen gelten in klerikalen Meinungskreisen die Kirchenrechtler als diejenigen, die die sexuellen Probleme rücksichtsloser und brutaler als die Moraltheologieprofessoren an- und aussprechen, wobei sie außerdem noch aus der Scheuklappensicht ihrer Kirchenrechtsparagraphen die Sexualität isoliert und ohne Beachtung ihres gesamtmenschlichen, personalen Bezuges zu behandeln pflegen.

Einiges hat sich zwar auch in dieser Hinsicht gebessert, denn die jüngere Generation der theologischen Lehrer ist in einer das Positive von Eros und Sexus erkennenden und schätzenden Zeit aufgewachsen, was nicht ganz ohne Rückwirkungen auf Kirche und Theologie blieb. Aber die Notwendigkeit, den zölibatären Lebensstil vor den Theologiestudenten zu rechtfertigen, seinen »höheren Wert« an sich und für die Kirche herauszustellen, führt die kirchlich fixierten Lehrer der Theologie – und das sind die meisten von ihnen – doch immer wieder zwangsläufig dazu, die negativen Seiten von Ehe und Geschlechtlichkeit ungebührlich aufzubauschen und die Frau abzuwerten. Ganzen Generationen von Priestern im 20. Jahrhundert wurde eingetrichtert, was der ehemalige Regens des Priesterseminars in Paderborn, B. Rasche, in seinen als Manuskript gedruckten, moral- und pastoraltheologischen Vorlesungen über »Das heilige Sakrament der Buße« warnend folgendermaßen formulierte: »Es gibt auch solche verschlagene Weiber, die die Beichte benutzen, um die Gesinnung, namentlich eines jungen Priesters, auszukundschaften und Gelegenheit zu finden, ihm ihre böse Lust zu offenbaren und natürlich dadurch den Priester zu Fall zu bringen.«[63]

Die Kirchengeschichtler kennen eine Unzahl die Frau erniedrigender und verteufelnder Aussagen von seiten des kirchlichen Lehramts, prominenter Kirchenfürsten und führender Theologen aus allen Jahrhunderten;[64] nicht geringer ist die Anzahl der Geschlecht und Ehe abwertenden Urteile offizieller und offiziöser kirchlicher Quellen,[65] auch wenn, dem Gesetz kirchlicher Herrschaftsdialektik und -anpassung gemäß, gegenteilige Thesen zur (Würde der) Frau und zur Ehe von seiten des kirchlichen Lehramts bzw. katholischer Theologen vorliegen und im Bedarfsfall ins Feld geführt werden können, um dem »bösen Kirchenfeind« zu beweisen, daß seine Attacken ein Mißverständnis waren. In der tatsächlichen Praxis des Christentums aber hat die Abwertung und Ablehnung der Frau, die

Zurücksetzung der Ehe als eines notwendigen Übels oder minder wertvollen Lebensstils stets dominiert. In diesem Sinne wurde auch schwerpunktmäßig der Klerus informiert und indoktriniert, was letztlich auch noch für den ja weiterhin dem Zölibatsgesetz verpflichteten Klerus der Gegenwart gilt. Besteht denn wirklich ein so großer Unterschied in der negativen Bewertung der Frau durch einen Papst des 15. und einen solchen der zweiten Hälfte des 20. Jahrhunderts, wenn der erstere erklärt: »Wenn du eine Frau siehst, denke, es sei der Teufel, sie ist eine Art Hölle«,[66] und der andere sich bis in sein Alter an dem von ihm in seiner Jugend aufgestellten Grundsatz orientiert: »Vor Frauen aller Art, seien es nun Verwandte oder Heilige, will ich mich besonders hüten, ihre Gesellschaft fliehen und die Unterhaltung mit ihnen meiden, besonders wenn sie jung sind... Niemals werde ich ihnen irgend etwas anvertrauen, und wenn ich schon mit ihnen sprechen muß, werde ich mich einer kühlen, kurzen, wohlüberlegten und sachlichen Redeweise befleißigen.«[67] In diesem Grundsatz des liebenswürdigen Papstes Johannes XXIII. schwingt mit, was vielen Priesterkandidaten eingehämmert wurde: »Mulieri non est credendum.« (Einer Frau darf man nicht glauben oder vertrauen.)
Doch geht es hierbei nicht bloß um »Mitschwingendes«. Ausdrücklich lehren auch offiziöse katholische Schriften der Gegenwart die Minderwertigkeit der Frau. In der Enzyklopädie »Der Christ in der Welt«, herausgegeben von dem bekannten Jesuitenprofessor P. Joh. Hirschmann, nach der sich nachweislich viele Theologiestudenten für ihre Examina vorbereitet haben und vorbereiten und die in fast jeder theologischen Bibliothek steht, wird in bezug auf Sein und Rolle der Frau festgestellt: Es »entbehrt die Behauptung nicht aller Wahrheit, welche von einem kurzen Verstande der Frau redet. Wir würden jedoch lieber von einem verkürzten Verstande sprechen, was nun aber die Frau keineswegs in ihrem Wert schmälert... Jede gesunde Frau, gleichgültig, ob sie ein akademisches Studium hinter sich hat oder nicht, weiß darum, was sie oft in jenem verdeckten oder offenen Verlangen ausspricht, durch den Mann geführt sein zu wollen«. Die Frau »scheut von Natur aus zurück vor einem abstrakt diskursiven Denken... das bedeutet freilich nicht, daß sie unvermögend wäre, das begrifflich scharfe, abstrakte Denken nachzudenken und zu verstehen, aber sie wird aus sich heraus zu einer solchen Erkenntnis niemals fähig sein, sofern diese produktiv aus dem menschlichen Geiste hervorgehen soll... Nunmehr versteht es sich auch leichter, warum es von seiten der Frau keine *genialen* Philosophen, Theologen, Mathematiker, Staatsmänner oder Künstler gibt, obwohl es ausgezeichnete *Schüler* und *Interpreten* großer Meister gibt... Gleichzeitig aber ist daraus zu erse-

hen, daß es keine Gleichgeordnetheit der Geschlechter in jeder Hinsicht gibt, sondern daß sich hier bereits eine Über- und Untergeordnetheit der Geschlechter in etwa abzeichnet«.[68]
Zusammenfassend und auf die Situation und Disposition des Priesters bei der Beichte (insbesondere von Eheleuten) bezogen, muß man also mit einem versierten Kritiker der kirchlichen Sexuallehre feststellen: »Ihre Furcht vor dem anderen Geschlecht und ihre Angst vor sexueller Sünde sind diesen Theologen nicht mehr und nicht weniger vorzuwerfen als eine Herzkrankheit. Ein Priester hat die ganze Ehetheologie eine ›Ausgeburt des zölibatären Irreseins‹ genannt, und unzweifelhaft enthält sie wahnhafte Züge. Die detaillierten Kataloge sexueller Sünden entstehen unter dem Zwang, den die verdrängte, verleugnete und verteufelte Geschlechtlichkeit auf den Moraltheologen ausübt.« Die Moraltheologie »schärft ständig Scham, Schuldgefühl und Sündenangst ein und übersieht, daß diese drei nicht die Heilung fehlerhafter Haltungen sind, sondern ihr fehlerhaftes Gegenteil«.[69] Die sakramentalisierte Ehe werde wie ein »Naturschutzpark der Sünde«[70] behandelt.

Der durch eine solche Moraltheologie und ihre Lehrer auf die Aufgaben im Beichtstuhl »vorzüglich« präparierte Priester muß so notwendigerweise in der Konfrontation mit der wirklichen Frau scheitern. Dieses Scheitern hat viele Gesichter. Nur eines von ihnen ist die Sollizitation, der Versuch, mit der Frau im Beichtgespräch einen erotischen oder sexuellen Kontakt zu bekommen. Außerdem geht diesem Versuch meist eine längere Vorgeschichte von Frustrierungen voraus. Die erste Reaktion von Priestern mit beginnender Beichtpraxis auf die ihnen ihre Verfehlungen bekennende Frau ist normalerweise die lebensfremde Be- und Verurteilung ihrer »Vergehen« gemäß den in Theologiestudium und Priesterseminar eingepaukten und eingeübten Normen der Kirche. Es bedarf beim Priester eines regelrechten Durchbruchs, um die jahre-, wenn nicht jahrzehntelang geübte Gewohnheit, zunächst die Sünde und die darauf anzuwendende Norm und dann erst, wenn überhaupt, den diese Sünde beichtenden konkreten Menschen zu sehen, abzuwerfen. Zudem haben sich nur ganz wenige Theologieprofessoren und noch weniger praktische Seelsorger mit dem tiefenpsychologischen Ursachengefüge menschlicher Verfehlungen befaßt. Für die Amtskirche sind Freud, Psychoanalyse, Libido und ähnliche Namen oder Begriffe noch heute negative Reizworte. Die Psychoanalyse gilt in kirchlichen Kreisen noch weithin als Versuch, den »unbezweifelbaren Tatbestand der sexuellen Sünde wegzupsychologisieren«.

In diesem Zusammenhang sei aus meiner eigenen Beichterfahrung ein Fall erzählt, der für frischgebackene Beichtväter typisch sein dürfte. Zwar handelt es sich dabei nicht um die Konfrontation mit einer verheirateten Frau im Beichtstuhl, aber die sogleich zu schildernden Merkmale der Be- und Verurteilung unverheirateter und verheirateter Frauen sind ja weitgehend analog. Die Atmosphäre, in der junge Priester das Beichtbekenntnis von Mädchen und Frauen beurteilen müssen, dürfte jedenfalls adäquat charakterisiert sein.

Ich war damals, 1953, 24 Jahre alt und erst vor einigen Wochen zum Priester geweiht worden. Zu diesem Zeitpunkt hatte ich erst ganz wenige Beichten gehört. Während der Frühmesse eines anderen Priesters saß ich im Beichtstuhl und betete mein Brevier. Ein Mädchen kam zur Beichte. Das Gespräch zwischen uns verlief sinngemäß so:

Sie: »Ich war unkeusch.«

Ich: »Was heißt unkeusch? Unkeuschheit kann man mit Gedanken, Worten und Werken begehen.«

Sie: »Na ja, dann waren es auch Werke.«

Ich: »Auch unter den Werken ist noch zu unterscheiden. Waren es schwere oder leichte Vergehen, war es mit dir selber oder mit anderen?«

Sie: »Es war mit einem Jungen.«

Ich: »Wie alt ist der Junge, wie alt bist du selbst?«

Sie: »Er ist neunzehn, ich bin siebzehn Jahre alt.«

Ich: »Was habt ihr denn miteinander getan?«

Sie: »Na, was denn, miteinander geschlafen.«

Ich: »Aber ihr seid doch nicht miteinander verheiratet. Das ist doch eine Todsünde. Außerdem bist du noch viel zu jung dafür.« Ich hielt ihr also einen kurzen Vortrag darüber, daß das, was zwischen ihr und dem Burschen sich abspiele, noch keine echte, von Gott gewollte, ehelich gesegnete und legitimierte Liebe sein könne, sondern nur schnell vergängliche, den Menschen verderbende Fleischeslust und sinnliche Leidenschaft. »Was machst du«, warnte ich, »wenn er dich wegwirft, nachdem er dich genügend genossen, oder wenn er dich gar mit einem Kind sitzenläßt?«

Sie: »Aber ich liebe ihn, und er liebt mich.«

Ich: »Das kannst du in deinem Alter und, verblendet durch die Leidenschaft, noch gar nicht beurteilen. Aber wie dem auch sei: ohne das Sakrament der Ehe ist das, was ihr begeht, Todsünde. Wenn ihr euch wirklich liebt, dann werdet ihr auch so viel Kraft und Zucht aufbringen, euch so lange zu beherrschen, bis ihr vor den Augen der Kirche geheiratet habt. Du mußt mir also versprechen, daß ihr nicht mehr miteinander schlafen, auch alle körperlichen Zärtlichkeiten vermeiden werdet, weil diese euch

nur zum Koitus verführen würden, ja daß ihr euch, um die Versuchung gering zu halten, nur so selten wie möglich seht.«
Sie: »Das kann ich nicht und das will ich auch nicht.«
Ich: »Ja, bereust du denn nicht, was du getan hast?«
Sie: »Nein, wieso?«
Ich: »Warum bist du denn dann überhaupt zur Beichte gekommen?«
Sie: »Meine Eltern wollten das so. Die Messe, die eben gefeiert wird, ist für meinen verstorbenen Großvater. Und meine Eltern wünschten, daß ich jetzt beichte, damit ich dann gemeinsam mit ihnen zur Kommunion gehen kann.«
Ich: »Du bereust also gar nichts?«
Sie: »Ich habe es Ihnen doch schon gesagt. Ich sehe nichts Schlechtes in dem, was ich getan habe.«
Ich: »Also, ich stelle fest: Du hast keine Reue, auch keinen Vorsatz, denn du willst dich ja mit deinem Freund weiterhin in derselben Art treffen wie bisher. Du tust etwas, was nur der Ehe vorbehalten ist und auch dort nur nach bestimmten, den Menschen über das Tier erhebenden Grundsätzen. Zur Beichte gekommen bist du aus einem rein äußerlichen Anlaß. Nach den Normen der Kirche kann ich dir keine Lossprechung geben. Geh!«
Sie: »Dann eben nicht!«
Natürlich kann mir der Leser dieses Buches meine damalige Härte zum Vorwurf machen. Auch ich werfe sie mir heute vor. Aber im Rahmen des kirchlichen Systems und seiner Morallehre habe ich damals absolut korrekt gehandelt. Und die Eigenständigkeit und Eigenwertigkeit menschlicher Liebe zwischen den Geschlechtern, unabhängig von Segen und Plazet der Kirche, war mir zu der Zeit noch gar nicht aufgegangen. Wie sollte sie das auch, wo ich doch fünf Jahre, von den Semesterferien und den Vorlesungen an der Uni abgesehen, hinter den Mauern des Priesterseminars verbracht hatte, um dann unvermittelt »auf die Menschheit losgelassen zu werden«. –
Das Scheitern des Beichtvaters im Beichtstuhl kann aber auch ein anderes Gesicht zeigen. Das ist dann der Fall, wenn dem Priester im Rahmen eines längeren Erfahrungs- und Lernprozesses im Beichtstuhl und bei anderen seelsorgerlichen Begegnungen mit dem anderen Geschlecht langsam aufgeht, daß die Frau etwas ganz anderes ist, als man ihm das kirchlicherseits weisgemacht hat, daß sie ein Mensch ist wie du und ich, nicht besser und nicht schlechter, ein ganz normales Geschöpf, eben keineswegs minderwertiger oder sündhafter als der Mann. An diesem Punkt wird das Scheitern des Beichtvaters mit seinen ihm kirchlicherseits internalisierten Vorstellungen von der Frau im Grunde zu einem Scheitern der Kirche.

Denn es beginnt jetzt ein Emanzipationsprozeß im Priester. Er löst sich allmählich von dem Glauben, die Kirche als Hüterin der göttlichen Offenbarung habe immer recht. Ihr Wort wird ihm zweifelhaft, nicht nur im sexuellen, sondern auch in anderen Bereichen. Oft ist das auch die Ausgangssituation für die Anbahnung einer Freundschaft mit einer Frau.
Natürlich gibt es auch die in unserem Zusammenhang eigentliche und genügend oft realisierte Form des Scheiterns: der Beichtvater, der mit seinen eigenen »Versuchungen des Fleisches« nicht fertig wird, der aufgrund kirchlicher Erziehung auf die Frau als das »defiziente Wesen« (der heilige Thomas von Aquin, von der Amtskirche als größter Kirchenlehrer verehrt und verordnet) und insbesondere auf die Ehefrau als das »Gefäß der Sünde und der Lust« herabschaut, glaubt dementsprechend, bei ihr leichtes Spiel zu haben und reizt sie, »sollizitiert« zur »Sünde« mit ihm. Diese Form des Scheiterns kann gleich mehrfacher Art sein: Mehr von außen besehen, ist er ein Priester, der die die Sollizitation bestrafenden Normen der Kirche übertritt, obwohl er im Grunde dabei eher ein Opfer der falschen Geschlechtserziehung der Kirche ist; sodann ist er – selbst wenn er bei der betreffenden Person des anderen Geschlechts Erfolg haben sollte – ein Scheiternder, weil er seine falsche, negative Auffassung von der Frau und der Ehe, die ihm die Kirche indoktriniert hat, in der Praxis eines sexuellen Kontakts bestätigt sehen möchte und eventuell für wahr hält, obwohl er sich damit gerade den Zugang zur Persönlichkeitswürde der Frau verbaut. –
Daß der Priester für die Begegnung mit der Frau aufgrund kirchlichen Verschuldens falsch disponiert und präpariert ist, dürfte einigermaßen deutlich geworden sein, auch wenn dazu noch sehr viel zu sagen wäre. Aber auch die katholische Frau tritt mit einem der Amtskirche anzulastenden falschen Bewußtsein in diese Begegnung ein. Wir wiesen schon darauf hin, daß ihr, wie überhaupt dem katholischen Volk, der Priester wegen seines zölibatären und angeblich jungfräulichen Status immer noch als engelsgleicher Übermensch vorgestellt wird. Einem solchen gegenüber wird sich die verheiratete Frau gering und sündig vorkommen, dies auch deshalb, weil sie sich nach kirchlicher Lehre in einem minderen, zweitrangigen Stand befindet, der von der Amtskirche im Grunde wie ein notwendiges Übel zur Löschung der Konkupiszenz behandelt wird. Sagt doch das Konzil von Trient: »Wenn jemand sagt..., es sei nicht besser und seliger, in der Jungfräulichkeit oder Ehelosigkeit zu bleiben als zu heiraten, der sei im Bann.«[71] Und beruft sich doch auch noch die neueste vatikanische »Erklärung zu einigen Fragen der Sexualität« zur Bestätigung ihrer eigenen Auffassung auf den Apostel Paulus, welcher »sagt,

daß, falls die Unverheirateten und Witwen nicht enthaltsam leben können, sie keine andere Wahl haben als die beständige eheliche Verbindung: ›Es ist besser, zu heiraten, als sich in Begierde zu verzehren‹ (1. Kor. 7,9)«.[72]

Aufgrund vergleichender ethnologischer und soziologischer Untersuchungen wissen wir zwar heute, daß die Frau nicht von Natur aus das Wesen ist, das zum Mann aufschauen muß, das geführt werden möchte, das gestützt werden will. Aber unter Berufung auf ihre angeblich unfehlbare Einsicht in das Naturrecht und den eigentlichen Aussageinhalt der Bibel hat die Kirche entscheidend dazu beigetragen, daß unsere abendländische Kultur diese kirchliche Ideologie »in Sachen« Frau für das eigentliche Wesen der Frau gehalten hat. Dem katholischen Priester als Übermenschen und sozusagen geistigen Supermann, der durch zölibatäre Zucht und jungfräulichen Idealismus erhaben ist über alle Regungen des Fleisches und der Sinneslust, bringt nun die katholische Frau, durch die Ehe angeblich hineingezogen in die Niederungen des Ungeistigen, das Vertrauen und die Ehrfurcht der »kleinen Seele« entgegen. Wir haben dies weiter oben bereits angedeutet, ebenso wie die Tatsache, daß der Priester aufgrund seiner eigenen zölibatären Frustrationen in der permanenten Versuchung steht, das ihm in der Beichte und bei verschiedensten, zunächst seelsorgerlich motivierten Begegnungen mit der Frau entgegengebrachte Vertrauen zu mißbrauchen, weil es von der hier charakterisierten Vertrauensbasis bis zu Vertraulichkeiten oft nur ein kleiner Schritt ist. Vielleicht wird sich die Frau durch solche vertrauliche Annäherung des Priesters sogar geehrt, in ihrem Selbstbewußtsein gestärkt oder erhöht fühlen, nachdem ihr noch Pius XI. »*die falsche* Freiheit und *unnatürliche* Gleichstellung mit dem Manne« ausgeredet hat, durch die sie nach Meinung des Papstes »bald wieder in die frühere niedere Stellung zurückgedrängt und wie im Heidentum zu einem bloßen Werkzeug der Leidenschaft des Mannes werden« würde.[73]

Wer wollte sich auch pharisäisch daran stoßen, wenn die während der ganzen Kirchengeschichte permanent in ihrer Fraulichkeit mißachtete und zu kurz gekommene Frau sich am Priester als dem Zeugen und Verkünder der »stets gleichgebliebenen Lehre der Kirche« rächen wollte! Eingetrichterte Minderwertigkeitskomplexe, die den betreffenden Frauen ja gar nicht bewußt sein müssen, pflegen bekanntlich in Rachegefühle und -akte umzuschlagen. Der eigentliche Adressat der Rache wäre dann nicht der konkrete Priester, sondern die die Frau mißhandelnde Stiefmutter Kirche.

Bei der Begegnung mit dem Priester ist auch die Atmosphäre permanenten Schuldbewußtseins zu berücksichtigen, in der sich katholische Ehefrauen befinden oder befinden müßten, wenn sie die ständige kirchliche Gängelung der Lust in der Ehe ernst nehmen. Die die derbsten und grotesksten Formen annehmende Verteufelung der Geschlechtslust in der Ehe durch die Kirche der Frühzeit, des Mittelalters und der Neuzeit ist sattsam bekannt.[74] »Die Kirche erklärte die Ehe für unauflösbar und rottete jede Kenntnis der Ars amandi« (der Kunst des Liebens, m. A.) »aus; so tat sie alles, was in ihrer Macht stand, damit die einzige Form der Sexualität, die sie gestattete, möglichst wenig Vergnügen und möglichst viel Leid mit sich brachte.«[75]

Zwar ist die heutige kirchliche Moraltheologie »lange nicht mehr so besessen von Sexuellem, wie sie es immerhin einige Jahrhunderte lang ausschließlich war«.[76] Aber die kalt-nüchterne Eindämmung, Kanalisierung und Verzweckung der Lust durch die Kirche der Gegenwart ist eine weiterhin uneingeschränkt bestehende Tatsache. Das sich so weltoffen gebende II. Vatikanische Konzil behandelt im betreffenden Kapitel der Pastoralkonstitution die Sexualität nur in dreierlei Hinsicht: »daß sie vor und außerhalb der Ehe nicht sein darf, daß sie in der Ehe ein zuhandenes Mittel ist und daß sie für die menschliche Fortpflanzung nicht gut entbehrlich ist... Die Sexualität ist in dem ganzen Kapitel nur in dem Entweder-Oder von Unterdrückung und ›rechtmäßiger‹ Betätigung des Triebes gesehen, nirgendwo aber unter der wirklich humanen Forderung seiner Vermenschlichung, der ›Zärtlichkeit‹«.[77] Zwar sagt die Pastoralkonstitution: »Die Akte, durch die die Eheleute eins werden, sind gut und recht; sie bringen, wenn sie menschenwürdig vollzogen werden, die gegenseitige Hingabe zum Ausdruck und dienen ihr.«[78] Aber: »Aus dem Zusammenhang und der geltenden Moralkasuistik ist... zu vermuten, daß auch hier nur äußerlich Praktiken gemeint sind, vor allem, daß die ›Fruchtbarkeit‹ nicht prinzipiell ausgeschlossen wird, dann, daß man's in dieser Technik tun darf, in jener aber nicht. Man verzeihe die Ausdrucksweise; aber die katholische Moralkasuistik gab bisher durchaus sehr genaue Anweisungen darüber, bis zu wie vielen Millimetern ein Zungenkuß beispielsweise züchtig und von wo an er ›unzüchtig‹ ist, sie enthielt aber kaum Anweisungen darüber, wann etwa die Inanspruchnahme der Frau zur Ableistung ihrer ›ehelichen Pflicht‹ unmenschlich wird. Die Beispiele sollen zeigen, wie materialistisch und keineswegs menschlich es immer noch gedacht ist, wenn die Konzilskonstitution den Begriff der ›Keuschheit‹ anwendet.«[79] Und auch die neueste Erklärung der Glaubenskongregation »zu einigen Fragen der Sexualität« unterschlägt den Lustaspekt der menschlichen Geschlechtlichkeit bzw. ordnet ihn ganz und gar der Finalität der Zeugung unter.[80] Da hat sich nichts wesentlich geändert, seit der zwölfte Pius deklarierte, »daß der Hauptzweck der Ehe die Zeugung und Erziehung der Nachkommen sei«, »daß die Ehe als natürliche Einrichtung nach dem Willen des Schöpfers nicht die persönliche Vollendung der Gatten zum ersten und innersten Zweck hat, sondern die Zeugung und Heranbildung neuen Lebens... Das gilt für jede Ehe..«.[81]

Da der Gebrauch der Geschlechtskraft in der Ehe von den Herren der Kirche, und das heißt von den zölibatären Ehe-Ideologen, mit derart vielen, den Lustgewinn abbauenden oder verächtlich machenden Einschränkungen versehen und das Übertreten dieser Einschränkungen als Sünde abqualifiziert wurde, konnten die negativen psychischen und physischen Folgen gar nicht ausbleiben. Viele katholische Frauen betrachten den körperlichen Kontakt mit dem Ehemann als lustlose Pflicht oder als notwendiges Übel. Ergehen lassen sie ihn über sich »aus Liebe zu Christus«, also nicht so sehr zu ihrem Mann, oder weil sie sich nicht gegen die kirchliche Ehelehre versündigen wollen. Nicht wenigen Frauen gilt alles, was mit dem Geschlechtlichen zu tun hat, als häßlich, niedrig oder schmutzig und obszön. Ekklesiogene Sexualneurosen und Sexualphobien katholischer Frauen sind keineswegs selten. Die Psychiater könnten davon ein Lied singen. Aber die Mehrzahl dieser Frauen geht nicht zum Psychiater, sondern zum Priester, in der stillen Hoffnung, er könne sie seelisch heilen, obwohl gerade er psychotherapeutisch nicht ausgebildet ist und deshalb ihren krankhaften Phänomenen verständnislos und hilflos gegenübersteht, sie höchstens noch in weitere Schuldgefühle verstrickt, indem er moralisierend (ab)qualifiziert, was nur psychologisch und psychoanalytisch zu beurteilen und milieukausal zu erklären ist. Wen wundert's angesichts dieser Sachlage, »daß nach Kinseys umfangreichen Erhebungen die streng katholischen Frauen ihren ersten Orgasmus sechs oder sieben Jahre später erreichen als die inaktiven Katholikinnen? Daß 21 Prozent der von Kinsey befragten, streng katholischen Frauen ihren ersten Orgasmus mit fünfunddreißig Jahren hatten, obwohl die meisten von ihnen verheiratet waren und regelmäßig koitieren? Wen wundert's, daß die Psychotherapeuten heute ›relativ streng katholisch erzogene Frauen‹ kennenlernen, ›die niemals orgasmusfähig waren und werden‹... Daß junge Frauen im Irrenhaus sind, weil sie in der Hochzeitsnacht erkannten, was ihr Mann eigentlich erstrebte«.[82] C. G. Jung nahm bekanntlich für alle bei Menschen über dreißig auftretenden Neurosen religiöse Ursachen an. Für die Sexualneurosen katholischer Frauen dürfte dabei das Kirchlich-Religiöse auf jeden Fall hauptverantwortlich sein.[83]

Der evangelische Theologe und Psychotherapeut K. Thomas, bekannt geworden durch seine Telefon- und Praxisseelsorge an Lebensmüden und Verzweifelten sowie durch sein »Handbuch der Selbstmordverhütung«,[84] stellt fest, daß 12 Prozent seiner Patienten evangelische Pfarrer und ihre Frauen, Religionslehrer, Diakonissen und Theologiestudenten waren, obwohl ihr Anteil an der Bevölkerung sich nicht einmal auf 1 Prozent beläuft; daß 40 Prozent seiner Patienten an ekklesiogenen, d. h. durch kirchliche Lehre und Erziehungseinflüsse verschuldeten Neurosen litten. Der evangelische Arzt und Psychotherapeut Th. Bovet glaubt sogar, daß 75 Prozent der Jungen und Mädchen, die längere Zeit in christlichen Jugendkreisen erzogen wurden, innerlich eheunfähig und frigide sind.[85] Zu berücksichtigen ist bei den kirchentreuen evangelischen Menschen das zwiespältige sexualtheologische Erbe, das ihnen die – ursprünglich ja ebenfalls dem kirchlichen Zölibatsgesetz unterworfenen – Reformatoren Calvin, Luther und Zwingli hinterlassen haben.[86]

Ekklesiogene Einstellung und Bewußtseinshaltung katholischer Frauen und katholischer Priester dürften aufgrund des Vorhergehenden hinlänglich charakterisiert sein. Eine Folge ihres Zusammentreffens in Beichtstuhl und seelsorgerlichem Gespräch sind die *Ehebrüche*. Ich kenne Priester, die sich ganz unverblümt vor mir dazu bekannten, heimliche Verhältnisse zu verheirateten Frauen zu unterhalten. Das sei, so behaupteten sie in mannigfachen Variationen, in vielerlei Hinsicht vorteilhaft: als Hausfreund eines Ehepaares falle man bei häufigeren Besuchen nicht so auf, wie wenn man eine alleinstehende junge Frau aufsuche; die Psyche einer verheirateten Frau lechze nach einigen Jahren des gewohnten Ehetrotts geradezu nach erotischer Abwechslung, so daß keine größeren Widerstände zu überwinden seien; sollte ein Kind das Resultat eines Verhältnisses mit dem Priester sein, so seien die meisten Ehemänner naiv genug, anzunehmen, es sei Produkt ihrer eigenen »Leistung und Schöpferkraft«; entscheidend sei auch, daß viele beichtende Ehefrauen glücklich und dankbar seien, wenn man sie wegen ihrer Sünden im Ehebett nicht ausschimpfe, was die denkbar beste Basis und Chance für eine erotisch-zärtliche Annäherung bilde.

Als ich mit meiner Frau einige Zeit nach meinem Kirchenaustritt 1972 von einem Pfarrer in Norddeutschland zu einem Besuch eingeladen wurde, wollte uns dieser seine auch *in* der Kirche mögliche Liberalität dadurch demonstrieren, daß er uns seine Geliebte vorstellte und das zweite ihrer drei Kinder als sein eigenes hinstellte. In der Tat waren an fast allen Wänden seines großen Pfarrhauses Bilder und Fotos dieses Kindes, »seines Sohnes«, zu sehen. Während unserer mehrtägigen Anwesenheit bemerkte ich, daß die sehr charmante und temperamentvolle Dame jedes-

mal pünktlich gegen ein Uhr nachts aufbrach. Auf meine Frage, warum ihr Aufbruch selbst bei angeregtestem Gespräch immer so plötzlich erfolge, antwortete sie, sie müsse ab jetzt für ihren Ehemann da sein, der um diese Zeit heimkomme. Ganz zufrieden mit dieser Einteilung schien sie dennoch nicht zu sein. Meinem Eindruck nach hätte sie sich ganz gern von ihrem Mann scheiden lassen und den Pfarrer geheiratet. Aber der wollte das Verhältnis so, wie es war. Das warf sie ihm auch offen vor, wobei ihr meine und meiner Frau Anwesenheit gar nichts auszumachen schien: »Wenn du nicht so eine lahme Ente und so bequem wärst, dann würdest du wie der Mynarek aus der Kirche austreten und heiraten!«
Diese Geliebte des Pfarrers gehört trotz ihres offenen Bekenntnisses vor einem kleineren Kreis »zu jener ›Dunkelziffer‹ von Frauen, die mit einem Priester in konkreter Gemeinschaft lebten oder leben, dies jedoch nach ›außen‹ hin verbergen müssen«.[87] Ob und wieweit ihr Ehegatte von ihren Beziehungen zum Priester wußte bzw. sie billigte, entzieht sich meiner Kenntnis. Ich wollte auch nicht indiskret sein und sie danach fragen.
In einem anderen Bericht, den ich hier anfüge, zeigt sich aber ganz klar, daß der Ehemann sich hintergangen fühlt. Er war, wie er mir berichtete, vom Aufenthalt in einem Sanatorium zurückgekehrt und stieß in Abwesenheit seiner Ehefrau auf das schon geöffnete Schreiben eines Ordenspriesters an sie. Darin stand u. a.: »Die Nacht mit dir war herrlich. Aber frühmorgens mußte ich gleich, um nicht aufzufallen oder Verdacht zu wecken, die Messe lesen und tat das mit schlechtem Gewissen. Ging dann mit sehr ängstlichen Gefühlen zur Beichte zu meinem Oberen, aber zu meinem Erstaunen hatte dieser sehr viel Verständnis für mein Erlebnis mit dir. Ich danke Gott!« Der Ehemann reichte die Scheidung ein und erhielt sie auch. Mokiert habe er sich nur, wie er mir sagte, über einen Brief vom Gericht, in dem ihm strengstens befohlen wurde, das Corpus delicti, nämlich das Schreiben des Priesters, seiner ehemaligen Ehefrau schnellstens auszuhändigen. –
Der nächste Bericht stammt von einem in der Nähe von B. D. lebenden Arzt, der in zweiter Ehe mit einer Witwe verheiratet ist, die zu Lebzeiten ihres ersten Mannes ein Verhältnis mit einem Priester hatte. Hier einige Passagen aus seinem Brief vom 5. 12. 1973: »Obwohl ich Sie ja gar nicht kenne, möchte ich nach langem Überlegen doch Ihnen einmal etwas anvertrauen, was mich seit Jahren bewegt, und ich bitte um Ihre Diskretion... Ich lernte meine Frau 1966 kennen, und wir besprachen damals auch als reife Menschen (meine Frau ist jetzt 52 Jahre) Dinge, die unser Vorleben betrafen. Dabei hatte meine Frau das Bedürfnis, mir gegenüber ihr Gewissen zu erleichtern hinsichtlich eines Fehltritts, den sie in erster

Ehe – so etwa im Jahre 1960 – begangen hatte, also in einer Zeit, in der ich sie noch gar nicht kannte. Ihr Ehemann, der ein strenggläubiger Katholik war, hatte einen Freund, einen gewissen Dr. D., Kaplan in K. bei T.[88] Er war Leiter einer Taubstummenanstalt. Er wurde Freund der Familie, und man traf sich auch wieder nach dem Krieg... Zwischen dem Genannten und meiner jetzigen Frau entspannen sich hinter dem Rücken ihres damaligen Ehemannes Beziehungen, die sogar auf Drängen des Herrn Dr. D. für kurze Zeit zu Intimitäten führten. Diese hörten zwar schnell auf, aber die familiären Beziehungen nahmen ihren Fortgang, und Herr Dr. D. nahm sogar auf seinen eigenen Wunsch und auf den des betrogenen Ehemannes das Zeremoniell der neuen Ringe vor. Ich selbst kenne diese religiöse Handlung nicht, es muß sich wohl um eine Art Neubekräftigung der Ehe vor dem Altar in der Kirche handeln...

Nachdem meine Frau mir dies alles gebeichtet hatte, habe ich ihr nach reiflicher Überlegung folgendes erklärt: Sie solle wegen ihrer Aufrichtigkeit mir gegenüber unter diesem Fehltritt nicht weiter leiden. Ich könne allerdings nicht verstehen, wie sie einer Kirche, die einen solchen Geistlichen habe, noch länger angehören könne, und empfahl ihr den Kirchenaustritt. Sie antwortete, daß ihr das auch schon vorgeschwebt habe. Sie trat daraufhin aus, da sie ohnehin *durch diese Affäre* den *inneren Glauben* an die Kirche *verloren* habe, und erhielt von mir nun die Zusage, daß zwischen uns beiden damit dieser Vorfall auch von meiner Seite aus als endgültig erledigt angesehen werden wird, zumal das alles lange vor mir vorgekommen war...

Nun hat dieses Geschehen aber doch bis heute eine Dauerwirkung: Meine Frau und ich gehören bis heute keiner Kirche an (ich war früher evangelisch, war ausgetreten und trug mich mit dem Gedanken, katholisch zu werden, was ich aber nun unterließ). Ich selbst habe ja mit dem genannten Dr. D. nichts zu tun, spüre aber doch immer so etwas wie eine Verteidigung des damals betrogenen toten Ehemannes. Ich fühle mich sozusagen als dessen Ankläger gegen Dr. D., ohne daß ich dadurch meine jetzige Ehe belasten kann. Ich empfinde die Handlung des Dr. D. besonders niedrig, weil derselbe

I. das Gebot des Zölibates verletzte,
II. in eine bestehende Ehe eindrang,
III. mit dem Ehemann eng befreundet war und
IV. ein kirchliches Zeremoniell vornahm kraft seines Amtes.«

In einem weiteren Brief vom 29. 12. 1973 zum selben Thema heißt es: »Meine Frau... hat mir ihren Fehltritt als eine Art Vergewaltigung seitens des Dr. D. hingestellt. Dieser hat sicher auch mit der schamvollen

Verschwiegenheit meiner Frau gerechnet. Ich werde deshalb meine Frau keinesfalls zu Schritten gegen Dr. D. veranlassen, behalte *mir* aber solche eventuell für später vor... Ich für meinen Teil empfinde ja das vorgenommene Zeremoniell, d. h. die kirchliche Bekräftigung der ersten Ehe meiner Frau, besonders empörend gegenüber dem betrogenen Ehemann.«
M. F., eine Frau aus einer deutschsprachigen Großstadt, berichtet mir von den mißglückten Annäherungsversuchen eines Priesters. Er »kam dreimal unangemeldet auf einen Besuch in meine Wohnung, doch immer nur, wenn mein Mann noch im Büro war. Er wollte immer, ich sollte ihn küssen. Ich sagte ihm, wie er sich das vorstellt. Ich bin verheiratet, und er ist Priester.«
L. C., eine verheiratete Frau, die mir verbot, die Stadt zu nennen, in der sie bei einer kirchlichen Institution beschäftigt war und noch heute wohnt, schreibt mir: »Man war mit meiner Arbeit sehr zufrieden, nur das Arbeitsklima ließ zu wünschen übrig. Nacheinander machten mir vier Priester den Antrag, ihre Geliebte zu werden. Der vierte machte kurzen Prozeß. Als ich es auch bei ihm ablehnte, mich mit ihm einzulassen, da ich meinen Mann liebe, wurde ich gekündigt. Ich hätte mich bei seinem Bischof beschweren können, aber in einer solchen Atmosphäre weiter zu arbeiten wäre mir sowieso unmöglich gewesen. Meine Nachfolgerin auf dem Posten, ebenfalls verheiratet, ging das Verhältnis ein und ist deshalb auch heute noch dort beschäftigt.«

3. *Der zölibatsbedingte Widerspruch zwischen Theorie und Praxis in der Haltung der Kirche zum Ehebruch, zur Pille und zur Sexualität allgemein*

Ersparen wir uns die Darstellung weiterer Fälle. Stellen wir lieber die Frage: Was ist von den vielen Einbrüchen von Priestern in bestehende Ehen zu halten? Auch hier geht es nicht vorrangig darum, die einzelnen Kleriker anzuklagen oder moralisierende Kritik zu üben; auch nicht darum, die Unauflösbarkeit der Einehe als unbezweifelbaren, unbestreitbaren, von der Natur angeblich vorgeschriebenen höchsten Wertmaßstab vorauszusetzen und an ihm alle anderen Formen des Liebenslebens zu messen, zu richten und zu verurteilen. Zu bedenken ist nämlich, was ein linkskatholischer Autor, zugleich verantwortlicher Redakteur der Zeitschrift der Humanistischen Union »Vorgänge«, so ausdrückt: »Es gibt sexuelle und Liebesbeziehungen zwischen Menschen, die bewußt nicht ehelich und bewußt nicht von vornherein auf Unauflöslichkeit hin angelegt sind, die trotzdem hohe menschliche Verwirklichungen sind und unter Umständen trotz grundsätzlicher Verneinung der Unauflöslichkeit besser halten als unauflösliche Ehen. Es gibt das berühmt-berüchtigte Phänomen der ›Ehe zu dritt‹, die sich manchmal menschlicher verwirklichen läßt, als wenn der dritte Partner ausgeschlossen wäre ... Es gibt zahllose andere Realitäten im Wirkungsbereich der menschlichen Sexualität, in denen sich nicht nur Menschlich-Allzumenschliches, sondern konkrete Humanität verwirklicht, die nicht unter den Begriff der unauflöslichen Einehe fallen und doch gewissentlich zu verantworten sind und durch die der ›naturrechtliche‹ Monismus von der Unauflöslichkeit des Ehevertrags schlicht ad absurdum geführt wird. Man braucht gewiß nichts gegen die moralische Forderung nach Unauflöslichkeit der Ehe zu haben, um zu erkennen, daß gerade ihre naturrechtliche Hypostasierung nicht selten zu konkretem menschlichem Unrecht und zur Unmoral führt.«[89]

Was wir im Zusammenhang mit jenen Ehebrüchen, die ursächlich auf das Verhalten römisch-katholischer Priester zurückgehen, anklagen, ist die *Heuchelei*, die Unwahrhaftigkeit und Unredlichkeit, der *Widerspruch*, der darin besteht, daß diese Priester, die doch *die amtlichen* – oft genug strengen bis fanatischen – *Verkünder der Unauflösbarkeit und Unantastbarkeit der Ehe* sind, *in der Praxis genau das Gegenteil tun.* In allen Jahrhunderten der Kirche waren es Priester und Priesterfürsten, die den Ehebruch strengstens bestraften und anprangerten, obwohl nicht selten sie es waren, die eine Ehefrau dazu gebracht hatten. Für die diesbezüglichen Sünden der Priester, für die Ehebrüche insgesamt – obwohl sie doch öfter von den Ehemännern als von ihren Ehepartnerinnen begangen wurden – wurden wiederum fast immer die Frauen schärfer bestraft als die Männer. »Noch im 20. Jahrhundert erscheint der katholischen Moraltheologie ›der Ehebruch des Weibes schwerer‹, reicht der frauenfeindliche Einfluß der Kirche so weit, daß das italienische und spanische Recht bloß die ehebrecherische Hausfrau und ihren Partner bestrafen, nicht jedoch den ehebrecherischen Ehemann. Der Mann macht sich da nur strafbar durch das Konkubinat. Die fremdgehende Frau aber riskierte in Italien bis 1968 ein Jahr Gefängnis.«[90] Mit Vehemenz wenden sich auch in der Bundesrepublik der höhere Klerus und Teile des niederen gegen eine von der regierenden Koalition verabschiedete Reform der Ehescheidung, wonach eine als zerrüttet geltende Ehe nach dreijähriger Trennung der Ehegatten geschieden werden muß. Die Kirche jedoch kennt da keinen Pardon, obwohl gar nicht so selten ihre Priester für die Zerrüttung einer Ehe verantwortlich sind.

Dieses offizielle, für die Öffentlichkeit bestimmte Verhalten und Ver-

künden der Unauflöslichkeit der Ehe durch die Amtskirche steht in eklatantem Widerspruch zu der Tatsache, daß hauptamtliche Funktionäre der Kirche durch das ihnen aufgezwungene Zölibatsgesetz in die Heimlichkeit getrieben werden, in heimliche Verhältnisse, unter denen sich dann natürlich zwangsläufig auch Beziehungen zu verheirateten Frauen befinden und – wenn auch weniger häufig, bei homosexuell veranlagten Priestern – zu Ehemännern.
Ein weiterer Widerspruch besteht darin: Die Amtskirche verurteilt jegliche Aktualisierung der Sexualität außerhalb der Ehe. »Der Gebrauch der Geschlechtskraft«, sagt auch die neueste »Erklärung zu einigen Fragen der Sexualität« durch die vatikanische Kongregation für die Glaubenslehre, »erhält nur in der rechtsgültigen Ehe seinen wahren Sinn und seine sittliche Rechtmäßigkeit.« *Die Hierarchen der Kirche*, Papst, Kardinäle und Bischöfe, *aber wissen, daß derselbe Klerus, der auf ihren Befehl vor dem Volk jede leibliche Vereinigung, ja schon jede Art von Sexualität außerhalb der Ehe verdammen muß, diese Sexualität nur jenseits der Ehe suchen und realisieren kann*, weil das von ihnen oktroyierte Zölibatsgesetz ihm die kirchlich legitime Eheschließung verwehrt. Wohlgemerkt: jenseits einer eigenen Ehe, denn die ausgehungerte Sexualität dieser Priester fragt nicht danach, ob es unverheiratete oder im Eheleben stehende Frauen sind, an denen sie sich sättigen kann.
Ganz zwangsläufig muß es also immer wieder zu Affären kommen, ähnlich derjenigen, über die dann die Boulevardpresse berichtet: »Liebestoller« italienischer Priester (D. O., 33 Jahre alt) entführte zu Ostern (1974) die 23jährige Ehefrau P. B. Der Bischof von M., zu dem der geistliche Entführer die Entführte gebracht hatte, ist »von der großen Liebe so bewegt, daß er dem jungen Priester verzeiht und ihn zusammen mit P. zum Abendessen einlädt«. P.'s gehörnter Ehemann erstattet keine Anzeige. »Das Baby des Priesters soll im August zur Welt kommen.« (»Bild«, 19. 4. 1974.)

Hier sei noch ein dritter, die Heuchelei in der Kirche begründender Widerspruch, der in einer gewissen Hinsicht auch eine Konsequenz des vorhergehenden darstellt, erwähnt: Die Kirche ist gegen jede Art »künstlicher« Geburtenregelung,[91] weil der Zweck der – wie wir sahen – nur in der Ehe legitim ausübbaren Sexualität »die Erzeugung und Erziehung von Nachkommenschaft«[92] ist. Die wiederholten »Pillenverbote« Pauls VI. sind bekannt. Die Priester müssen bei allen öffentlichen Auftritten diese Doktrin vertreten. Aus Berichten von Frauen und auch einiger Priester weiß ich aber, daß manche Kleriker ihrer Geliebten, sei sie verheiratet

oder nicht, nachdringlich bis aufdringlich raten oder befehlen, die Pille zu nehmen, um Nachkommenschaft, die ihnen zu ähnlich sehen und auch manch andere Inkommoditäten nach sich ziehen könnte, zu verhindern. Auch zu diesem Widerspruch zwischen Theorie und Praxis zwingt sie das widernatürliche Zölibatsgesetz.
Kurzum: Fast nichts wird von der Kirche, auch noch in der jüngsten Vatikanerklärung zu Fragen der Sexualität, so verurteilt wie der vor- und außereheliche Gebrauch der Geschlechtskraft. Aber mit der Einführung und Beibehaltung des Zölibatsgesetzes hat sich die Kirche nolens volens eine ganze Armee von Priestern geschaffen, die die vor- und außereheliche Sexualität vorexerziert und der bisweilen jedes Mittel recht ist, wenn dadurch einem Produkt dieser Sexualität, dem Kind, aus dem Wege gegangen werden kann.
Schwerer noch wiegt ein weiterer Widerspruch zwischen Theorie und Praxis. Die Kirche bezeichnet sich immer als Hüterin der sittlichen Grundwerte, vor allem der Liebe und der Freundschaft. Aber gerade die Freundschaft, die so viele Ehen und Familien dem Priester als Hausfreund gewähren, wird von diesem nicht selten mißbraucht. Es kommen zwar Fälle vor, wo der Ehemann um das Verhältnis seiner Frau mit einem Priester weiß und es billigt; es gibt auch Fälle eines regelrechten Dreiecksverhältnisses »Ehemann-Ehefrau-Priester«. Darüber steht uns kein Urteil zu. Wo aber dem Ehemann die sogenannten Hörner aufgesetzt werden, wo ihm der Priester »edle Männerfreundschaft« oder echte Sorge um sein Seelenheil vorheuchelt, wo ihm die eigene Gattin Liebe und erotischsexuelles Angezogensein vorgaukelt, ihre wirkliche Liebe aber dem Priester gehört, dort ist etwas passiert, was zutiefst unmoralisch ist, weil es die Basis des menschlichen Grundverhältnisses und Vertrauens zerstört. Ich erinnere mich an Beichten enttäuschter Ehemänner, die einen Priester in ihr Haus einluden, »weil er so einsam war«, »so in sich zerrissen wirkte«, »weil er so nett war«, »weil sie es als Ehre ansahen, einen Priester in den eigenen vier Wänden zu bewirten«, und die später ihre Frau in flagranti mit dem geistlichen Hausfreund ertappten.
Ein Priester bekennt: »Im Krieg hatte ich... relativ oft Begegnungen mit Dirnen... Nach dem Krieg hatte ich dann mehrere lose Verbindungen mit verschiedenen Frauen... Die Begegnungen belasteten mich sehr, und ich kam aus dem Beichten nicht heraus... Dann kam eine Wende. Ich errang die Freundschaft einer geistig und moralisch sehr hochstehenden verheirateten Frau. Es wurde eine große und starke Liebe, die bereits zehn Jahre unvermindert anhält. Seitdem ist die große Not überwunden. Freilich ist diese Freundschaft sehr eingeengt, weil die Frau Mann und zwei Kinder

hat, zu denen ich allerdings auch ein sehr enges freundschaftliches Verhältnis habe.« Es dürfte wohl auch die Zweideutigkeit dieses freundschaftlichen Verhältnisses zum Mann und zu den Kindern sein, die diesen Kleriker veranlaßt, gegen Ende seines Berichts zu erklären: »Ich bin immer noch Priester mit Leib und Seele ... aber trotzdem würde ich nie mehr Priester werden nur wegen des Zölibatsgesetzes – verflucht sei es.«[93]

4. Die Zölibatessen. Das Verhältnis Priester–Haushälterin

Eine besonders »giftige Pflanze«, die der ungesunde Nährboden des Zölibatsgesetzes hervorbringt, ist das *Verhältnis von Priestern zu ihren Haushälterinnen*. Auch einige konservative Moral- und Pastoraltheologen räumen inzwischen ein, daß das Problem mit den Haushälterinnen eine wesentliche Ursache im Zölibatszwang der Priester hat. Sie werfen der Amtskirche vor, daß sie diesen Aspekt des Problems unterschlage bzw. die Diskussion darüber unterbinde. So äußert sich z. B. der Bochumer Theologieprofessor G. Ermecke in einem Leserbrief an die F. A. Z.: »Früher kam zumeist der Geistliche aus einer kinderreichen Familie. Er nahm gewöhnlich eine Schwester oder eine andere nahe Verwandte als Haushälterin zu sich. Heute ist er zumeist auf fremde Personen angewiesen und muß sie, wenn die Entlohnung gerecht sein soll, zu einem Salär engagieren, das das oft immer noch relativ kleine Gehalt vor allem des jungen Geistlichen (zumeist ist er noch mit Anschaffungsschulden belastet) lebensmäßig und bildungsmäßig überaus einschränkt. Schlimmer aber wirkt sich oft beim Fehlen näherer Verwandter im Priesterhaushalt und bei der weithin beklagenswerten Verlassenheit des Priesters durch fehlenden mitmenschlichen-mitbrüderlichen Kontakt die Einsamkeit gerade bei Jüngeren zölibatsgefährdend aus. Diese von Lebenserfahrung und humanwissenschaftlichen Kenntnissen leicht zu erhellenden und zu erklärenden Tatsachen sollten doch offen diskutiert werden!« Deshalb wirken auch, um diesen sehr orthodoxen Theologen noch einmal zu zitieren, »manche Verbote, in amtlichen oder quasiamtlichen Begegnungen offen über Zölibatsprobleme zu sprechen, peinlich und grotesk«.[94]
Das Problem der Geistlichen hinsichtlich der Haushälterinnen ist objektiv dadurch vorgegeben, daß die ersteren vor der Alternative stehen, entweder eine ältere, weder bei den kirchlichen Vorgesetzten Verdacht wekkende noch beim katholischen Volk Ärgernis erregende Dame als Haushälterin einzustellen oder eine jüngere zu engagieren und damit alle

möglichen Folgen und Risiken in Kauf zu nehmen. Wenn junge Geistliche zum erstenmal eine Haushälterin engagieren und sich dabei dennoch für die zweite Möglichkeit entscheiden, dann rechtfertigen sie diesen Entschluß unter ihren Amtskollegen meistens mit dem Hinweis auf die ungefähre Gleichaltrigkeit mit der jungen Haushälterin, die sie der Mühe enthebe, möglicherweise mehrmals in ihrem Leben die (alt gewordene) Haushälterin zu wechseln und sich jedesmal auf den andersartigen Lebensstil und die andere Haushaltsführung der neuen einzustellen.

Auch bei den jüngeren Haushälterinnen darf man nicht von vornherein aufgrund ihrer Jugend auf ein Verhältnis mit jenen Priestern schließen, denen sie den Haushalt führen. Es gibt durchaus auch Priester, die zunächst einmal ganz ernsthaft das Zölibatsgesetz im Sinne vollkommener sexueller Enthaltsamkeit interpretieren und durchhalten wollen und sich einen Schutzwall errichten, indem sie zwar eine junge, kräftige, arbeitsame Haushälterin engagieren, aber darauf achten, daß sie möglichst aller körperlicher Reize ermangelt.

Es gibt andere Priester, die zwar Haushälterinnen mit einem angenehm wirkenden Äußeren einstellen, weil – wie manche von ihnen mir erklärten – ihr ästhetischer Sinn durch ein häßliches, in denselben vier Wänden schaltendes und waltendes Gegenüber nicht ständig beleidigt werden möchte, die aber zunächst einmal ebenfalls gar nicht vorhaben, diese ästhetische Dimension in die sexuelle hinein zu verlängern. Erst nach einiger Zeit wird für den unter dem kirchlichen Zölibatsgesetz stehenden Priester das Wohnen unter einem Dach mit einer erotisch anziehenden Frau zum echten Problem.

Noch eine weitere Schwierigkeit, die zur objektiven Ausgangssituation für das Verhältnis von Priester und Haushälterin gehört, muß berücksichtigt werden. Der Pfarrhaushälterinnenberuf ist heute im allgemeinen ebenso wenig attraktiv wie viele andere kirchliche Dienste. Das in Priesterromanen älteren Datums geschilderte idealtypische Bild der frommen, still und unbeachtet, praktisch rechtlos, aber mit ausschließlichem Blick auf den Lohn im Himmel selbstlos wirkenden Pfarrhaushälterin ist von der heutigen Zeit ad acta gelegt worden. Wenn heute junge, einigermaßen im modernen Leben stehende Frauen den Pfarrhaushalt zu übernehmen bereit sind, dann geschieht das deshalb, weil sie für den betreffenden Priester Sympathie empfinden – Sympathie im weitesten Sinne des Wortes, d. h. weder eine Ausklammerung idealistischer noch erotischer Komponenten, die ohnehin nicht säuberlich voneinander zu trennen sind.

Das also ist in etwa die objektiv vorgegebene Situation, wobei weitgehend auch das beachtet werden muß und ständig zu vergegenwärtigen ist, was wir bereits über die kirchlich verursachte Disposition und Bewußtseinshaltung von Priester und Frau ausgeführt haben.

Hier nun einige Fälle, die auf der Basis der umrissenen Situation einfach zwangsläufig sich ereignen müssen.

Der innerhalb der letzten Jahre diesbezüglich bekannteste Fall ist wohl der des Bamberger Hochschulprofessors Georg Denzler. Über ihn, der in einer Villa in Breitbrunn am Ammersee wohnt, verhängte der für diesen Ort zuständige Bischof die Kirchenstrafe der Suspensio a divinis (Verbot aller priesterlichen Funktionen), als er der Aufforderung des Ordinarius, sich von seiner Haushälterin Irene und dem Sohn, den sie ihm vor kurzem geboren hatte, zu trennen, nicht nachgekommen war. Die Forderung des Bischofs und die von ihm verhängte Strafe beweisen zum abertausendsten Mal, daß der Mensch, das Kind, die Familie den Herren der Kirche stets weniger bedeutet als die Einhaltung der kalten Prinzipien des Kirchenrechts.

Denzler gegenüber dem Bischof: »Sie tun ganz so, als ob die Mutter und das Kind nicht existierten.« Eine einfache Frau aus Breitbrunn am Ammersee charakterisierte die Situation richtig, als sie sich schriftlich folgendermaßen äußerte: »Was wäre das für eine Chance gewesen! Ein Bischof, der Erbarmen zeigt...«

An diesem Fall zeigt sich auch, daß es in erster Linie gar nicht um die Einhaltung der Zölibatsverpflichtung durch die Priester geht. Wesentlicher ist, daß man sich von den in Erscheinung tretenden Folgen der Übertretung des Zölibatsgesetzes (hier von Mutter und Kind) entschieden absetzt. Hätte Denzler das getan, so könnte er munter das Sakrale weiter kultivieren, d. h. die priesterlichen Kulthandlungen fortsetzen. Er wäre vom Bischof nicht suspendiert worden. Auch Denzlers Heimatbischof hat sich die Haltung seines für die Gegend am Ammersee zuständigen Amtsbruders zu eigen gemacht. Das Verhalten des letzteren bildet also keineswegs eine Ausnahme innerhalb der Herrschaftsmethoden des deutschen Episkopats.

In einem Schreiben an den für Breitbrunn zuständigen Bischof, das mir Denzler zeigte, hat dieser den Oberhirten auch an dessen zweideutige Haltung gegenüber Zölibatsbrechern erinnert. Er wies darauf hin, daß ja sehr viel mehr Priester suspendiert werden müßten, wenn man den Maßstab der von ihnen gezeugten Kinder an sie anlegen würde. Wie sagt es in dieser Hinsicht doch der Volksmund: »Ein Priester ist ein Mann, zu dem die fremden Kinder ›Vater‹, die eigenen ›Onkel‹ sagen.«

In seiner am 31. 5. 1973 gehaltenen Abschiedspredigt an die »Liebe Gemeinde zum Heiligen Geist in Breitbrunn« stellt Denzler seine Übertretung des Zölibatsgesetzes der Kirche in einen breiteren Rahmen: »In aller Offenheit gestehe ich, daß mein privates Leben mit dem kirchlichen Zölibatsgesetz nicht im Einklang steht.« Aber: »Tausende scheiden alljährlich aus dem Priesteramt, weil sie mit dem Zölibatsgesetz in Konflikt geraten. Und die Oberhirten schauen gelassen zu, lassen diese Priester ziehen und gleichzeitig viele Kirchengemeinden im Stich... Ja, wir haben ein Zölibatsgesetz, und nach diesem Gesetz müssen Tausende von Priestern in ihrem Priesteramt sterben. Wer möchte dies verantworten?... Wenn nicht alles täuscht, gehen wir mehr und mehr einer priesterlosen Kirche entgegen. Die Schuld daran trifft in erster Linie den Papst und die Bischöfe in aller Welt.«

Dabei ist die Situation Denzlers – wir sagen das nicht im Sinne eines Vorwurfs – noch gar nicht besonders schlimm. Seine Seelsorgefunktionen übte er freiwillig aus, hauptberuflich ist er Theologieprofessor, und seinen Lehrstuhl kann er trotz Drängen der Kirche nicht verlieren, weil er bayerischer Beamter auf Lebenszeit ist. Für ihn ist also der Verlust der priesterlichen Funktionen überhaupt keine Existenzfrage. Das ist er aber für alle Priester, die mit der Suspensio a divinis ihr Pfarrhaus bzw. die ihnen von der Kirche kostenlos zur Verfügung gestellte Wohnung, vor allem aber die Besoldung verlieren. Hier liegt der objektive *ökonomische Grund* dafür, daß sie Angst vor der Kirche haben, daß sie sich zu fast jedem Kompromiß bereit erklären, daß sie fast schrankenlos sich von ihr kneten und knechten lassen, daß sie ihre Verhältnisse mit dem Giftschleier der Heuchelei und Heimlichtuerei umgeben, daß sie sich durch die Drohung von Leuten, denen ihr Verhältnis bekannt ist, einschüchtern und manchmal sogar erpressen lassen und daß sie schließlich an ihrer Situation psychisch krank werden.

Einiges davon läßt der folgende Bericht deutlich werden bzw. erahnen. Eine ehemalige Pfarrhaushälterin, jetzt wohnhaft in H. und als Sekretärin tätig, schreibt mir über ihre Erfahrungen: »Ich sah hinter Pfarrhausmauern! Und ich habe so viel Negatives gesehen... Nachdem bekannt wurde, daß das Vertrauensverhältnis mit ›meinem Pfarrer‹ zu vertraut wurde (wir fuhren zusammen in den Urlaub usw.), wurden wir getrennt. Mit Hilfe einer (dümmlichen!) Nonne und des Ordinariats. Herr Pfarrer U. hatte eine Pfarrei in einem Dorf bei Sch. bekommen, und ich spielte seine Haushälterin, obwohl ich Abitur und ein Musikstudium hatte... Daß ich einmal zu Domkapitular Dr. V. vom Ordinariat sagte, die Kirche sei ›ja sooo verlogen‹, brachte ihn völlig aus dem Konzept... Die meisten Geistlichen haben doch ein ›Vertrauensverhältnis‹ – ich möchte es vorsichtshalber so nennen – mit ihren Haushälterinnen. Zu uns kamen sie zusammen, und man wurde persönlich vertrauter.«

In einem weiteren Schreiben ergänzt die Betreffende: »›Mein‹ Pfarrer ist ein Feigling, der aus Ängstlichkeit gegenüber dem Ordinariat (Sprachrohr die Nonne im Krankenhaus in N., wo er bis heute noch ›Seelsorger‹ ist) versprach, mir nicht mehr zu antworten, mich völlig zu ignorieren. Wir lebten zusammen wie in einer Ehe, ich versorgte (und verwöhnte ihn auch leider!) ihn und sein Pfarrhaus direkt vorbildlich, ich verdeckte vieles und log ebenso oft für ihn, um ihn nicht in seiner Gemeinde zu blamieren. Aber damit möchte ich Sie nicht belästigen... Es ist ja doch überall das gleiche. Ich kenne etliche Pfarrer, die in einem eheähnlichen Verhältnis mit ihren Haushälterinnen leben. Wie ginge das auch anders, wenn man auf sich angewiesen ist?«

Noch deutlicher wird die ehemalige Pfarrhaushälterin in einem mir und einer Reihe anderer Personen zugänglich gemachten Schreiben an den Generalvikar der Diözese, in der Pfarrer U. weiterhin Dienst tut. Darin heißt es u. a.: Bei ihrem letzten Besuch bei Pfarrer U., der jetzt als Krankenhausseelsorger beschäftigt ist, habe ihr »die Nonne H. sehr scharf gesagt, ich solle ›ihr Krankenhaus‹ bis 17 Uhr verlassen (ich wollte nicht mal so lange bleiben!). Ich würde die Kirche nur schädigen und sollte so viel Stolz haben und Herrn U. ›in Ruhe lassen‹. Herr U. sagte mir beim Abschied, er könnte sich nicht wehren, ›ich bin in den Händen des Ordinariats, es ist eine Existenzfrage‹«.

»Das Ordinariat sah mich als Pfarrhaushälterin nicht gern. Grund: Es wurde bekannt, daß ich evangelisch erzogen wurde...

Ich bin befreundet mit der Familie des Prof. Dr. E., der Ihnen nicht unbekannt sein dürfte... Man verurteilte Prof. E. Man verurteilte Prof. Küng... Man verurteilte mich, weil ich – nur eine kleine – Haushälterin eines Pfarrers war, die es wagte, Kritik zu üben. Aber das Pfarrhaus war gepflegt, die Kleidung des Pfr. auch (und wie läuft er derzeit herum?), die Bürodinge erledigt (er war ja unfähig dazu!), und ich konnte ihm auch den Halt geben, den er brauchte. Bevor ich zu ihm kam, ging er in Bordells (ich weiß, was ich hier sage!!!). Er las Pornohefte. Er gab sein Geld für Zigaretten und ›Damen‹ aus. Ich fand bei ihm einen ›Stadtplan für Männer‹ (Preis 6,50), damit er die bewußten Standplätze leichter finden konnte, wo was, wo und wie und in welcher Preislage geboten wird (Dirnen). Er nahm sich Geld aus dem Spendenkörbchen, welches während der Messe herumgereicht wurde...

Altenbesuche ließ er mich machen. Ich mußte sagen, daß der Pfr. für sein Studium an der Uni arbeite. Für Jugendarbeit hatte er nichts übrig...

Eines Abends rief eine junge Männerstimme an, ich sollte Hochwürden sagen, daß er seine Schwester in Ruhe lassen solle, sonst würde er dem Ordinariat Bescheid geben. – Ich mußte ihn beschwichtigen, damit er das unterläßt...

Im Herbst 75, kurz bevor wir die Romreise antreten wollten, sagte mir ein Geistlicher, daß Herr Pfarrer U. bereits... zweimal in Heilanstalten war wegen versuchter Vergewaltigung... Im August 74: bei mir erzwungener, rabiat-brutaler Geschlechtsverkehr (den Bluterguß in der Brust sah man im Röntgenbild noch nach sieben Wochen). Ich bin konservativ, Perversitäten mache ich nicht mit. Ich möche darauf nicht näher eingehen, es ist mir peinlich, ausführlicher zu schreiben. Er versprach mir später, nie wieder so aggressiv zu mir zu sein – und war es auch nicht. Bis zur Nacht vor der Romreise. Da war er bei mir, um mich abzuholen. Ich hatte alles vororganisiert. Da wurde es wieder so; ich konnte ihn durch eine List abbringen (›Der Herrgott sieht es‹). Es sei plötzlich wieder so über ihn gekommen!!! Seit diesem letzten Vorfall – ich lehnte die Mitfahrt nach Rom ab, und er fuhr allein – war er nicht wieder bei mir. Ich hatte ihn nicht mehr eingeladen, und ihm war es wohl peinlich...

Bei Herrn Pfarrer U. liegt einwandfrei Verfolgungswahn vor... Er ist ein kranker Mann; es wäre besser, er wäre zu Hause bei seinen Geschwistern. Ich wollte ihn in meine Nähe bringen, das kleine Kloster C. hätte ihn angenommen, ich kenne den Pater Superior und dessen Haushälterin, eine Arztwitwe. Sie hätte ihn mitversorgt, und bei ›Zuständen‹ wäre er in meiner Nähe gewesen. Aber man gibt ihm vom Ordinariat aus lieber eine Seelsorgestelle; er darf die hl. Kommunion austeilen, er darf die Beichten abnehmen (und die armen Sünderlein verdonnern!!!!), die hl. Messe lesen. Vorher war er wahrscheinlich gerade bei einer Dirne, denn bei seiner Triebhaftigkeit wird er doch nicht auf einmal steril leben können. Ich kenne ihn doch drei Jahre – und sehr gut...

Einem Prof. Dr. E. wird die Pfarrei genommen, er ist nicht mehr würdig, die hl. Messe, die hl. Kommunion, die Beichten abzuhalten. Aber Herr Pfarrer U., der diese Vergangenheit hat und diese Schizophrenie (er hat zwei Gesichter!), der darf das alles! Die Vertraute mußte abtreten (es ist kein ideeller, kein finanzieller Schaden für mich!), und ihr wirft man vor, sie habe der Kirche geschadet! Das könnte man mir nur vorwerfen, wenn ich einen Artikel diesbezüglich in der Zeitung bringe! Und ich werde mich mit meinem Bruder, der Rechtsanwalt ist, besprechen, ob ich das nicht doch noch tun werde...

Sollte Herrn U. im Verwirrtheitszustand oder Wahn der Einfall kommen, etwas anzustellen – ich würde mich zu Wort melden! *Das Ordinariat*

wußte Bescheid – und hierdurch noch deutlicher. Vieles, was passierte, habe ich nicht erwähnt...
Ich gab ihm einen gewissen Halt; während der Zeit, die ich an seiner Seite war, brauchte er keine Dirnen...
Ein mir bekannter Geistlicher mußte seinen Hut nehmen, weil er in Lugano händehaltend mit seiner Haushälterin gesehen wurde. Ein Mann, dessen Predigten kein Geschwafel waren! Ein engagierter Pfarrer. – Die guten werden abgestoßen... Wohin steuert denn die Kirche?...
Wie viele Frauen hatte Pfr. U. vor mir gehabt! Seine Erfahrung, seine ›Routine‹ erschreckten mich anfangs. Ich hätte ihn verführt (meinte die Nonne H. vom K.-Krankenhaus!). Daß ich darüber nicht lache! Aber es ist tragisch genug...« –
Ihre wahrscheinlich durch die lange Gewöhnung an einen Priester entstandene Affinität zu Geistlichen kann die Enttäuschte jedoch scheinbar nicht mehr ablegen. In dem Schreiben an den Generalvikar heißt es: Jetzt »habe ich hier... einen sehr netten Freund, er ist Geistlicher aus der Diözese K., ich lernte ihn mal durch Pfr. U. kennen. Wir verstehen uns prächtig; Haushälterin würde ich jedoch nicht noch einmal spielen«.
Bezeichnend an diesem Bericht ist vieles. Der Leser möge sich darüber selber ein Urteil bilden. Am bezeichnendsten aber ist vielleicht dies: Pfarrer U. kann scheinbar anstellen, was er will. Solange er sich dem Bischöflichen Ordinariat unterwirft, wird er nicht suspendiert, obwohl er eine Gefahr für den weiblichen Teil seiner Glaubensschäfchen darzustellen scheint. Schreibt doch auch die betreffende Haushälterin in einem weiteren Brief an mich: »Das Ordinariat legte großen Wert darauf, daß dieser Fall nicht publik wurde... Das Ordinariat weiß von diesen Dingen – und setzt ihn trotzdem noch als Seelsorger ein!!! Wie arm muß die Kirche an Geistlichen sein! Hätte ich damals Anzeige erstattet – ich hatte einen pflaumengroßen Bluterguß in der Brust, und das Blut lief mir an den Beinen hinunter nach seinen beiden Angriffen –, dann wäre die Kirche um eine Blamage reicher gewesen – und wahrscheinlich auch um einen Geistlichen – einen einsatzfähigen – ärmer.« Statt dessen »schickte man Pfarrer U. in die Nervenklinik und setzte ihn danach wieder als Seelsorger ein!«
Die Situation, die entsteht, wenn der Pfarrer »will«, aber seine Haushälterin »nicht will«, schildert auch der nächste Bericht: »Bei Antreten der ersten Stelle als Pfarrhaushälterin ist der Pfarrer gleich nach drei Wochen zu mir gekommen. Dann bin ich weggegangen zu einem anderen Geistlichen. Der hat wenigstens sechs Wochen damit gewartet. Da bin ich auch von dem weg. Der jetzige hat gottlob eine Freundin und hat keine Ambitionen auf mich. Bei dem bin ich jetzt noch.«

Eine ehemalige Pfarrhaushälterin charakterisiert ihre negativen Erfahrungen mit Priestern so: »Ich habe das Gefühl, daß die eigentlichen Geistlichen – vielleicht bis auf wenige Ausnahmen – wirklich nicht so leben, wie sie sollten bzw. tun. Und da haben Sie ganz recht: Warum läßt man sie nicht heiraten? Ich würde allerdings keinen von denen heiraten wollen, die ich näher kennenlernte; sie sind fast ausnahmslos Egoisten. Sie werden vielleicht so erzogen – und brauchten sich nie an einen Partner anzupassen. Mein Pfarrer nahm auch viel lieber, als daß er gab. Und nach Monaten unseres Zusammenlebens im Pfarrhaus merkte ich, daß er noch Frauen suchte für Abenteuer. Nichts Beständiges suchte er, dafür war ich ja da ... Aber seine ewig währende Geldnot – die Abenteuer kosteten einiges – ich lieh ihm hin und wieder Geld – belastete unser Verhältnis zu stark ... Ich war meistens dabei, wenn wir einen Kollegen meines Pfarrers besuchten. Unter sich waren die Gespräche sehr offenherzig. Die Damen unterhielten sich über die Pille ...«
Die psychische Situation der mit Priestern liierten Haushälterinnen ist äußerst schwierig. Vor der (katholischen) Öffentlichkeit müssen sie die Rolle selbstloser, keuscher bzw. – wenn es sich nicht um Witwen handelt – sogar jungfräulicher, auf jeden Fall ideal gesinnter Helferinnen des Priesters spielen, müssen ihre Fraulichkeit verleugnen, den Charme der liebenden oder sich geliebt wissenden Frau verbergen. Diese doppelte Moral und die Gefahr ihrer Entlarvung reiben sie auf. Aber das seriös-lächerliche Versteckspiel wird so lange währen, wie die Kirche nicht das Zölibatsgesetz aufhebt. So lange auch werden sich die katholischen Priester durch demütig-kirchliche Gesinnung hervortun. Sie werden sich zwar, wenn sie einigermaßen intelligent und vital sind, in Kreisen, in denen sie keine Denunzianten vermuten, bisweilen recht kirchenkritisch geben, aber im tiefsten wissen sie ja doch, daß sie damit nur der Illusion einer Emanzipation verfallen, weil der Panzer von Lebenslügen und Heucheleien, die sie ständig begehen müssen, dadurch nur für kurze Zeit aufgelockert, nicht aber wirklich ausgebrochen wird. Ganz klar wird ihnen das spätestens, wenn sie dann wieder vor stramm katholischen Gruppen ihre Loyalität gegenüber der Kirche, den Bischöfen und dem Papst salbungsvoll dokumentieren müssen.
Nach der Veröffentlichung meines offenen Schreibens an den Papst, das ja auch die starrsinnige Haltung der Amtskirche in der Zölibatsfrage anprangerte, erhielten meine Frau und ich zahlreiche Einladungen von seiten katholischer Pfarrer. Anfänglich konnten wir uns diese Art von Reaktion auf meinen Kirchenaustritt, der ja mit der Veröffentlichung dieses Schreibens zusammenfiel, gar nicht erklären. Wir waren doch in den Au-

gen der Kirche »Abgefallene«, »Abtrünnige«. Nachdem wir einigen Einladungen nachgekommen waren, erkannten wir den Grund: Die Pfarrer und/oder ihre Frauen hatten das übermächtige Bedürfnis, vor Menschen, die sie mit Sicherheit nicht an den Bischof verraten würden, auszupacken, über ihre Zwangssituation zu sprechen.
Ich denke da z. B. an unseren Besuch bei einem Pfarrer in Nordwestdeutschland. Es empfing uns an der Tür des Pfarrhauses eine etwa 30jährige, elegant gekleidete und gut aussehende Dame und stellte sich als Pfarrsekretärin und -haushälterin vor. In Anwesenheit des Pfarrers spielte sie vor uns perfekt die Rolle der mit ihm nur dienstlich verkehrenden Amtshelferin. Sobald sich jedoch der Pfarrer wegen eines Krankenbesuches entfernt hatte, fiel die Maske. Sie stand auf, umarmte meine Frau und erzählte unter Tränen, daß sie »das Ganze nicht mehr aushalten« könne. Sie habe Kinder unheimlich gern, aber der Pfarrer, der sie fast jede Nacht in sein Bett hole und ihr versichere, daß er sie liebe, verbiete ihr kategorisch, die Pille mal etwa nicht einzunehmen. Er werde alles abstreiten, wenn sie ein Kind bekommen sollte, und sich in einem solchen Falle mit Sicherheit von ihr trennen. »Nun geht das schon seit Jahren so«, fuhr sie fort, »ich werde älter, und die Hoffnung, daß er doch noch den Mut aufbringt, mich zu heiraten und mit mir ein neues Leben anzufangen, wird immer geringer.« Erschwerend komme hinzu, daß in einem Dachzimmer oben im Pfarrhaus seine alte Mutter lebe – deren Ohren aber noch absolut intakt seien – und genau auf ihn und sie aufpasse, so daß Zärtlichkeiten am Tage oder am Abend fast ausgeschlossen seien. Nur in tiefster Nacht könne er sie leise in sein Schlafzimmer holen. Bei Pfarrgemeindeabenden usw., bei öffentlichen Veranstaltungen überhaupt, habe er ihr befohlen, immer möglichst weit von ihm Platz zu nehmen, damit keiner einen Verdacht schöpfe. Andere junge Leute könnten mit ihm lustig sein, sie selbst müsse sich in angemessener Distanz halten. Erreicht habe sie mit ihrem hartnäckigen Bitten und Drängen wenigstens, daß er uns zu ihnen eingeladen habe. Sie verspreche sich davon, daß ich auf ihn einwirkte und ihn dazu brächte, einen ähnlichen Weg wie den unsrigen einzuschlagen.
Am Abend unterhielt ich mich dann mit dem inzwischen zurückgekehrten Pfarrer über diese Angelegenheit. Er stritt sein Verhältnis auch gar nicht ab (»Wieso, das tun doch heute in irgendeiner Form alle!«), betonte aber, daß kein Mensch von ihm verlangen könne, den Priesterberuf aufzugeben, an dem er ebenso hänge wie an seiner Gabi. Da die Kirche den Priesterberuf nur als ehelosen dulde, bleibe ihm keine andere Wahl, als sein Verhältnis in der Form zu belassen, wie es augenblicklich sei. –

Ähnliche Situationen wie die eben geschilderte erlebten meine Frau und ich bei unseren Besuchen in Pfarrhäusern häufiger. In all diesen Fällen muß man von einem seelischen Martyrium der ihren Pfarrer aufrichtig liebenden Haushälterin sprechen. Echte Liebe ist hier tatsächlich ein wesentlicher Grund dieses Martyriums, weil enttäuschte Frauen, deren Liebe zum Priester vielleicht nicht so tief oder nur eine vorübergehende Leidenschaft bzw. Sentimentalität war, durchaus auch imstande sind, sich zu rächen. Auch kann die Kränkung durch den Priester so weit gehen, daß eine tatsächlich einmal vorhandene Liebe zu ihm erlischt. Es bleibt aber nicht aus, daß Priesterhaushälterinnen über das Sexual- und Privatleben ihres Ehemaligen sehr viel mitbekommen haben und ihn damit vor dem bischöflichen Ordinariat, bisweilen auch vor staatlichen Gerichten, belasten können. Die Archive der Generalvikariate und Kirchengerichte in den katholischen Diözesen der ganzen Welt und des Vatikans dürften zu einem nicht unbeträchtlichen Teil den schriftlichen Niederschlag solcher Enthüllungen beherbergen, es sei denn, man zieht es dort vor, den größeren und gravierenden Teil derselben stets so bald wie möglich zu vernichten; dies dürfte auch deshalb naheliegen, weil man ja weiß, daß die eigentlich Schuldige die Amtskirche mit ihrem den Priestern aufgezwungenen Zölibatsgesetz ist.
In einigen mir bekannten Fällen haben Priester ihrer mit Enthüllungen drohenden Haushälterinnen beträchtliche Summen offeriert, um sie endlich ohne Verursachung eines Ärgernisses loszuwerden. Man muß dabei beachten, daß manche Priester ihre Pfarrgemeinde um keinen Preis aufgeben möchten, obwohl sie heute relativ leicht auf einen entsprechenden Antrag von dem weitere Priesterabgänge befürchtenden Bischof in eine andere Pfarrei versetzt werden können. Sie möchten ihre bisherige Gemeinde aus verschiedenen Gründen nicht verlassen, entweder weil sie sie nach ihren Ansichten und Plänen geformt und aufgebaut haben oder weil ihnen die Mentalität der Gemeindemitglieder zusagt oder dort ein Klima des Wohlwollens herrscht, das sie anderswo nicht antreffen könnten usw. Es genügt also, daß ihnen die eigene Haushälterin reell droht, sie vor der ihnen ans Herz gewachsenen Pfarrgemeinde durch Enthüllungen fertigzumachen, um sie dazu zu bringen, je nach Wunsch die Erpresserin mit einer stattlichen Summe abzufinden oder sie fortan als omnipotenten Hausdrachen und Haustyrannen zu dulden.
Einige Priesterromane schildern in allen Variationen und Nuancen den Typ der tyrannischen, herrschsüchtigen Pfarrhaushälterin, geben jedoch nur in den seltensten Fällen zu, daß eine der Ursachen, die es ihr erlauben, das Regiment über Pfarrer und Pfarrgemeinde zu führen, die zölibatär

bedingte Erpreßbarkeit ist. Höhnisch wird sie geschildert als diejenige, die nie »ich« oder »der Herr Pfarrer« sagt, sondern immer nur »wir«, wobei dieses »wir« aber doch nur ihr Ich bedeutet; die das Pfarrhaus mit ihr an der Spitze als Herrschaftszentrale des ganzen Dorfes oder der Stadt betrachtet und geachtet wissen will; die oft ohne Befragung des Pfarrers die Anliegen der Pfarrgemeinde allein erledigt; die in allen Dingen mitredet und dabei einen überaus barschen Ton gegenüber den Pfarrkindern anschlägt; die dem Pfarrer gerade noch das Recht beläßt, vor dem Altar zu zelebrieren, wobei jedoch schon die Frage, was für Meßgewänder er anziehen solle, von ihr entschieden wird.[95] Aber man vergißt dabei zu leicht und zu oft, daß diese Pfarrherrinnen in ihren Rechten als Persönlichkeiten und Frauen bzw. als Mütter sträflich benachteiligt werden.

Was dieses Recht als Mutter betrifft: Manche Pfarrhaushälterinnen haben Kinder, die vom Pfarrer gezeugt wurden. Aber sie dürfen nicht bei der Mutter im Pfarrhaus aufwachsen, sondern befinden sich bei entfernt wohnenden Verwandten, deren Verschwiegenheit man sich gesichert hat, oder in Pensionaten, Internaten usw. Kurze Begegnungen mit der Mutter, fernab vom Pfarrhaus, in dem diese lebt, sind das höchste der Gefühle, so wie sie ja auch in den meisten Fällen ihrem Pfarrherrn versprechen muß, vor keiner Behörde der Welt den Vater des Kindes, das sie von ihm hat, zu verraten, so wie sie ja auch für die letzten Monate vor der Geburt des Kindes weggeschickt wird. Vor den nach ihr fragenden Gemeindemitgliedern begründet es der Pfarrer mit einem dringend notwendigen Erholungs- oder Krankheitsurlaub. Da kann man es schon verstehen, wenn die eine oder andere Haushälterin in den vier Wänden des Pfarrhauses »Rache im kleinen« übt und den Pfarrer ständig triezt, indem sie ihn daran erinnert, daß sie ihn in der Hand hätte, wenn sie wollte...

Hinter den nüchternen Sätzen, die ich hier aus dem Brief einer von ihrem Mann geschiedenen Frau an mich zitieren möchte, verbirgt sich ein gerüttelt Maß Tragik: »Ich selbst hätte vorher niemals gedacht, daß Geistliche so viel ›menschliche Züge‹ hätten! Der Cousin meines früheren Mannes ist Dekan. Er hat einen Jungen mit seiner Haushälterin. Dieser Junge wurde vom Bruder des Dekans adoptiert, wächst aber im Pfarrhaus auf – besucht die Oberschule und sagt zu seinem Vater Onkel und zu seiner Mutter Tante. Später wird er erfahren, wer seine Eltern sind – wenn er reifer geworden ist. Aber die alten Kirchenmänner haben nichts mehr davon, sollte der Zölibat gelockert werden. Deshalb setzen sie sich auch nicht für die Abschaffung ein.«

Übrigens: In manchen Gegenden zeigen die Leute durchaus Verständnis für den Priester, wenn dieser, was leider selten der Fall ist, die Zivilcourage aufbringt, sich zu seinen Kindern zu bekennen. Eine Lehrerin aus Jugoslawien: »Ich kam vor dem Zweiten Weltkrieg als Lehrerin in den Bezirk R., Ort F. In allen Pfarren waren die Herren versorgt mit ihren ›Freundinnen‹. Aber es war dort alles öffentlich. Ein Pfarrer hatte sogar von seiner Köchin drei Kinder, die er öffentlich anerkannte, und ging überall mit ›Familie‹ hin. Die Leute hatten auch hier nichts dagegen. Scherzhalber wurde er ›die Heilige Familie‹ genannt, was ihn aber keineswegs störte.«

Die Sache mit den Haushälterinnen hat sogar einen politischen Aspekt. Ein Priester, dessen Verhältnis mit seiner Haushälterin der Pfarrgemeinde bekannt wird, hat so gut wie immer mit Sanktionen seines Ortsbischofs zu rechnen. Meist wird der »Tölpel« besonders dafür bestraft, daß er nicht klug und vorsichtig genug war, sein Verhältnis geheimzuhalten. Die Strafe selbst ist heute an sich nicht schwer. Er wird versetzt, er kommt in eine vom »Tatort« möglichst weit entfernte Pfarrgemeinde, wo man ihn nicht kennt. Aber diese Pfarrei – das gehört zum Bestrafungsstil – ist natürlich nicht mehr so groß, so lukrativ, d. h. so viele Spenden und Erträge abwerfend, so verkehrsgünstig gelegen usw. wie die vorherige. Deswegen nützen Pfarrer, die der Strafversetzung entgehen wollen, die politische Situation, wo dies möglich ist.

Zum Beispiel kenne ich eine Reihe von polnischen Priestern, die in den fünfziger Jahren die Situation ausnutzten. Da die kommunistische Regierung Polens damals ein Dekret erlassen und durchgesetzt hatte, das Versetzungen von Priestern vom Plazet der staatlichen Behörde abhängig machte, gaben sie sich sehr prokommunistisch, zum Beispiel dadurch, daß sie in ihren Predigten die noch hartnäckig an ihrem Besitz festhaltenden Bauern zum Eintritt in die Kolchosen aufforderten oder in Vorträgen, Diskussionen usw. Propaganda für die gerade aktuellen ökonomischen und gesellschaftspolitischen Pläne und Ziele der Regierung machten. Dafür zeigte sich dann die staatliche Behörde dankbar, indem sie den Versetzungsantrag der Kirche ablehnte bzw. sich weigerte, die Zustimmung zur Ersetzung des ihr ergebenen respektive für sie arbeitenden Priesters durch einen vom Bischof vorgeschlagenen anderen zu erteilen.

Böse Zungen in antikommunistischen Kreisen des polnischen Klerus kommentieren solche Vorgänge mit der Bemerkung, daß der Prokommunismus eines Priesters überhaupt nur auf drei Beweggründen beruhe, nämlich auf der Basis des »korek, worek, rozporek« restlos zu verstehen sei. Korek (zu deutsch Korken) steht für Trunksucht, worek (das »Säckchen«) für Geldsucht und rozporek für Sexualität. Dies seien, so äußerte man sich in diesen Kreisen, die schwachen Stellen des Priesters, durch sie sei er erpreßbar. Natürlich gibt es Priester, die sich in Polen aus durchaus ehrenwerten Motiven zu einer Zusammenarbeit im gesellschaftlichen Bereich mit der staatstragenden Partei entschließen. Insofern wirkt der Hinweis auf »korek, worek, rozporek« ihnen gegenüber deplaciert. Aber ganz allgemein und prinzipiell darf man doch sagen, daß das von der Kirche wider alle Logik aufrechterhaltene Zölibatsgesetz erst die Basis auch für politische Erpreßbarkeit des Klerus liefert.

Daß das Zölibatsgesetz der Kirche auch die Basis schafft, auf der Priester durchdrehen und nervenkrank werden können, zeigt der folgende Bericht einer Aushilfehaushälterin: »Pfarrer Q. (ich bin jetzt mal so frei und nenne Namen)[96] hat die Pfarrei in E., Diözese L. Seine Haushälterin, eine schmuddelige, ehemalige Magd, die immer nur in Schlurfen und dreckigen Kittelschürzen herumlief, wurde krank. Ich versorgte ihn etwa zehn Tage und fuhr über das Wochenende nach Hause. Als ich am Montag kam, folgendes: Er kam nicht zur Messe, als ich wegfuhr. Die Nachbarin, die den Pfarrhausschlüssel hatte, sah nach. Er lag in meinem Bett, in meiner Bettwäsche, in meinem (rosa) Nachthemd und – heulte. Die Frau sagte dem Dekan Bescheid, die Messe hielt ein Pater aus B. ab. Am anderen Morgen setzte sich Pfarrer Q. in Soutane, schwarzem Hut auf sein Moped, wurde unterwegs auf der Autobahn abgefangen, zurück nach E. gebracht. Dort mußte er sich umziehen und kam in die Nervenklinik F. (wo er, wie ich später erfuhr, schon viermal war). Er wurde auf der Autobahn aufgegriffen und sagte, er wolle ›seine Haushälterin (mich) holen‹, die nach M. gefahren sei. Auf dem Moped, in Soutane und schwarzem Hut, auf der Autobahn bis zum entfernten M.! Er wurde bereits hinter L. abgefangen...

Hätte dieser Mann (etwa 54 Jahre alt) eine feste ›Vertraute‹, er wäre nicht durchgedreht! Ich glaube, den Priester zu erkennen, der steril lebt (wirkt verklemmt, verunsichert, zaghaft, vorgealtert und oft kränklich), und den, der ›normal‹ lebt: initiativ, selbstsicher, unbekümmert, mutig.«

Wenn in dem eben berichteten Fall ein wenig verächtlich von der »schmuddeligen« Haushälterin die Rede ist, so sollte auch bei ihr die schlechte finanziell-ökonomische Situation berücksichtigt werden, in der sich die meisten Pfarrhaushälterinnen befinden. Ihre Entlohnung »ist bis heute meist noch abhängig von der Geberlaune der einzelnen Priester«. Die einzelnen Diözesen in der BRD kennen nicht einmal eine einheitliche Regelung der Pfarrhaushälterinnenbesoldung. »Einige Diözesen zahlen ihren Geistlichen immer dann einen steuerfreien Gehaltszuschuß zwischen 100 und 150 Mark, wenn die Geistlichen ihrer Haushälterin einen

Mindestlohn gewähren (in Köln: brutto 640 Mark). Gleichwohl schlugen in Köln manche der 1500 Geistlichen mit Haushälterinnen den bischöflichen Zuschuß lieber aus. Und nur 240 Priester der Erzdiözese fanden sich bisher bereit, das Gehalt für ihre Haushälterin zentral – und korrekt – durch das Generalvikariat abbuchen zu lassen. Besser geht es den Haushälterinnen in den sieben bayerischen Diözesen. Für sie hat der Berufsverband katholischer Hausgehilfinnen zum 1. Januar 1972 erstmals einen Tarifvertrag abgeschlossen. Endstufe: 800 Mark.«[97]
Die stiefmütterliche Behandlung der Pfarrhaushälterinnen durch die Bischöflichen Ordinariate zeigt sich besonders an der Festsetzung der Höhe ihres Ruhegehalts. »Geht man von einem durchschnittlichen Einkommen von monatlich DM 500 (einschließlich freie Station usw.) aus, so beträgt das Altersruhegehalt für Haushälterinnen nach einer Beschäftigungsdauer von:

20 Jahren etwa DM 150,– monatlich,
30 Jahren etwa DM 225,– monatlich,
35 Jahren etwa DM 262,– monatlich,
40 Jahren etwa DM 300,– monatlich.«[98]

Hier noch ein trauriges Beispiel dafür, wie Pfarrhaushälterinnen um ihre Rente kommen können. Ein Pfarrer im Raum Südhessen hatte seiner Haushälterin monatlich 400 DM in die Hand gedrückt, hatte die Krankenkasse für sie bezahlt und ihren Unterhalt. In ihrer Einfalt nahm sie an, diese 400 DM könnte sie für sich verbrauchen – und tat das auch. Die Frau geht heute zur Fürsorge, weil Hochwürden sich damit rechtfertigt, daß er überzeugt gewesen sei, sie würde von dieser Summe ihre Rentenbeiträge selbst bezahlen.
Am »cleversten« in Sachen Haushälterinnen ist ein inzwischen längst verstorbener Theologieprofessor gewesen. Sinngemäß meinte er mir gegenüber vor zehn Jahren: »Ich gehe allen Schwierigkeiten mit ihnen aus dem Wege. Zwar kann man auf sie schlecht verzichten. Aber ich halte das Risiko so gering wie möglich, und zwar dadurch, daß ich – Punkt 1 – sie (d. h. die drei, die ich bisher hatte) sehr gut bezahle und daß ich – Punkt 2 – mir stets Damen nehme, die evangelisch sind. Die laufen mit ihren Problemchen wenigstens nicht zur Beichte. Denn, glauben Sie mir, es gibt gar keine so großen Strafen für die Verletzung des Beichtgeheimnisses, daß von seiten des ›verschwiegenen‹ Beichtvaters auf tausend Umwegen nicht doch etwas durchsickern würde, was ich mir in meiner Stellung einfach nicht leisten kann.«

5. *Das erotische Element im Verhalten des Priesters gegenüber der Mädchenjugend.*

Wenden wir uns nun einer weiteren »giftigen Frucht« des Zölibatsgesetzes zu: *dem Verhältnis von Priester und Mädchen,* wobei es wiederum nicht eigentlich dieses Verhältnis ist, das verurteilt wird, sondern dessen durch das kirchliche Zölibatsgesetz bedingte Begleiterscheinungen und -umstände.

Für einen Teil der Zölibatäre gilt, daß sie von einer überschwenglichen, *mystisch-romantischen Erotik* erfüllt sind, die sozusagen einen vernebelnd-idealisierenden Schleier über das andere Geschlecht legt. Das »Weib«, insbesondere das Mädchen zwischen 16 und 23 Jahren, wird von der Gefühls- und Vorstellungswelt des Priesters zu einer hehren, jungfräulichen Göttin emporstilisiert. Gegebenenfalls fühlt sich dieser berufen, einen jungen Menschen des anderen Geschlechts im Sinne dieses »Ideals« zu formen. Die Beschützerrolle, die manche Geistliche in dieser Hinsicht zu spielen belieben, dürfte einigermaßen bekannt sein. Ihr Verantwortungsgefühl für die Bewahrung der Reinheit eines Mädchens stellt eine nicht durchschaute Sublimation ihres Geschlechtstriebes dar.

Wie kommt es zu dieser idealisierenden Erotik? Wie entsteht in Klerikern die Tendenz, alle Vorzüge, die sie sich nur vorstellen können, in einen jungen Menschen des anderen Geschlechts hineinzuverlagern? Was rar ist, was man nicht oder nicht näher kennt, was weit entfernt ist und wonach man sich aufgrund einer geheimen Triebfeder trotzdem sehnt, das nimmt in der Phantasie und durch die Imaginationskraft des Menschen überdimensionale Eigenschaften an. Kein Makel, kein Fehler darf mehr dem insgeheim begehrten Objekt anhaften. Es ist tabu, über jeden möglichen Tadel, über jede Kritik erhaben.

Nun trifft es aber gerade auf einen Teil der katholischen Priester zu, daß sie in den Jahren ihrer pubertären und nachpubertären Entwicklung keine Möglichkeit zu Begegnungen mit Mädchen haben, daß sie von ihnen nur träumen und phantasieren können. Dieser Teil – das sind beispielsweise die meisten Ordenspriester, Dominikaner-, Franziskaner-, Jesuiten-, Benediktinerpatres usw., die häufig schon lange vor dem Abitur auf ein Bischöfliches oder Klostergymnasium gehen und im entsprechend geleiteten Internat oder Konvikt wohnen, die dann nach dem Abitur keine staatliche Universität besuchen, sondern in einer Ordenshochschule, fernab jeder Möglichkeit der Begegnung mit Studentinnen, ausgebildet werden. (Manche von ihnen haben nicht einmal ein staatlich anerkanntes, sondern nur ein Ordensabitur und fühlen sich schon dadurch gedrängt,

Priester zu werden.) Bei dem heutigen Mangel an Weltpriestern üben aber diese Ordensleute später oft Seelsorgefunktionen in den Pfarrgemeinden aus und erleben dort plötzlich und abrupt die Schockwirkung der unmittelbaren Begegnung mit dem mysteriös-mystischen »Objekt« Frau.

Auch wenn diese Mönche in der Klostererziehung gegen die Frau »gewappnet« werden, indem man sie ihnen systematisch als das intellektuell und ethisch inferiore Wesen hinstellt, wirkt das vorhin beschriebene Gesetz der Idealisation und Sublimation des Entfernten und Ersehnten unterschwellig weiter und kann sich ganz spontan bei der Begegnung mit einem anmutigen Mädchen aktualisieren. Ein Zwiespalt, der sich bis zur Schizophrenie steigern kann, ist hiermit angedeutet. Denn die rationale – genauer müßte man sagen: verrationalisierte – Sphäre im betreffenden Ordenspriester, verbildet durch jahrelanges Lesen und Hören der kirchlichen Autoritäten, verachtet die Frau, während der »emotional-imaginative« Bezirk der Psyche dagegen aufbegehrt, rebelliert und das andere Extrem der wirklichkeitsfremden, romantischen Idealisierung der Frau heraufzubeschwören sucht.

In einer ähnlichen psychischen Situation wie der größere Teil der Ordensleute befinden sich jene Weltpriester in der gesamten katholischen Welt, die eine strenge, fünf oder sechs Jahre dauernde Ausbildung im Priesterseminar über sich ergehen lassen mußten. In der Bundesrepublik ist es zwar so, daß die Mehrzahl der Priester Theologie an einer Universität studiert, so daß die Amtskirche hier gar keine Möglichkeit hat, Gespräche, Diskussionen, gemeinsame Veranstaltungen mit Studentinnen, sowohl solchen der Theologie wie anderer Fachbereiche, völlig zu unterbinden, es teilweise sogar nicht ungern sieht, wenn Begegnungen zwischen künftigen Priestern und Studentinnen im engen oder weiteren Rahmen ihres Studiums und ihrer akademischen Berufsinteressen stattfinden, weil sie sich davon eine Neutralisierung des den Priesteramtskandidaten gefährdenden »fremden« Wesens der Frau verspricht.

Aber auch in der BRD studierte oder studiert noch ein Teil der Anwärter auf das Priesteramt an kirchlichen (wenn auch staatlich anerkannten) Hochschulen, wobei er allerdings die Möglichkeit hat, für zwei sogenannte Freisemester Theologie an einer Universität zu hören. Die Mehrheit des katholischen Klerus außerhalb der BRD jedoch »genoß« kein Universitätsstudium, sondern wurde hinter den Mauern des Priesterseminars bzw. in der dazugehörigen kirchlichen Hochschule für fünf bis sechs Jahre lang für das Amtspriestertum ausgebildet. Für sie gilt das oben über die Situation der Ordensleute Gesagte.

Für die Situation der älteren und mittleren Priesterjahrgänge in der BRD und auch in anderen Ländern ist sodann zu berücksichtigen, daß bis vor wenigen Jahren die Mehrheit der ins Priesterseminar, ins sogenannte Große Seminar, Eintretenden aus den Kleinen Seminaren kam.[99] »Die Kirche hatte rechtzeitig einen Teil Jugendlicher in ihre Obhut genommen, um sie vor der ›bösen Umwelt‹ zu schützen und isoliert auf den zölibatären Priesterberuf vorzubereiten.«[100] Sie erwarben eine Gymnasialbildung in einem kirchlich geführten Internat, das ihnen im Rahmen einer von Drill und Prüderie, Subordination und Anpassung geprägten Gemeinschaftserziehung den Gedanken, Priester zu werden, gleichsam widerstandslos einsuggerieren sollte. Die offizielle Kirche drückte diese Tendenz natürlich vornehmer aus: »Die Gemeinschaft Gleichgesinnter hält zweifellos den Gedanken an den Priester- oder Ordensberuf eher wach und bietet den jungen Menschen, die den Wunsch, Priester zu werden, gefaßt haben, einen starken Rückhalt.«[101] Der Kirchensoziologe G. Siefer aber gibt unumwunden zu, daß durch die »sogenannten ›Kleinen Seminare‹... schon Kinder ungefragt für den Priesterstand bestimmt werden«.[102]

Zweifellos ließ man sich bei der Einrichtung der Kleinen Seminare von einer Erkenntnis leiten, die der Bischof von Münster, H. Tenhumberg, noch im Jahr 1973 als Rechtfertigungsgrund für die Beibehaltung der Großen Seminare anführte: »Auf die Seminare kann nach wie vor nicht verzichtet werden, weil man nichts Besseres an ihre Stelle zu setzen weiß... Der Zölibat bedarf – das erweist die Geschichte – einer institutionellen Solidarität (›Wir-Entscheidung‹).«[103]

Heute allerdings ist das Problem der Kleinen Seminare nicht mehr aktuell. Es ist von der rasanten Entwicklung auf dem Schulsektor überholt worden: »Der Rückgang der Neuanmeldungen für unsere Studienseminare in den letzten Jahren ist unverkennbar. Zahlreiche Neugründungen von Gymnasien und Realschulen, die Eröffnung neuer Schulzweige und -arten, die verbesserten Fahrverbindungen, aber auch ein internatsfeindlicher Trend in der Öffentlichkeit sind u. a. als Ursachen zu erkennen«, klagen offizielle kirchliche Quellen.[104] Allein im Bistum Augsburg nahmen im Jahr 1970 aus den Bischöflichen Studienseminaren nur noch sechs Abiturienten das Studium der Theologie auf.[105] Die Kleinen Seminare erfüllen heute also »nicht einmal mehr ihren Gründungszweck«.[106]

Man muß sich die vorausgegangenen Ausführungen über die die Mehrzahl der Priester von der Frauenwelt isolierende Erziehung in den klerikalen Ausbildungsstätten stets vor Augen halten, um die nun folgenden Fälle richtig verstehen und beurteilen zu können.

Ein in einem Priesterseminar in Osteuropa ausgebildeter Geistlicher, der nach seiner Übersiedlung in die Bundesrepublik Pfarrer in einer westdeutschen Diözese war, berichtete mir (Ich war damals, 1971, noch als Theologieprofessor in der Kirche tätig. Der betreffende Priester war mir schon vorher bekannt gewesen, ich hatte ihn auch einige Male in den Ferien in seiner ziemlich abgelegenen Dorfpfarre besucht und kannte ihn als pflichtbewußten, arbeitsamen Seelsorger): »Ich will nichts beschönigen, mich auch nicht von jeglicher Schuld freisprechen. Trotzdem glaube ich, daß mein Bischof mich hintergangen hat. In meiner Pfarre wohnt eine Neunzehnjährige bei ihren Eltern, die sich durch Intelligenz und Aufgeschlossenheit ziemlich stark von den anderen Dörflern abhebt. Ich habe sie zur Führerin für die Mädchenjugend ernannt und ihr auch die Aufgabe übertragen, die Pfarrbibliothek an zwei Nachmittagen der Woche zu betreuen. Die Bibliothek ist im Pfarrhaus. Zwangsläufig mußten wir also des öfteren zu Gesprächen, Planungen usw. zusammenkommen. Ich verliebte mich in sie. Was richtiges Verliebtsein bedeutet, erfuhr ich zum erstenmal. Die Welt hatte für mich ein neues Gesicht, eine neue Qualität. Es ist zwischen uns eigentlich nichts Besonderes vorgefallen. Als ich merkte, daß auch ich ihr nicht unsympathisch war, küßten wir uns. Miteinander ins Bett gingen wir nicht.

Trotzdem bekam ich Gewissensbisse, ich fühlte mich irgendwie verlegen vor der Gemeinde beim Gottesdienst, da diese doch ein anderes Bild von mir hat. Angesichts der strengen, antifeministischen Seminaratmosphäre und des dort hochgezüchteten zölibatären Priesterideals verstehe ich inzwischen besser, warum ich plötzlich Skrupel hatte und mich in aller meiner Seligkeit unglücklich fühlte. In meiner Naivität bat ich um einen Termin beim Bischof, wurde auch vorgelassen und erzählte dem ›Vater der Diözese‹ vertrauensvoll den ganzen Vorfall mit meiner Jugendführerin. Er gab sich sehr verständnisvoll, besorgt um ihr und mein Wohl. Ich mußte ihm versprechen, daß ›unser Verhältnis‹ aufhöre und daß ich ihr die ihr übertragenen Aufgaben wieder abnähme.

Der Bischof hatte mir Diskretion versprochen. Aber kaum war ich in mein Pfarrhaus zurückgekehrt, da sprachen schon die Mitglieder des Kirchenvorstands vor, machten mir die bittersten Vorwürfe, beschimpften mich und verlangten, daß ich die Konsequenzen ziehe und von dort weggehe. Danach kamen noch die Eltern des Mädchens, denen die Affäre inzwischen auch zugetragen worden war, drohten, mich bei der Polizei anzuzeigen und vors Gericht zu bringen. Ich habe damals die Hölle erlebt. Auf meine Anfrage beim Bischof erklärte mir dieser, daß er telefonisch gegenüber einem ihm persönlich bekannten Vertreter des Kirchenvorstands nur ›andeutungsweise‹ die Sache erwähnt habe. Er habe das tun müssen, um auch die Gewähr zu haben, daß jetzt wieder ›die rechte Ordnung‹ in die Pfarrei einkehre und damit jemand da sei, der darüber wache.«

Der betreffende Priester ließ sich einige Monate später laisieren, machte sein Staatsexamen nach und ist heute Studienrat an einem Gymnasium in Süddeutschland. Von der Kirche und ihren oberen Vertretern hält er absolut nichts mehr. »Aber ich gebe auch Religionsunterricht und tue so, als ob... Es hat ja doch keinen Sinn, gegen diese übermächtige Institution laut etwas zu sagen oder gar zu unternehmen«, meinte er, als ich ihn das letzte Mal traf. Auch seine Mädchenjugendführerin hat er nicht geheiratet. Ihre Eltern seien strikt dagegen gewesen, und letztlich habe auch er nicht noch weitere Schwierigkeiten in Kauf nehmen wollen.

Ich kenne einige Priester, die im Gegensatz dazu ihre erste »Liebe« geheiratet haben und – unglücklich geworden sind, was allerdings beileibe nicht die Regel ist. Aber die romantisch-idealistische Inbrunst in ihnen – diese Folge zölibatärer Verdrängung der Sexualität – umgab das erstbeste Mädchen, das ihnen über den Weg lief, mit einer Aureole von Qualitäten, die es gar nicht besaß. Und nachdem sie sich mit ihm eingelassen hatten, glaubten sie – auch dies eine Folge kirchlicher Moralverkündigung, die ja ein wirkliches, das Geschlechtliche einbeziehendes Kennenlernen vor der Ehe verurteilt –, es als Ehrenmänner auch heiraten zu müssen.

Um die körperliche Vereinigung zweier Menschen nur dem »Garten der Ehe« vorzubehalten, ideologisiert die Kirche diesen Akt zu einer derartigen metaphysischen Würde mit göttlicher Sanktion hinauf,[107] daß manche Katholiken und katholischen Priester nichts Eiligeres zu tun haben, als ihren »geschlechtlichen Sündenfall«, wenn er nun schon passiert ist, nachträglich durch die Schließung des Ehebundes zu legitimieren. Die metaphysische Glorifikation der Ehe durch die Kirche ist jedoch nur die Kehrseite der manichäistischen Verteufelung der Sexualität durch dieselbe Institution. Die reale, real-notwendige Wertschätzung der Sexualität und der Ehe als einer wesentlichen Komponente im Rahmen der Entfaltung aller personal-körperlichen Möglichkeiten zweier Menschen hat damit nichts zu tun.

Ein weiterer Fall, der sekundär auch etwas mit mir zu tun hatte: Als Religionslehrer an einem Gymnasium hatte ich mich in eine siebzehnjährige Schülerin verliebt. Damals hielt ich das Zölibatsgesetz noch für eine mich im Gewissen bindende Angelegenheit. Auch wußte ich, daß ich sehr verlegen wirken würde, wenn ich diese Schülerin ganz persönlich angesprochen hätte. Sie wußte also gar nichts von meinem Zustand. Aber in mir

»glühte« es. Da ich damals bereits diesen Zustand und die damit verbundenen Gedanken und Vorstellungen von erotischen Zärtlichkeiten als mit meiner Zölibatsverpflichtung unvereinbar ansah, begab ich mich zur Konsultation zu einem in demselben Dekanat arbeitenden, mir von den wöchentlichen Conveniats der Priester her bekannten holländischen Geistlichen.

Ich trug ihm also mein spezielles Problem vor. Ein schallendes Lachen war die erste Antwort. Dann: »Daß ihr deutschen Priester aber auch so gehemmt seid!« Etwas später wurde er ernst: »Was Ihnen begegnet ist, dafür sollten Sie dankbar sein. Es beweist mir, daß Sie noch nicht ganz ausgetrocknet sind. Wenn Sie echt in dieses Mädchen verliebt sind, dann hat sich ein Wesensgesetz erfüllt: Man verliebt sich nämlich nur in seinen Typ, in etwas, was der eigenen Natur und der psychischen Erwartung entspricht. Sonst hätten Sie sich ja auch in irgendeine beliebige andere verlieben können, einige weitere attraktive Girls wird es in diesem Gymnasium ja wohl geben.«

Als ich ihn ziemlich erstaunt und ungläubig anguckte, erzählte er mir seine Geschichte: »Schauen Sie, ich kann Sie ja verstehen. Ich war selbst einmal nicht anders. Für mich gab es nur die wissenschaftliche Arbeit, ich schuftete ganze Tage, teilweise auch Nächte an meinen theologischen Aufsätzen, weil das für mich die Methode war, die mich alles ›Weibliche‹ vergessen ließ. Mein zölibatärer, asketischer Lebensstil gefiel den Vorgesetzten so gut, daß sie mich zum Studentenpfarrer machten. Neben der Betreuung der katholischen Studenten an der Uni kannte ich dort nur ein Ziel: die Fertigstellung meiner Doktorarbeit. Ich sage Ihnen: Mein Sensorium für alles Schöne war total erstorben. Ich wußte nicht einmal mehr, welche Farbe der Himmel hatte. Mein ganzes Leben verlief nur noch in einem langweilig-grauen Farbton. Aber das alles wurde mir erst später bewußt...

Zur Bewältigung meiner Aufgaben als Studentenpfarrer war mir eine Sekretärin zugeteilt worden. Aber ich bemerkte lange Zeit nicht einmal, daß sie jung und hübsch war. Sie gehörte für mich zum Inventar und hatte gewisse Arbeiten auszuführen, basta. Dann kam jener Spätnachmittag, der mir die Augen öffnete und mich durch eine Frau wieder die Schönheit der Welt überhaupt sehen ließ. Irgend etwas – ich weiß heute nicht mehr genau, was es war – war schiefgelaufen. Ich war ziemlich deprimiert und döste, auf der im Büro befindlichen Couch liegend, vor mich hin. Da trat meine Sekretärin ein. Im Verhältnis zu meiner Stimmung erschien sie mir in ihrem weißen Tennisdreß wie die Offenbarung grenzenloser Schönheit (Sie war direkt vom Tennisspielen zurückgekommen, um etwas Vergessenes zu holen. Hatte auch meine Anwesenheit nicht erwartet)...

Sie mußte die Situation, meinen Zustand instinktiv-intuitiv erfaßt haben. Was mich frappierte, überwältigte, war folgendes: Sie setzte sich mit entwaffnender, zugleich liebenswürdiger Kühnheit zu mir auf die Couch, hob meinen Kopf, meine Schultern empor, legte ihn auf ihren Schoß und streichelte ihn. Dadurch ergab sich in mir eine ungeahnte Veränderung: Ich merkte, wie sich in einem süßen Taumel die Verkrampfung von Jahren allmählich löste, wie ich mich angstlos fallen lassen konnte, wie ich durch die Zärtlichkeit und schenkende Liebe eines Mädchens von dem kalt-brutalen Leistungsprinzip, das mich so lange gefesselt hatte, befreit wurde...

Es begann dann zwischen uns eine prima Zeit, die dadurch ihr Ende fand, daß ein übereifriger Student, der uns Arm in Arm spazierengehen sah, die Sache herausposaunte, so daß sie dem Generalvikariat bekannt wurde. Meine Tätigkeit als Studentenpfarrer mußte ich, aber meinen Priesterberuf wollte ich nicht aufgeben, während sie von mir verlangte, sie zu heiraten. Ich meldete mich dann nach Deutschland, wir verloren uns aus den Augen. Ich hätte damals anders handeln sollen. Sie war der größte Lichtblick in meinem Leben. Denke ich daran, dann überkommt mich das heulende Elend. Ich sag's Ihnen offen: Ich betrinke mich still und heimlich, bevor ich mich schlafen lege, oft nur deshalb, weil ich Schuldgefühle ihr gegenüber hege und sie nicht vergessen kann, obwohl ich mich in der Folgezeit oft mit den verschiedensten Frauenzimmern getröstet habe...

Deswegen der Rat eines ›alten Hasen‹: Überlegen Sie sich die Sache mit der Schülerin gut. Ein, zwei Jahre bis zu ihrem Abitur sind kein Problem, und wenn Sie sie wirklich lieben, sollten Sie ihr das spätestens nach diesem Zeitpunkt sagen.«

Aber auch ich war damals noch nicht weit genug, um über das Zölibatsgesetz einer herrschsüchtigen Kirche so zu denken, wie ich es zehn Jahre später tat. Ich war damals froh, daß ich kurze Zeit später eine Assistentenstelle an der Universität erhielt und so von meiner Verliebtheit loskam.

Eine besondere Gegenstandsvariante idealisierender zölibatärer Sehnsucht, wie wir sie oben beschrieben haben, bildet der Körper, die Nacktheit der Frau. Fotografien und Gemälde, die die Schönheit einer nackten Frau darstellen, können dem Zölibatär nicht das konkrete Erlebnis der unmittelbaren Anschauung derselben ersetzen. Ich habe einen Diakon kurz vor der Priesterweihe kennengelernt, der vor mir weinte: »Ich werde einmal sterben, ohne den Leib einer Frau gesehen zu haben.« Ein kirchlicher Prälat und Theologieprofessor sagte zu einer Bekannten von mir, die er auf einer Gesellschaft kennengelernt hatte: »Schauen Sie mich an: 65 Jahre alt und noch keine Frau nackt gesehen.« Mir scheint, daß der sogleich zu schildernde Vorfall wesentlich in diese Kategorie der zölibatären Sehnsucht nach der Anschauung des nackten Frauenkörpers gehört, der gerade aufgrund der kirchlich oktroyierten Lustverbote, -verzichte und Heruntersetzungen in der Phantasie des Priesters eine überdimensionale Anziehungskraft gewinnt.

Ein Jesuitenpater führte in der Pfarre meiner Heimatstadt zusammen mit einem zweiten einige Male Missionen durch. Wegen ihrer großartigen Predigten für die verschiedenen Stände (Männer, Frauen, Jugendliche – getrennt selbstverständlich nach Geschlecht –, Kinder) waren die beiden Jesuiten bei uns sehr beliebt. Ich war damals fünfzehn Jahre alt, und mit mir ließen sich meine Altersgenossen von dem Idealismus mitreißen, den besonders der erstere, den wir mit »Herr Professor« anreden mußten, zu entflammen wußte. Ich erinnere mich noch gut, wie packend er über die Tugend der Keuschheit sprach. Etwa so: »In dem von mir geführten Konvikt sehe ich es immer sofort nach den Ferien beim Fußballspiel: Wenn einer dem Ball nicht mehr so nachsetzt wie vor den Ferien, dann hat er seine Energie durch Selbstbefleckung oder durch Verkehr mit Mädchen eingebüßt.« Ich weiß auch noch, wie ich nach seiner Ansprache mit Kameraden zusammenstand und wir alle gelobten, da wir ja keine Energie verlieren wollten: »Nie mehr ein Blick auf ein Mädchen, nie mehr eine sündhafte Berührung unseres eigenen Körpers.«

Der Professor hatte nämlich auch betont, daß bereits ein unkeuscher Gedanke oder Blick das Denk-, Konzentrations- und Erinnerungsvermögen des Jugendlichen beeinträchtige.

Zehn Jahre später – ich war inzwischen Kaplan in derselben Pfarre, der Pfarre meiner Heimatstadt – kam eine Dame, etwa 30 Jahre alt, an einem Samstagnachmittag in meinen Beichtstuhl. »Ich möchte«, begann sie zögernd, »von einem Fall sprechen, der sich bereits vor zehn Jahren ereignet hat, mir aber keine Ruhe läßt, weil ich bis heute nicht genau weiß, was ich von ihm halten soll. Ein endgültiges Urteil über ihn wäre für mich von großer Bedeutung, weil dieses Urteil darüber entscheiden könnte, ob ich an den Idealismus der Priester weiter glauben kann oder nicht.« Ihren weiteren Ausführungen entnahm ich, daß es sich bei dem von ihr geschilderten Fall um den von mir in meiner Jugend so verehrten Jesuiten handelte. Nach einer Standespredigt für Jungfrauen habe sich dieser in die Pfarrkanzlei begeben, wo auch sie etwas zu erledigen gehabt habe. Er sei sofort auf sie zugegangen, habe sie diskret in ein Nebenzimmer gebeten und dann gesagt: »Wissen Sie, Künstler, Ärzte und Priester sind etwas ganz anderes als die übrigen Menschen. Sie stehen auch über der üblichen Moral, die man vom gewöhnlichen Sterblichen verlangt. Der Priester ist obendrein noch Arzt und Künstler in einer Person. Kurzum: verstehen Sie es nicht falsch, wenn ich Sie bitte, sich jetzt zu entkleiden. Sie sind sehr schön, und ich möchte nichts anderes, als Gottes Kunstwerk ohne Hüllen vor mir sehen.« Sie habe sich der Autorität und Überzeugungskraft, mit der er dies gesagt habe, nicht entgegenstellen können und sich deshalb vor ihm ausgezogen. Er habe sie dann aus den verschiedensten Perspektiven eingehend betrachtet, sie aber nicht angerührt, vielmehr nach dieser Betrachtung sich bei ihr bedankt und ihr geheißen, sich wieder anzuziehen. Allerdings habe sie ihm ihren Namen und ihre Adresse geben müssen. Es seien dann einige Wochen vergangen, da habe er plötzlich an die Tür ihres Elternhauses geklopft und ihre Eltern gebeten, sie allein sprechen zu dürfen. Als sie allein in einem Zimmer des Hauses gewesen seien, habe er sie wiederum aufgefordert, sich auszuziehen, habe dann ein weißes, seidenes Taschentuch hervorgezogen und so ziemlich alle Stellen ihres Körpers mit dem Taschentuch berührt. Dabei habe er immer wieder gefragt: »Spüren Sie etwas dabei? Empfinden Sie Lustgefühle?« Aber auch wenn sie heute der Meinung sei, daß er eine bejahende Antwort recht gern gehört hätte, habe sie immer wieder verneint, weil sie damals nur verlegen und wie erstarrt gewesen sei. Er sei dann noch ein paar Male zu ihr nach Hause gekommen, aber auf die Frage nach ihren Lustgefühlen habe er immer die gleiche Antwort bekommen.

Für mich war es damals schwer, wenn nicht unmöglich, diesen Fall adäquat zu bewerten. Ich sagte ihr damals in etwa: »Meiner Meinung nach, die ich Ihnen nicht aufdrängen will, weil sie vielleicht auch gar nicht situationsgerecht ist, wollte dieser Theologe wahrscheinlich anfangs wirklich nur die zölibatär lebenden Menschen mystisch-geheimnisvoll vorkommende Nacktheit einer schönen Frau erblicken. Seine Neugier wurde aber durch die erste Begegnung mit Ihrer hüllenlosen Erscheinung keineswegs gesättigt. Er wollte, was wiederum ganz natürlich ist, tiefer in Sie eindringen. Daher das wiederholte Betupfen mit dem Taschentuch. Aber wer auf diesem Weg schon so weit vorangekommen ist, der will alles. Er will nicht nur berühren, er will an sich ziehen, umarmen, umfassen, sich gleichsam einverleiben. Deshalb – so glaube ich – seine ständige Frage, ob die Berührungen Lustempfindungen bei Ihnen hervorriefen. Hätten Sie ja gesagt, dann hätte er Sie wahrscheinlich an sich gerissen. Aber obwohl er die Sache so schlau eingefädelt hatte, indem er Sie dazu brachte, sich ihm hüllenlos zu zeigen, so hatte er am Ende doch nicht das Herz, das Vertrauen, das Sie ihm geschenkt hatten, zu zerstören.«

Ein französischer Priester, der heute seine religiöse, von der Amtskirche abweichende Mission im Libanon ausübt, hat allem Anschein nach eine glücklichere Synthese zwischen dem Hingezogensein zu einer Frau und dem Engagement für die Religion gefunden. »Wir haben«, so schreibt er ganz lapidar an mich, »geheiratet, weil wir gesehen und entdeckt haben, daß die menschliche Liebe ein Abbild der göttlichen Liebe ist und daß wir füreinander ›gemacht‹ sind.«

Der nachfolgende Bericht eines laisierten österreichischen Priesters zeigt plastisch-konkret die detaillierte Anwendung der Kirchenmacht gegen einen Mann, der es wagte, als Priester sowohl selbständig zu arbeiten und im Rahmen seiner Möglichkeiten Veränderungen einzuführen als auch sich zu seiner Liebe zu einem Mädchen offen zu bekennen. Auch die Bestrafung der Priesterfrau durch die Kirchenmacht kommt zur Sprache:

»Ich bin seit 1957 Priester, war drei Jahre Kaplan in zwei Landpfarren, fast sechs Jahre Erzieher im Knabenseminar der Diözese, hierauf wieder drei Jahre Kaplan in zwei Stadtpfarren.

Mein erster Stadtpfarrer, der vor allem Baumeister und Organisator ist und eine überdimensionale Pfarranlage errichtete, war mit mir und meiner Arbeit nicht einverstanden und zeigte mich schließlich dreimal beim Bischöflichen Ordinariat an. Vorschläge und Anregungen, die ihm nicht paßten, lehnte er ohne Argumente mit bloßen Bemerkungen wie ›Ich will es nicht‹ oder ›Belehren Sie mich nicht‹ ab. Ein echter Dialog über die Seelsorgearbeit kam kaum zustande, da er nach seinem Belieben entschied und sich, meines Erachtens, weder persönlich mit den Erfordernissen heutiger Seelsorge auseinandersetzte noch die Zeit fand oder nahm zum Studium. Für die Jahre, während der er ganz in der Errichtung der Pfarranlage aufging, war das zu verstehen. In dieser Zeit dürfte er überhaupt den Anschluß an eine der heutigen Zeit entsprechende Seelsorge verloren haben, was zu Unsicherheit, Empfindlichkeit, Unberechenbarkeit und Intoleranz führte, die er durch äußere Geschäftigkeit, autoritäres Verhalten und Suchen nach Prestige und äußerlichem Effekt zu überspielen suchte. Vor allem konnte und kann er nicht vertragen, daß andere Pfarren, andere Menschen bessere Ideen haben. Ihm nicht genehme Menschen wurden und werden mit Schweigen ignoriert oder durch Abschieben ausgeschaltet. Ich zog mich, was ein Fehler war, zurück und versuchte, soweit es möglich war, meine Vorstellungen von der Seelsorge (Schule, Jugend, Familien, Betriebe) zu verwirklichen. Die Anzeigen führten trotz einer Intervention einiger Kapläne zu einer Versetzung. Dasselbe geschah zwei Jahre zuvor meinem Vorgänger. Als ich von den Anzeigen und der geplanten Versetzung erfuhr, trug ich mich mit dem Gedanken, aus Protest gegen die Haltung des Pfarrers und der ihn Unterstützenden (Ordinariat) mein Amt vorübergehend niederzulegen. Ich gab aber dem Zureden eines Priesters aus dem Versetzungsgremium nach und ließ mich in eine andere Pfarre derselben Stadt versetzen. Zur Zeit, da meine Versetzung bereits sicher feststand, lernte ich meine spätere Frau näher kennen.

Ende August 1970 ging ich zum Weihbischof der Diözese, um mit ihm meine Laisierung zu besprechen und die Weiterverwendung im kirchlichen Dienst zu erkunden. Im ersten Gespräch eröffnete mir der WB (= Weihbischof, m. A.) eine Fülle von Möglichkeiten, so daß ich den Eindruck gewann, noch nie in meinem Leben so viele Möglichkeiten zur Wahl gehabt zu haben. Als ich aber konkret wurde, waren die Möglichkeiten wie weggeblasen, und es blieb nur mehr der Einsatz als Religionslehrer in einer anderen Diözese und zum Schluß das ›Ich werde für dich beten‹, womit mir klar wurde, daß er weiter nichts für mich tun würde oder könnte. Dem ersten Gespräch folgte eine Reihe weiterer Gespräche, bei denen ich durchsetzen konnte, als Religionslehrer in der eigenen Diözese eingesetzt zu werden. Dies erreichte ich, da ich das Abschieben eines Laisierten in eine andere Diözese grundsätzlich und für mich konkret ablehnte und zu verstehen gab, daß ich dem Abschieben das Studium an der Lehrerakademie vorzöge. Ich gab in fast allen Gesprächen auch zu verstehen, daß ich ein Einmischen der Kirche in die Wahl meines Wohnorts nicht akzeptieren würde. Ich verwies auf Artikel 13 der Menschenrechte.

Ich bedauere heute, daß ich von diesen Gesprächen nur wenige Splitter aufgezeichnet habe, weil sie eine Fundgrube von Phrasen, unsachlichen Schlagworten und Vorurteilen und unmöglichen praktischen Folgerungen wären. Der Weihbischof dürfte weniger Kompetenzen haben, als er durch seine Haltung immer wieder vorzugeben versucht, verspricht und redet weit mehr, als er zu halten imstande oder gewillt ist, und scheint Taktik allem anderen vorzuziehen und konkreten verbindlichen Worten und Taten auszuweichen. Mit dem Diözesanbischof habe ich keinen Kontakt.

Meine Frau und ich begannen im Juli 1970 nach einer Wohnung zu suchen. Nach vielen Nachfragen hatten wir das Glück, eine Eigentumswohnung in einem neu zu verbauenden Gebiet, das zur zweiten Stadtpfarre, in der ich tätig war, gehört, zu bekommen. Nachdem ich erreicht hatte, als Religionslehrer in einer von der Wohnung 30 Kilometer entfernten Stadt eingesetzt zu werden, erwarben wir die Wohnung. Sie wurde Februar 1971 fertig. Meine Frau zog ein, während ich in einem Pfarrhof in der Nähe des Schulortes wohnte. Im September 1971 zog ich zu meiner Frau, nachdem die Erledigung meines Dispensansuchens länger dauerte, als mir zugesagt wurde. Nach dem Einlangen der Dispens betrachtete ich es als mein gutes Recht, bei der Frau zu wohnen, was mir aber den Vorwurf ›Konkubinarier‹ einbrachte.

Im November 1970 reichte ich mein Ansuchen ein. Im April 1971 war die Befragung, bei der ich unter Hinweis auf das Recht der freien Entscheidung ablehnen konnte, zugleich mit der Enthebung vom Zölibat auch um Enthebung vom Priesteramt anzusuchen. Ich wollte mich dadurch gegen die unbedingte Verbindung von Zölibat und Priesteramt wehren und zum Ausdruck bringen, daß einer, der heiratet, durchaus das Priesteramt behalten möchte. Das Ansuchen wurde am 19. September erledigt. Wenige Tage später langte es beim zuständigen Ordinariat ein, wurde mir aber wegen der erwähnten Wohnung nicht ausgefolgt. Alle Versuche, Briefe, Vorsprachen usw. von verschiedenen Seiten blieben erfolglos. Man berief sich auf Rom und die Bischofskonferenz.

Schließlich wollte mich im Dezember der Generalvikar vom Schuldienst kündigen und nannte als Grund ›Konkubinarier‹. Die Kündigung scheiterte, da sich kein Ersatz fand und die Direktion der Schule nicht bereit war, den Stundenplan so umzustellen, daß mein Kollege die Hälfte der Stunden hätte übernehmen können. Ich hätte daraufhin bis Juli 1972 in der Schule bleiben dürfen. Dies alles geschah, ohne mich zu informieren.

So kamen kurz vor Weihnachten vier Kapläne und fragten, ob wir damit einverstanden wären, wenn sie einen Hungerstreik durchführten, um die Ausfolgung des Dekretes und die Weiterverwendung im kirchlichen Dienst zu erreichen. Eine positive Erledigung meines Falles sollte ein Baustein sein zu humaneren Lösungen bei Laisierungen. Die vier Kapläne gingen zum Weihbischof und übergaben ihm ein Schreiben mit den beiden Forderungen und der Ankündigung von Handlungen, die geeignet wären, eine breite Öffentlichkeit mit dem Fall zu befassen. Sie wollten das Schreiben auch an das Konsistorium weitergeben, was der WB verhinderte. Das nächste Konsistorium gab der ersten Forderung nach! Die Kapläne erklärten sich damit nicht einverstanden und führten den geplanten 48stündigen Streik durch. Er blieb ohne Erfolg. Ich sah mich daher gezwungen, einen anderen Beruf zu ergreifen. Bewährungshilfe.

Auf den Hungerstreik antworteten die Bischöfe mit einem Schreiben im Kirchenblatt der Diözese unter dem Titel: ›Gerechtigkeit tun und Liebe nicht verletzen.‹ Darin meinten sie, daß früher die Priester fast ausnahmslos ihr Versprechen gehalten hätten, nicht wenige bis in die KZs und bis in den Tod. Die Kirche bedauere die Amtsniederlegungen – ich wehre mich immer gegen diesen Ausdruck –, trage aber den geänderten Verhältnissen Rechnung und dispensiere. Das Verfahren sei geregelt, und jeder Bischof sei daran gehalten und könne es ebensowenig ignorieren wie ein Landeshauptmann ein Bundesgesetz. Die Bischofskonferenz hätte sich darauf geeinigt, daß ein Laisierter dort nicht tätig sein könnte oder wohnen dürfe, wo er als Priester tätig war. Sie schrieben auch von einer kostenlosen Wohnung, die man mir angeboten hätte. Da dies nicht stimmte, forderte ich die Bischöfe zu einem Widerruf auf, was an einem unscheinbaren Platz und mit einem völlig unverfänglichen Titel geschah, was sie mit der Bemerkung entschuldigten, daß sie das Opfer einer ungenauen bzw. mißverstandenen Information geworden seien. Ich forderte den Weihbischof auch einige Male auf, mir die Beschlüsse der Bischofskonferenz im Wortlaut bekanntzugeben, was er aber nie tat, sondern damit abtat, daß jedes Protokoll vertraulich sei und grundsätzlich keine Textierung aus dem Protokoll bekanntgegeben würde. Die Bischöfe schickten auch ein Rundschreiben an den Klerus der Diözese, in dem sie zu vier Punkten Stellung nahmen: ›Das freie Jawort der Priesterweihe, das Laisierungsverfahren, das konkrete Ereignis des scheidenden Priesters N...., wir Bischöfe stellen fest.‹ Dieses Rundschreiben wurde mir bis heute trotz mehrmaliger Aufforderung nicht zugesandt. Ich erhielt es durch Kollegen. Grundtenor dieses Schreibens war, das Heiraten des Priesters als Treulosigkeit hinzustellen, die grundsätzlichen Probleme durch Konzentration auf meine Person beiseite zu schieben und einen Schlußstrich zu ziehen, damit ›Frieden und Ruhe‹ einkehre. In einem ausführlichen Schreiben nahm ich dazu Stellung und hielt dem Weihbischof die Unsachlichkeiten, Emotionen und Diskriminierungen und z. B. die völlig verzerrte und aus dem Zusammenhang gerissene Zitierung P. Theo van Astens vor. Der Weihbischof versuchte in einem Schreiben, aus der Sache auszusteigen: ›In diese Sache wollte ich mich nicht dreinmischen, weil es mir nicht günstig erscheint.‹ Er nahm in keiner Weise Stellung zu meinem Schreiben.

An den Weihbischof schickte ich noch eine Reihe von Schreiben, in denen ich zu verschiedenen Ereignissen, Schreiben Stellung bezog. Ich versuchte manchmal, ihn hart zu attackieren, konnte aber nicht erreichen, daß ich mehr als nichtssagende, unverbindliche und ausweichende Antworten erhielt.

Meine spätere Frau war als Kindergärtnerin Angestellte des Pfarrcaritaskindergartens jenes Pfarrers, der durch seine Anzeigen meine Versetzung erreichte. Nach der Geburt unseres Kindes nahm sie Karenzurlaub und wollte dann wieder im Kindergarten weiterarbeiten. Der Pfarrer aber kündigte ihr und lehnte die Arbeitsleistung während der Kündigungszeit ab. Viele Versuche beim Pfarrer und bei der Diözesancaritas durch uns selbst und durch andere, eine Zurücknahme der Kündigung zu erreichen, blieben ohne Erfolg. Die Kündigung kostete 66016,– Schilling. In einem Schreiben wandte ich mich schließlich an ihn, die Bischöfe und verschiedene Leute aus Gremien und stellte verschiedene Fragen. Unter anderem fragte ich auch, mit welchen Geldern diese S 66016 beglichen wurden. Auf das Schreiben und auf eine spätere Aufforderung kam keine Antwort. Die dritte Aufforderung wurde als ›nicht angenommen‹ zurückgesandt. Bei einem darauffolgenden Telefonat drohte er mit einer Klage.«

Und diese Kirche beteuert ständig, daß das Wohl der Mütter und Kinder ihr so am Herzen liege, verurteilt stets die Schwangerschaftsunterbrechung als abscheuliches Verbrechen. Aber vielleicht sind für sie, die mit scholastischen oder sophistischen Unterscheidungen so schnell bei der Hand ist, Kinder von »Verrätern«, d. h. von Priestern, die ihrem Beruf aus ihrer Sicht untreu geworden sind, keine Menschen, ebensowenig wie die Mütter, die sich – wiederum aus ihrer Sicht – dazu hergegeben haben, einen Gottgeweihten zu verführen.

Am Schluß seines langen Schreibens an mich motiviert den österreichischen Priester die Angst, auf Betreiben der Kirche evtl. sogar seinen jetzigen Posten zu verlieren, noch zu folgenden Bemerkungen: »Wie ich es mit meinem Namen halten soll, weiß ich nicht. Ich bin sonst seit einiger Zeit der Überzeugung, für eine vertretene Meinung auch voll einzustehen. Aber vielleicht ist es manchmal sinnvoll, dies nicht zu tun. Verwenden Sie daher, wenn es vernünftiger ist, nur die Anfangsbuchstaben meines Namens ... Eine Anregung möchte ich noch geben: Richten Sie in Ihrem Buch einige Bemerkungen an die Theologen, die sie wegen der repressiven Haltung der Kirche bei ihrer Berufsentscheidung beachten sollten. Meines Erachtens müßten sich die Theologen (= Priesterstudenten) einen Weg ›Studium eines anderen Faches, Ausbildung in einem zweiten Beruf‹ offenhalten.« –

Enttäuscht über die Haltung seines Bischofs äußert sich ein weiterer Priester aus einer Diözese in Süddeutschland. Er habe, so berichtete er mir in einem Brief, wegen seines offen zugegebenen Verhältnisses mit einem Mädchen und seines ehrlichen Willens, es zu heiraten, ohne das Priesteramt aufzugeben, einen Drohbrief seines Ordinarius erhalten: »Zu Ostern einen Drohbrief von einem katholischen Bischof wegen eines von Menschen gemachten Kirchengesetzes zu erhalten wirkt auf einen Christen, für den Ostern die Erlösung von allen Sünden durch Jesus Christus bedeutet, befremdend.« Dem Bischof habe er geschrieben: »Um die Laisierung habe ich nicht und werde ich nicht einreichen, denn ich weiß mich nicht durch Menschen zum Priestertum berufen... Mit meiner durch Gott erfolgten Berufung zum Priestertum lasse ich nicht handeln! Ich müßte vor allen Menschen, die mich kennen, als Irreführer dastehen...« Das Ehesakrament wolle er »nicht aus Leichtsinn und nicht aus Lust, sondern aus dem Bedürfnis einer echten Lebenshilfe heraus eingehen«. Er habe, da nun einmal »der Pflichtzölibat das Ehesakrament und die Suspension die kirchliche Trauung verhinderten«, »notgedrungenerweise civiliter heiraten müssen«.

Als Schikanen wertet dieser Priester: a) daß der Bischof »im Begriff war«, die Sprechergruppe des Aktionskreises von Priestern, die sich für ihn einsetzte, wegen ihres Briefwechsels in seiner Angelegenheit zu suspendieren; b) daß seine »Bitte um eine Wohnung von seiten des Bistums« nicht erfüllt worden sei (»wochenlang sind wir auf Wohnungssuche gewesen, bis uns der Bruder eines Pfarrers Unterkunft bot«); c) daß der Bischof auf das Schreiben von Frl. L., »in dem es um sehr menschliche Angelegenheiten ging«, bisher nicht geantwortet habe; d) daß trotz persönlicher Vorsprache beim Finanzdirektor der Diözese wegen einer Abfindung, trotz dessen Zusage eines befristeten Bescheides und trotz Bitte an den Bischof, in dieser Sache für ihn zu intervenieren, bisher nichts herausgekommen, ja sogar ein irgendwie gearteter Bescheid innerhalb der zugesagten Frist ausgeblieben sei; e) daß der Bischof ihn und einige weitere Priester ohne Amt aus derselben Diözese mit einer »dreijährigen Frist in der Fremde« zu erschrecken versucht habe. Er habe aber im Gegensatz zu dieser Ankündigung des Ordinarius »weiterhin mit allen Kontakt wie vordem, da ich als Priester im Amte war, und werde von allen als Priester noch akzeptiert«. Deshalb habe er auch dem Bischof die Frage gestellt: »Da sie mit mir, einem von der Amtskirche exkommunizierten Priester verkehren – wollen Sie nicht ebenfalls alle jene exkommunizieren?« Er gibt freilich auch zu: »Sicher gibt es auch andererseits die geringere Zahl jener, die in der Haltung der Pharisäer zur Zeit Jesu an mir vorbeigehen.«

Lustig macht sich dieser Priester in seinem mir übersandten Bericht (aber auch in seinem Schreiben an den Bischof) über die paradoxe Tatsache, daß betagte Kleriker, die ihr Amt gar nicht mehr richtig ausüben können, weiterhin ihren Dienst versehen müssen, daß aber jüngeren Geistlichen der Laufpaß allein deswegen gegeben wird, weil man hartnäckig und starrsinnig am Zölibatsprinzip festhält: »Am 10. 7. 1971 feierte der fast total erblindete Pfarrer T. in E. eine Brautmesse. Bei der hl. Kommunion verschüttete er zuerst die Hostien und schaufelte sie mit den Händen zusammen, dann bei der Braut, weil sie von kleiner Statur ist, wollte er wie-

derholt ansetzend bei der Stirn den Mund finden, um die Hostie reichen zu können – ein Gelächter in der Kirche! Traurig, aber wahr: ›Wir gehen nur noch in die Kirche (Sonntagsgottesdienst), weil es dort lustig zugeht‹, war der Kommentar der Leute aus E. über ihren Pfarrer. Und das ist gewiß nicht ein Einzelfall unter allen betagten Mitbrüdern im Bistum.« Der betreffende Priester weist in diesem Zusammenhang darauf hin, daß sich bei den jüngeren Weihejahrgängen laut Umfragen bis zu 59,5 Prozent über »Belastung mit zu vielen Aufgaben« beschwerten.
Ein österreichischer Priester (Jahrgang 1943, Priesterweihe 1967, »Dezember 1971 wegen Bekanntschaft des Dienstes enthoben. Ich hatte darüber in einer Predigt anläßlich der Bischofssynode eine Bemerkung gemacht... Seit Juli 1972 glücklich verheiratet«) kritisiert denselben, eben behandelten paradoxen Tatbestand: »Manch überalter Pfarrer mußte schon eine zweite Pfarre übernehmen, während in Großpfarreien, in denen sich ehemals zwei Kapläne mit dem Pfarrer um die Menschen sorgten, sich heute nur mehr einer bis zu Magengeschwüren plagt – wenn er nicht schon resigniert hat... Und der ›Nachwuchs‹ wird von Jahr zu Jahr geringer. 1972 gab es in unserer Diözese 2 (in Worten: zwei) Primizianten, die Weltpriester wurden... In einer mir bekannten Pfarre Oberösterreichs sind es innerhalb der letzten fünfzehn Jahre sieben Kapläne, die heirateten oder eine Bekanntschaft pflegen.«
Auch dieser Priester ohne Amt berichtet von Schikanen der Kirche als Folge des Entschlusses von Geistlichen, zu ihrer Liebe zu einem Mädchen zu stehen: »›Das einzige, das ich von der Kirche noch gehört habe, war die Aufforderung, den Kirchenbeitrag zu zahlen‹, sagte mir ein ehemaliger Priester... Kleinere ›streng katholische‹ Kreise versuchen z. B. durch Gerüchtebildung dem ›Ex-Priester‹ das Leben schwerzumachen. Der Schwiegervater eines ehemaligen Priesters verbot diesem, sein Haus zu betreten, ein Pfarrer, diesbezüglich angesprochen, bestärkte ihn eilig: ›Nur nicht hineinlassen!‹ – Aber nicht nur die Priester selbst haben unter Schikanen zu leiden: In zwei Fällen wurde der Braut des Priesters, die im kirchlichen Dienst beschäftigt war, gekündigt bzw. mit allen Mitteln nahegelegt, ›freiwillig‹ zu kündigen. Ein amtbehinderter Priester erzählte: ›Mein Heimatpfarrer hat im Beichtstuhl meine Mutter fertiggemacht! Bis ihr die Tränen gekommen waren, hatte er sie unter Druck gesetzt, sie solle ihren verlorenen Sohn retten.‹ Kein Wunder, wenn selbst der Papst in einer Ansprache die verheirateten Priester mit Judas dem Verräter verglich.« Dabei ist doch »der Vergleich mit einem ehelichen Treuebruch völlig unzutreffend, weil die Ehe ein natürlicher Lebensstand ist, wogegen der Zölibat nur eine gesetzliche Bestimmung darstellt«.

Eine negative Begleiterscheinung des durch das repressive Zölibatsgesetz ausgehungerten sexuellen Bedürfnisses von Priestern kann auch *das mangelnde Gleichgewicht zwischen ihrem Sexualappetit und ihrer Bereitschaft sein, das umworbene Mädchen wahrhaft zu lieben.* In extremeren Fällen muß man sogar davon ausgehen, daß das durch zölibatäre Repression geschürte sexuelle Brennen im Priester zu einem Totalausfall der humanen Liebesfähigkeit geführt hat. Mir liegen Berichte von Mädchen vor, die sich als Opfer dieses Ausfalls empfinden.

So suchte mich nach meinem Kirchenaustritt eine junge Dame auf, die mir folgendes berichtete: Sie habe als Gehilfin der Haushälterin eine Zeitlang im Pfarrhaus ihres Heimatortes gearbeitet; dies, obwohl sie das Abitur habe. Aber sie habe einmal die Atmosphäre eines Pfarrhauses kennenlernen und den auf die Ehe verzichtenden Idealismus von Priestern aus der Nähe beobachten wollen. Den Pfarrer habe sie bald als einen dem guten Essen ergebenen, bequemen, aber auch herrschsüchtigen, jedoch vor der eigenen Schwester, der Pfarrhaushälterin, sich fürchtenden Mann durchschaut. Dagegen sei ihr der junge, ebenfalls im Pfarrhaus wohnende Kaplan recht sympathisch vorgekommen. Die Hauptlast der Seelsorgearbeit habe er zu tragen gehabt, der Pfarrer habe nur »residiert«. Die Übernervosität des jungen Priesters, seine ständigen Streitereien mit dem Pfarrer habe sie seiner Arbeitsüberlastung zugeschrieben. Zu ihr sei er aber immer sehr nett gewesen, sie habe sich gut mit ihm unterhalten können, wie er auch bei der Pfarrjugend beliebt gewesen sei. Auch über seine Frustrationen, ausgelöst durch den »unmöglichen Pfarrer«, habe er sich ihr gegenüber beklagt.

Dann sei ein einsamer Sonntagnachmittag gekommen. Der Pfarrer und seine Schwester waren ausgegangen. Sie sei auf ihrem Zimmer gewesen. Ohne anzuklopfen sei plötzlich der Kaplan hereingestürmt, habe sie aufs Bett geworfen und zu vergewaltigen versucht. Sie sei so erschrocken und überrascht gewesen, daß sie zuerst fast in Ohnmacht gefallen sei und keinen wirksamen Widerstand geleistet habe. Da sie »bis zu diesem Zeitpunkt noch unberührt gewesen« sei, habe sie stark geblutet, sei dann vor ihm weggelaufen, doch er habe sie durch das ganze Pfarrhaus gejagt, bis ihre Blutspur ihn dann endlich zur Vernunft gebracht habe. Er habe sie kniefällig angefleht, ihm zu verzeihen und die Sache nicht zu melden. Er könne sonst keinem Menschen mehr unter die Augen treten.

»Wieder überwog bei mir das Mitleid. Trotz meinem Schock habe ich ihm verziehen.« Sie habe sogar schnellstens aufgewischt, denn der Pfarrer oder seine Schwester hätten ja jeden Augenblick kommen können. Der Kaplan sei nach diesem Vorfall wie ein sanftes, reumütiges Lamm gewe-

sen. Sie habe ihn wie eine Mutter trösten müssen, nicht bloß an diesem Nachmittag, sondern auch später, da er immer wieder auf sein Fehlverhalten zurückgekommen sei. Von den Tröstungen sei man zu Zärtlichkeiten, von diesen zum Geschlechtsverkehr übergegangen. So habe er auf diesem Wege schließlich mehr erreicht als durch das Mittel der Gewalt.
Die sehr mißtrauische Pfarrköchin habe bald gemerkt, daß da etwas zwischen dem Kaplan und ihr »im Gange« war. Sie habe den Pfarrer aufgestachelt, und ihr sei daraufhin gekündigt worden. Aber ihr Verhältnis habe dadurch nicht aufgehört. Sie habe ein Zimmer in einem Hochhaus gemietet, von dem man genau auf Pfarrgarten und Pfarrhaus herabschauen konnte, und mit dem Kaplan ein Zeichen ausgemacht: wenn er sich aus einem Fenster des Pfarrhauses herauslehnen und dabei seine Brille putzen würde, sollte das das Signal für ihr Kommen sein, weil dann »die Luft rein«, d. h. kein Mensch außer ihm im Pfarrhaus sei.
So gehe es eigentlich »bis heute« (d. h. bis zu dem Tag, wo sie mir das erzählte) weiter. Sie liebe »ihren Kaplan« noch immer, aber im Grunde sei ihre Liebe schon Hörigkeit, weil sie nicht von ihm loskomme, obwohl sie inzwischen zu wissen glaube, daß er sie nicht liebe. Es sei bei ihm lediglich ein »Dampfablassen« der »gewaltigen Stauungen und Spannungen«, die in diesem »Nervenbündel« steckten. Er sei ein totaler Ich-Mensch, wobei sein Egoismus vor allem die Befriedigung all seiner sexuellen Wünsche im Auge habe. Sie spiele dabei lediglich das Mittel zum Zweck. Das Leben, das sie außerdem führe, ihre sonstigen Interessen, ihr Wunsch, von ihm, wenn nicht schon geliebt, dann wenigstens geachtet zu werden, interessierten ihn nicht. Gespräche gäbe es eigentlich überhaupt keine mehr zwischen ihnen, obwohl man dafür nicht bloß die kurze Zeitspanne verantwortlich machen könne, die ihnen jeweils zur Verfügung stehe. Er habe ihr auch schon zu verstehen gegeben, daß er sie als Haushälterin nicht zu sich nehmen werde, wenn er eine eigene Pfarrei bekomme, was er in Kürze erwarte: »Das kann meiner Reputation schaden.« Aber sie würden sich »schon irgendwie« weiterhin treffen. Er habe ja das Auto. Sein »rein sexuelles« Denken mache sie psychisch fertig. Als sie sich ihm in der letzten Zeit einige Male verweigert habe (wobei sie positiv werten müsse, daß er nie mehr versucht habe, sie zu vergewaltigen), sei er verbal ausfällig geworden, habe sie eine »Nutte«, »Hure« und »Schlampe« genannt, weil »er als Grund meiner Weigerung nur ein ›Techtelmechtel‹ mit einem anderen Mann anzunehmen imstande war«. Als er sie partout nicht dazu habe bringen können, sich auszuziehen, habe er – auch das ein Zeichen seiner rein sexuellen Denkweise – von ihr verlangt, ihm wenigstens zu erlauben, ihre »Vagina abzutasten«. Er könne

dann genau feststellen, ob sie »was mit einem anderen gehabt« habe. Als sie auch das abgelehnt habe, habe er sich aufs Bett geworfen und in ihrem Beisein onaniert. »Er widert mich an, und ich komme trotzdem nicht von ihm los. Im Grunde ist er wie ein maßlos verwöhnter, irgendwo im Pubertätsalter steckengebliebener Junge«, sagte die gänzlich Deprimierte. – Auch im folgenden Fall löschte der zölibatsrepressiv bedingte Sexualhunger so gut wie total die humane Liebesfähigkeit des Priesters aus. Dieser Fall zeigt auch, zu welchem Zynismus ein Mensch fähig ist, dem die Kirche die Entfaltung seiner Geschlechtskraft unter Verbot gestellt hat.

Ein Student der Germanistik, der in den Semesterferien in einem Betrieb arbeitete und dort seine Freundin kennenlernte, erzählte mir (Er hatte mir in seiner Gymnasialzeit einige Male als Ministrant bei der Messe gedient. Als ihm das sogleich zu Schildernde geschah, erinnerte er sich an mich und berichtete mir davon. Sein nachfolgender Bericht ist fast wörtlich wiedergegeben): »Meine Freundin war in der letzten Zeit sehr verändert. Ich konnte die Möglichkeit nicht mehr ausschließen, daß da ein anderer Mann im Spiel war. Aus ihr selbst war nichts herauszubekommen. Da ich die Möglichkeit hatte, mich in die Telefongespräche von ihr einzuschalten, die sie vom Betrieb aus führte bzw. die von draußen her für sie kamen, tat ich das trotz der Gewissensbisse, die ich dabei hatte. Die Stimme eines Mannes, der mit ihr telefonierte, kam mir bekannt vor. Ich überlegte: Ja, kein Zweifel, es war die des Kaplans R. in C., den ich persönlich kannte, weil er in der Kirche, die ich sonntäglich besuchte, angestellt war und weil ich ihm manchmal in der Jugendarbeit half. Er sagte zu meiner Freundin: ›Du mußt heute abend unbedingt kommen. Ich halte es ohne dich nicht mehr aus. Du willst doch nicht schuld sein, daß ich nicht einmal mehr denken kann, wenn ich dich nicht hier habe.‹ ...

Ich stellte meine Freundin zur Rede, sagte ihr auf den Kopf zu, daß es Kaplan R. sei, mit dem sie sich liebe. Sie war wie vom Schlag gerührt, leugnete es aber nicht. ›Wie hast du ihn überhaupt kennengelernt?‹ fragte ich. Ihre Antwort: ›Du weißt doch, mein Bruder ist Priester, und er besuchte uns, als mein Bruder auf Urlaub war, einige Male. Mein Bruder darf davon natürlich nichts wissen ...‹

Am darauffolgenden Sonntag setzte ich mich beim Gottesdienst ziemlich ostentativ fast unter die Kanzel, so daß mich Kaplan R. bei der Predigt genau sehen konnte. Meine Freundin mußte ihm von mir als Mitwisser ihres Verhältnisses mit ihm erzählt haben, denn mehr als fünfzehn Minuten lang donnerte er in seiner Predigt, den Blick starr auf mich gerichtet, gegen die Heuchler, Pharisäer und Denunzianten, die durch Gerüchte und Lügen die Priester verleumdeten und ihnen das Leben zum Kreuz machten. ›Man sollte diese Typen, einen nach dem anderen, an den Straßenlaternen aufhängen‹, schrie er. Aber die Hölle sei ihnen jedenfalls sicher. Da ich nicht übersehen konnte, daß er mich gemeint hatte, ging ich sofort nach der Messe in die Sakristei und fragte ihn ganz sanft, ob er vielleicht bei seiner Predigt mich gemeint haben könnte. Er bat mich, fast ebenso sanft, zu warten, legte sein Meßgewand ab und ging mit mir auf sein Zimmer in der Vikarie...

In etwa sagte er mir dort u. a.: ›Du mußt die schwierige Situation des zölibatären Priesters verstehen. Wir sind doch fast Freunde, und auch du hast dich mal mit dem Gedanken getragen, Priester zu werden. Aber die Vorstellung, kein Mädchen haben zu dürfen, hat dich davon abgehalten.‹ In der Tat hatte ich mich früher einmal in dem Sinne vor ihm geäußert. ›Versteh mich also richtig‹, fuhr er fort, ›ich brauche ein Mädchen zur seelischen und physischen Entlastung. Ich will es ja weder heiraten noch liebe ich es wie du, obwohl mir Martina natürlich sehr gefällt. Es ist nun einmal passiert, und du solltest mich deswegen nicht verurteilen und auch Martina nicht verstoßen. Ich nehme sie dir ja nicht weg. Spätestens, wenn ich von hier versetzt werde, ist doch ohnehin alles aus.‹...

Mir war ein so komisches Dreiecksverhältnis nicht nach dem Geschmack. Ein Priester, der sich an meinem Mädchen, das ich lieb hatte, abreagieren sollte und der Naiven – sie war neunzehn – Liebe vorheuchelte – nein und nochmals nein. Ich habe mein Verhältnis zu Martina gelöst, war aber nicht heroisch genug, ihr zu verheimlichen, daß dieser Pfaffe sie doch gar nicht liebe. Jedoch: sie glaubte es mir nicht. ›Du willst dich ja bloß an ihm rächen‹, waren ihre Worte zu mir.« –

Denke ich an das fehlende Gleichgewicht zwischen dem Sexualappetit und der Fähigkeit zu personaler Liebe bei Zwangszölibatären, so fällt mir auch jene permanent deprimierte ehemalige Mädchenjugendführerin aus einer Pfarre bei M. ein, die mir, damals Assistent an einer theologischen Fakultät in der Bundesrepublik, unter Tränen eröffnete, sie sei dem geliebten Kaplan unter Hintansetzung ihres Hochschulstudiums in M. in eine andere Universitätsstadt gefolgt, weil er, der in dieser Stadt gerade eine Assistentenstelle bekommen hatte, das so gewünscht habe. Jetzt »treibe« er es zwar weiterhin mit ihr, wenn auch »eher gewohnheitsmäßig-lustlos«, aber um so »intensiver und leidenschaftlicher« mit einigen neuen »Unibekanntschaften«. Seine weiterhin vollzogene »Pflichtübung« ihr gegenüber sei wohl darauf zurückzuführen, daß er »Schuldgefühle« hege, wo er sie doch »hierhergelotst« habe.

Gerade der letzte Fall zeigt auch, daß das hier anhand konkreter Fälle beschriebene fehlende Gleichgewicht zwischen Sexualität und personaler

Liebesfähigkeit zur Entstehung des gar nicht so seltenen *zölibatären Casanova-Typs* führen kann, der, wenn eine gewisse Dosis von Ehrgeiz und Sadismus hinzukommt, auch zum *Don-Juan-Typ* wird. Jeder dieser beiden Typen ist dynamisch, wendig bis windig, spritzig, elegant, gelant und charmant, der Traum vieler Teenager und Twens in der Pfarre, wo er Dienst tut, bzw. im Dekanat, in dem er aus der grauen Schar der anderen Pfarrer und Kapläne – wohltuend fürs weibliche Auge – herausragt. Und auch an der Universität ist er zu finden, als theologischer Assistent, Dozent oder Theologieprofessor, zuweilen auch sozusagen als geistlicher Verwaltungsbeamter im Generalvikariat oder Bischöflichen Ordinariat. Dort ist er der Schwarm der Studentinnen, der weiblichen Angestellten. Sowohl der zölibatäre Casanova- wie der Don-Juan-Typ verfügen über eine überdurchschnittliche erotische Ausstrahlung. Aber während für den einen, den Casanova-Typ, die ständige Abwechslung im sinnlichen Genuß die höchste Lust bedeutet, zählt für den anderen, den Don-Juan-Typ, viel mehr der Wert der Unterwerfung als solcher, die Zahl der sich im willig ergebenden »Jungfrauen«.

Wie viele Hindernisse, seelische Hemmungen, gesellschaftsbedingte Widerstände zu überwinden sind, wenn eine alle Kriterien eines schweren Vergehens erfüllende Affäre eines Priesters wirklich und endlich ans Licht der Öffentlichkeit gebracht werden soll, zeigt der durch die Presse gegangene und von ihr breitgetretene Fall des Pfarrers F. E. aus einem rund 500 Einwohner zählenden Eifeldorf. Wegen fortgesetzter Unzucht mit Kindern und Jugendlichen beiderlei Geschlechts verurteilte ihn die Erste Große Strafkammer des Trierer Landgerichts zu sieben Jahren Freiheitsentzug. Er war für schuldig befunden worden, in seiner Pfarrgemeinde in rund hundert Fällen Kinder und Jugendliche zu unzüchtigen Handlungen gezwungen zu haben. Aber ehe man ihn vor Gericht brachte, konnte er ganze zehn Jahre lang sein böses Spiel treiben, weil niemand es wagte, den katholischen Geistlichen anzuzeigen bzw. gegen ihn vorzugehen.

Die neunzehn Kinder und Jugendlichen im Alter zwischen neun und einundzwanzig Jahren, an denen Pfarrer E. mehr als hundert nachgewiesene strafbare Handlungen begangen hatte, standen unter dem psychosozialen Syndrom einer doppelten Angst: der Angst vor dem Priester, der sie bedrohte und zu Sex und Pornoaufnahmen zwang (Ein Elfjähriger vor dem Trierer Landgericht: Der Pfarrer »richtete es immer so ein, daß er mit einem von uns allein im Schlafzimmer war. Als ich an der Reihe war, schloß er die Tür ab und befahl mir: ›Zieh dich nackt aus.‹ Zuerst wollte ich nicht, aber dann zeigte er mir seine Pistole. Da habe ich getan, was er von mir wollte«), und der Angst vor den im Priester die Autorität der Amtskirche sehenden und fürchtenden Eltern aus einfachem, dörflichem Milieu (Derselbe Junge: »Sogar vor meinen Eltern habe ich es geheimgehalten. Die hätten mir doch nicht geglaubt.«).

Gesichert durch diese doppelte Angst vor ihm, konnte der Pastor seine von ihm meist als »göttliche Handlung« hingestellten sexuellen Gelüste abreagieren: »Mal war der Priester... mit einem Meßdiener in die Badewanne gestiegen, mal hatte er Erstkommunikanten nackt aufs Trimm-dich-Fahrrad genötigt, um sie per Polaroid für die Photosammlung seiner Lieblinge abzulichten. Mal küßte er Ministranten in der Sakristei, mal schubste er sie unvorbereitet ins Bett.«

Die Erwachsenen in der dörflichen Pfarrgemeinde trauten sich ebenfalls nicht, etwas gegen ihren Priester zu unternehmen, denn er »regierte« laut Aussage des Ortsbürgermeisters »wie ein Diktator im Dorf«. Auch als die Geschehnisse in Kirche und Pfarrhaus offenkundiger wurden, wagte es niemand, zur Polizei zu gehen. Der Bürgermeister: »Natürlich haben die Kinder zu Hause erzählt, was der Pastor mit ihnen gemacht hat«, doch: »Wegen der Aussagen eines Kindes, dachten wir, wäre die Polizei nicht gegen einen Pfarrer vorgegangen.« Ein katholischer Dorfbewohner: »Man kann doch eine geweihte Person nicht anzeigen.« Ein Metzgergeselle aus dem Dorf: Er habe den Pfarrer nicht »verraten« können, »weil es sich hier doch um eine Persönlichkeit handelte«.

Auch nachdem der Hauptschullehrer (26) ganz zweifelsfrei den Grund herausbekommen hatte, weswegen die Kinder der fünften bis achten Klasse nicht in die Kirche und nicht zum Religions- und Gesangsunterricht beim Pfarrer gehen wollten, wollten Gendarmerie und zuständiges Landratsamt trotz der ihnen vom Lehrer gemeldeten Generalbeichte der Kinder nicht so recht an die Sache herangehen. Sie begründeten ihre Passivität damit, daß sie »nicht ganz glauben« könnten, »was die Kinder erzählten«. Erst eine entsprechende Beschwerde des Ortsbürgermeisters beim Landrat bewirkte, daß endlich Ermittlungen aufgenommen wurden. Aber auch später, nachdem E. verhaftet worden war, wollten laut Behauptung des Bürgermeisters »viele Gläubige auch da noch nichts gegen den Pfarrer sagen«.

Die kirchlichen Behörden der zuständigen Diözese hatten ebenfalls nichts gegen das Treiben des Pfarrers unternommen. Zwar behauptete der Personalchef des zuständigen Bischofs, »bei den Recherchen vor E.'s Einstellung etwas Nachteiliges nicht erfahren« zu haben, aber der Glaube an diese Behauptung fällt einem schwer. Tatsache ist, daß der aus Ungarn

über Österreich in die betreffende Diözese gelangte Theologe schon in diesen beiden Ländern »ein gewisses Delikt« begangen hatte (laut einer Mitteilung des Erzbischöflichen Ordinariats in Wien an die Kleruskongregation in Rom), daß er 1957 in Linz wegen Unzucht mit drei Jugendlichen zu fünf Monaten Gefängnis verurteilt worden war und daß der um eine Stelle in der Diözese Freiburg ansuchende Priester deswegen dort abgelehnt wurde. Trotzdem wurde E. von dem damals amtierenden Bischof der Diözese ohne Bedenken zum Pfarrer im betreffenden Eifeldorf ernannt, obwohl schon sein Vorgänger auf diesem Posten wegen gleichartiger Neigungen gehen mußte. Des Pfarrers Anwalt rügte denn auch, daß »selbst der Bischof von der Veranlagung« seines Mandanten »gewußt und ihn trotzdem eingestellt« habe.
So ist es auch gar nicht so abwegig, wenn der gerichtlich verurteilte Priester die kirchliche Behörde beschuldigt: »Die Kirche hat mich in meiner Not allein gelassen. Nie haben die zuständigen Stellen einen Versuch gemacht, mich von meinem Begehren zu befreien.« Schuld ist auch irgendwie die Lehre der Kirche. Wird doch von so manchem Kirchenlehrer behauptet, der Zölibat sei ein Riegel, ja ein echtes Heilmittel gegen die ausschweifende, alle sittlichen Dämme wegspülende Sexualität. Dieser Pfarrer glaubte daher, seine – ihm später ebenfalls von den Gerichtsgutachtern bescheinigte – »Hemmungslosigkeit, starke Potenz« und »krankhaften sexuellen Wünsche« durch das Joch des Zölibatsgesetzes zügeln zu können: »Weil ich keine Frau fand, die meine sexuellen Wünsche erfüllen mochte, und weil ich unter meiner Potenz so litt, ging ich zu den Jesuiten, um zu studieren.« Als bereits in der Eifelpfarre eingesetzter und mit seinen sexuellen Schwierigkeiten und Abnormitäten nicht fertig werdender Priester bat er den Nachfolger des Bischofs, der ihn eingestellt hatte, versetzt zu werden. Der Bischof lehnte ab. So kann man die spontane Entrüstung eines Landwirts verstehen: »Die größte Schweinerei hat der Bischof gemacht, wenn er gewußt hat, daß der Pastor so'n Kerl war.«
Nicht nur die Katholiken des Eifeldorfes, vom Verurteilten vor Gericht als »rückständig und dumm« bezeichnet, trifft also die Schuld; auch die kirchliche Obrigkeit kann diesbezüglich nicht von jeder Mitschuld freigesprochen werden. Der Anwalt des Pfarrers: »Was da über all die Jahre passiert ist, hätte einer wachen Öffentlichkeit nicht entgehen dürfen.«
Viel schlimmer als all dies aber ist der der Psyche der Kinder zugefügte Schaden. Der schon erwähnte Lehrer: »Die seelischen Schäden, die der Pfarrer bei den Kindern angerichtet hat, die sind nicht wiedergutzumachen.« Betroffene Eltern vor Gericht: »Der E. hat uns unsere Kinder versaut.«[108]

Ähnliche Affären wie die mit Pfarrer E. beunruhigen die Öffentlichkeit immer wieder von neuem. Die »Struktur« ihrer Aufdeckung oder Enthüllung ist dabei fast stets die gleiche: Immer dauert es relativ sehr lange, bis sie – meist noch durch einen Zufall – ans Tageslicht kommen. Immer ist es die Angst der betreffenden Mädchen oder Jungen, die sie daran hindert, »auszupacken«. Manchmal spielen auch Drohungen und Erpressungen eine Rolle. So im Fall des katholischen Pfarrers E. L. aus D., Bezirk N., in Österreich. Als 1974 durch einen Zufall – ein achtjähriger Meßdiener hatte über das Schmerzen seines »Lulu« (Penis) vor seinen Eltern geklagt und dann auf deren bohrende Fragen hin zugegeben, daß der Pfarrer daran zu heftig gerieben habe – bekannt wurde, daß L. an allen Meßdienern seiner Pfarre seit Jahren Notzuchtsdelikte begangen hatte, stritt derselbe trotz zahlreicher Zeugenaussagen alles ab. Um sich weitere Zeugen und Ankläger vom Halse zu halten, drohte er den weiblichen Kirchgängern mit dem Gericht. »Er ließ anklingen, er werde vor Gericht auspakken, wie es die Frauen getrieben hätten, die jetzt wegen der Buben moralisch so entrüstet tun... Er traf einen wunden Punkt.« Eine Bäuerin aus dem betreffenden Ort: »Ich verurteile die Weiber viel mehr als Hochwürden, die ihm nachgerannt sind und seit Jahren gewußt haben, was los war, und geschwiegen haben.«[109]

Der Pfarrer wurde in Untersuchungshaft genommen und danach in ein Haus für gefallene Priester in L. bei W. eingewiesen, wo er auf seinen Prozeß wartete.

Manchmal drückt man bei Priestern aber auch ein Auge zu. Als der Neffe eines Bischofs in der Bundesrepublik, der bis dahin als Priester und Religionslehrer tätig gewesen war, wegen Verführung minderjähriger Mädchen vor Gericht gestellt werden sollte, gab das Ordinariat eine diese Vorfälle bedauernde Erklärung ab. Der drohende Gerichtsprozeß fand nicht statt. Milde ließ auch der englische Richter Joseph Cautley gegenüber einem 38jährigen Mönch walten, der sein Gelübde widerrufen und ein 15jähriges Mädchen entführt hatte. Da die Mutter des Mädchens, das intime Beziehungen mit dem Mönch zugegeben hatte, vor Gericht erklärte, sie sei mit einer Heirat des Paares einverstanden, verurteilte der Richter den ehemaligen Mönch lediglich zu zwei Jahren Haft mit Bewährung. Die Auflage: Er dürfe das Mädchen bis zu dessen 18. Lebensjahr nicht wiedersehen und ihr ohne Einwilligung der Mutter nicht schreiben. Andernfalls müsse er seine Gefängnisstrafe antreten.[110]

Noch heute nicht beruhigen kann sich eine mir bekannte ältere Katholikin über einen nicht geahndeten Vorfall, der bereits vierzig Jahre zurückliegt. »Ich verurteile Priester nicht, die eine Freundin haben. Das Volk hat dagegen nichts; es weiß sehr wohl, daß das auch Menschen aus Fleisch und Blut sind. Für den Fall von Hochwürden Kaplan I. X.[111] aber fehlt mir jedes Verständnis. Er schleppte Schülerinnen von neun bis elf Jahren in Weekendhäuser und mißbrauchte sie dort. Danach drohte ihm ein Verfahren. Und wissen Sie, was der hinterlistige, freche Kerl sagte? ›Ich habe den Zölibat nicht erfunden, und meine Vorbilder machen es gerade so!‹ Damit war das Verfahren abgeschlossen, er bekam einen ›Verweis‹ und trieb seine Eskapaden weiter. Dies war der Bruder meiner besten Schulkollegin. Als später meine Tochter zur Taufe getragen wurde (ich konnte in die Kirche nicht mitgehen, da ich sehr krank war) und ich nachher das Taufbild sah, stand darauf: ›Getauft von Herrn Hochwürden Kaplan I. X.‹ Ich glaubte, der Schlag trifft mich, da ich doch verlangt hatte, der Pfarrer möge meine Tochter taufen. Als ich dann gesund war, ging ich wie eine Furie ins Pfarrhaus. Erlassen Sie mir, dies niederzuschreiben, was ich denen alles sagte. So ein Lump spendet die hl. Taufe und konsekriert mit seinen dreckigen Händen die Hostie. Das Ende davon – er wurde versetzt. Nur, dort wird er ja dasselbe getrieben haben.« –

Sehen wir von den eben geschilderten Fällen der Verführung Minderjähriger durch katholische Priester ab, so bleibt doch das Problem des Verhältnisses zölibatärer Kleriker zu jenen Mädchen, die das 18. Lebensjahr bereits überschritten haben, in unverminderter Schärfe bestehen. Unter den veränderten gesellschaftlichen Bedingungen der Gegenwart muß die unnatürliche Last des Zölibatsgesetzes der Kirche diese Kleriker heute schwerer bedrücken als je zuvor. Der Säkularisierungsprozeß, im 20. Jahrhundert kulminierend, hat inzwischen auch die die Sexualität und Liebe betreffenden Moralgesetze der Kirche zu weitgehender Irrelevanz verurteilt. Der katholische Pfarrer gerät in die groteske Situation, schon a priori, also vor jedem eigenen Willensakt und unabhängig von etwaigen idealistischen Strebungen, ein ewig Gestriger oder gar Vorgestriger zu sein, weil sein Fuß an die eiserne Kugel des Zölibats geschmiedet ist, während doch der »sexologische Kampf« der Gegenwart bereits um ganz andere Positionen geführt wird, im Rahmen derer sogar die Einehe nur noch als eine von mehreren legitimen Möglichkeiten der Entfaltung personal-erotischen Lebens und Zusammenlebens erscheint. Was damit gemeint ist, hat ein evangelischer Theologieprofessor mir gegenüber (etwa ein Jahr vor meinem Kirchenaustritt) etwas trivialisierend so ausgedrückt: »Ihr katholischen Priester kämpft so verbissen für die Aufhebung des Zölibats und für das Recht, zu heiraten, während für uns Heirat und Ehe selbst schon wieder zum Problem geworden sind und wir in kleineren, elitären Kreisen bereits nach anderen soziologischen Formen der Geschlechterliebe Ausschau halten.« Mit der eben zitierten Aussage, deren innere Berechtigung wir natürlich im Rahmen des vorliegenden Buches nicht zu untersuchen haben, soll die kirchlich verschuldete *anachronistische Clownerie des Zölibatspriesters* angedeutet werden. Johannes Gross hat recht, wenn er der Meinung ist, daß es nicht eigentlich die Art ihrer kirchlichen Bildung noch ihre Priesterweihe, sondern »der Verzicht auf die Geschlechtsfunktion« ist, der die katholischen Geistlichen »aus dem Zeitgeist (und seinen Fortschritten) ausklammert, wo er unwiderstehlich ist«.[112]

Doch dieser Verzicht des Klerus auf die Geschlechtsfunktion, der ohnehin in allen Jahrhunderten mehr beteuert als real vollzogen wurde,[113] fällt dem Priester von heute in einer weit stärker erotisierten und sexuelle Sensationen und Affären medienkommunikativ viel intensiver verbreitenden und ausschlachtenden Umwelt ungleich schwerer als je zuvor. Fast täglich kann der krampfhaft nach Motiven für seinen Verzicht Ausschau haltende Zölibatär in Boulevardblättern oder im Lokalteil seiner Tageszeitung die ihn immer noch mehr verunsichernden Meldungen über Amtsniederlegungen und Eheschließungen von Amtskollegen lesen.

Fast keine Stufe der kirchlichen Hierarchie bleibt von Affären verschont, Kardinäle und Bischöfe nicht minder als der niedere Klerus der Pfarrer und Kapläne. Auch wenn bei den Affären hoher Würdenträger aus vielerlei Gründen das, was wirklich geschehen ist, mit letzter Sicherheit nie an den Tag gebracht wird, sind doch die von der Presse festgehaltenen Umstände in keiner Weise dazu angetan, gerade den jungen, um sein Zölibat ringenden Priester in seinem Verzicht auf die Geschlechtsfunktion zu bestärken: Wenn etwa der auch als Theologe berühmt gewordene französische Kardinal Monsignore Jean Danielou am Nachmittag des 20. Mai 1974 einen Herzschlag erleidet, »gerade als er die Wohnung der Nachtklubstripperin G. S., 24, nach mühsamem Aufstieg in den 4. Stock der Rue Dulong Nr. 56 betreten hatte«; wenn in der Nacht zum 17. Januar 1975 der Bischof von Montauban (Südfrankreich), Monsignore Roger Tort, »gegen 23.30 Uhr im Hausflur einer Pariser Absteige in der Rue du Ponçeau tot aufgefunden« wird und die zwei Dutzend Strichmädchen des Ponçeau-Reviers eisern schweigen, wobei jedoch eine erklärt: »Ich halte die Schnauze, ich will keinen Ärger ...«; wenn in diesem Falle der französische Episkopat eine lakonische Erklärung abgibt: Monsignore Tort, zu einer Prälatentagung nach Paris gekommen, »war nach seinen eigenen Angaben auf dem Wege, einen alten Kriegskameraden aufzusuchen«, jedoch bis heute trotz aller Ermittlungen sich kein Kriegskamerad des Bischofs gemeldet hat, der in der näheren Umgebung der Rue du Ponçeau wohnt – dann wird es der Armee der zölibatären Gottesstreiter schwerfallen, in Kardinal Danielou oder Bischof Tort solidarische Helfer in ihrem Kampf um die Bewahrung der priesterlichen Tugend der Keuschheit zu erblicken. Dies wird um so weniger möglich sein, als in beiden Fällen eine »Mauer des Schweigens bis heute jede ›Enthüllung‹ verhinderte«.[114]

Auch in den folgenden nur summarisch angebbaren Fällen wird sich der Durchschnittszölibatär sagen: »Wenn das sogar unter den großen Tieren passiert...!« Man denke da an Monsignore Giovanni Musante, offizielles Mitglied der geistlichen Familie des Papstes und verantwortlich für die Disziplin des Klerus in der Ewigen Stadt. Er hat keinerlei Verbrechen begangen, hat lediglich geheiratet (oder soll man es als kleinen Widerspruch ansehen, daß er einige Jahre zuvor einen unterirdischen Gang von einem Mönchskloster zu einer von Nonnen geführten Kirche zumauern ließ und so einigen seiner zölibatären Leidensgenossen vielleicht die Freuden versalzte, die er nun genießt?). Aber als echten Widerspruch wird so mancher Pfarrer oder Kaplan die doppelte Moral der Amtskirche bei der Behandlung heiratender Priester werten: Während der Papst seinem Monsignore Musante zu seiner Ehe mit einer zwölf Jahre jüngeren Dame Dispens, Segen und 60000 DM Abfindung gab, wurden und werden teilweise noch »Zehntausende von ›gefallenen Priestern‹ überall in der Welt von ihrer Kirche ›mit unbeschreiblicher Brutalität und heidnischer Grausamkeit‹ (so die deutschen Priestergruppen 1969 in ihrer Zeitschrift) ins Elend gejagt«.[115]

Auch die eine mehr oder minder mütterliche Frau an die Stelle der Mutter Kirche setzenden Prälaten, Bischöfe und Äbte taten nichts Böses, wenn sie mit ihren Partnerinnen aus der kirchlichen Hierarchie »desertierten«. Aber waren nicht sie es, die ein um das andere Mal dem Heer der Pfarrer und Kapläne als Vorbilder in jeder Hinsicht, auch in Hinblick auf das zölibatäre Heldendasein, von der Amtskirche vorgestellt wurden und die auch selber oft genug die Einhaltung der priesterlichen Reinheit schärfstens verteidigten oder gar entsprechende Vergehen ahndeten? Später aber ließen sie ihre zölibatären Untergebenen in unsagbarer Verwirrung zurück. Während z. B. der Weihbischof von Perus Hauptstadt Lima, Mario Renato Cornejo Radavero, 41, »im argentinischen Exil schon längst die Flitterwochen mit der Polizistin Maria, geb. Trevino, genoß«, dementierte noch Petrus Kardinal Landázuri Ricketts alle Gerüchte, daß Radavero heiraten wolle, und des Papstes Hauspostille »L'Osservatore Romano« berichtete »mit tiefem Schmerz« von »seelischen Störungen« des flüchtigen Weihbischofs.[116]

Bei A. R. (57), dem prominenten Benediktinerabt des Klosters S. in Süddeutschland, lautete der offizielle, von ihm selbst in der Abschiedspredigt angegebene Grund seines Ausscheidens: »Gesundheitliche Gründe.« In Wirklichkeit aber hatte sich der Gottesmann bereits einige Monate zuvor, noch während seiner Amtszeit, um eine Stelle als Biologielehrer in Rheinland, der Heimat seiner dorthin zurückgekehrten Sekretärin, beworben und sie auch erhalten. Der Ehe der beiden steht nur noch entgegen, daß des Abtes Partnerin von ihrem Mann noch nicht geschieden ist. Sie: »Sicher, wir« (d. h. der Abt und seine Sekretärin, Anm. d. Vfs.) »glauben an uns. Aber wir können doch gar nicht heiraten, ich bin doch verheiratet. Ich lebe doch in Trennung mit meinem Mann.« Für den Abt freilich haben dessen hohe Amtskollegen mehr Verständnis als für die niederen Chargen im päpstlichen Heer. Während Paul VI. für die aus ihrem Amt ausscheidenden Priester nur diskriminierende Worte wie »Unehre«, »Untreue«, »Abfall« usw. zur Verfügung hat, kommentiert Odilo Lechner, Abt von Andechs und Provinzial der Benediktinerkongregation Bayern, den Fall R.: »Wir haben tiefes Verständnis. Sie sind schließlich Menschen wie wir alle...«[117]
Wir haben hier nicht vor, weitere durch die Presse publik gewordene Fälle »feminogenen« Desertierens von Prälaten, Bischöfen, Äbten und Spitzentheologen aus ihren Ämtern und Positionen eingehender zu schildern: den radikalen Gesinnungswandel oder die plötzlich erwachten Sympathien der Shannons, Heisings, Fattinnanzis, Davis', Hansemanns, Podestás usw. für das andere, das amtskirchlich verachtete Geschlecht, dessen Vertreterinnen auch nach damaligen Verlautbarungen Pauls VI., der diesbezüglich lieber eine Abkühlung des ökumenischen Wärmeklimas zwischen Rom und der anglikanischen Kirche als ein Abgehen von seiner Haltung in Kauf nahm, nicht würdig sind, das »süße Joch« des geweihten Priestertums auf sich zu nehmen. Der Hinweis auf den Fall dieser ehemaligen Kirchenstars sollte lediglich einen weiteren Grund der heutigen sexuellen Verunsicherung des klerikalen Fußvolks, also der Pfarrer und Kapläne, offenlegen. Nur wenige der ehemaligen Spitzenfunktionäre hatten noch während ihrer Amtszeit den Mut, ihrem obersten Vorgesetzten Paul ein offenes Wort entgegenzuhalten. Zu ihnen gehört der vorhin erwähnte Bischof J. P. Shannon der Erzdiözese St. Paul, Minnesota, USA (54), Pressesprecher der nordamerikanischen Bischöfe, der sowohl in der Pillenfrage wie in der Zölibatsproblematik von der offiziellen Linie abwich. In einer Stellungnahme zu »Humanae vitae«, der Pillenenzyklika Pauls VI., gibt er in einem Brief an diesen Papst früher auch von ihm selbst begangene Fehler in der kirchenamtlichen Verkündigung zu: »Un-

gern gestehe ich, daß ich über die Art, wie ich einigen guten Leuten geraten habe, beschämt bin: weil es schlechte Theologie, schlechte Psychologie war und weil es nicht meine ehrliche innere Überzeugung gewesen ist.«[118] Wie viele Bischöfe im Amt müßten dasselbe oder ähnliches gestehen, wenn sie offen zu reden wagten?

6. *Nonnen – Mönche – Priester. Ihr Beziehungsgefüge: ein besonderes Produkt repressiver Sexualmoral*

Selbst kirchliche Verlautbarungen und streng katholische Autoren, die die Wirklichkeit des Klosterlebens nie ganz ungeschminkt darstellen, sprechen heute von einer tiefgehenden Krise und einer katastrophalen Situation der Mönchs- und Nonnenorden. So beklagt beispielsweise die den Orden gewidmete Vorlage der Vollversammlung der Synode der deutschen Bistümer »die zu groß gewordene Kluft zwischen einer klösterlichen Eigenwelt, ihrer Mentalität und ihren Gewohnheiten, und der Welt der Neuzeit«.

Man kann sich in der Tat eine größere Kluft kaum vorstellen. Während ringsum in der Welt ein ganzes Bündel emanzipatorischer, Individuum und unterprivilegierte gesellschaftliche Schichten wenigstens teilweise befreiender Prozesse vor sich ging, erstarrte das Leben in den Mönchsgemeinschaften, mehr noch aber in den Nonnenorden und -kongregationen im Gefolge der immer stärkeren Zentralherrschaft Roms über die Ortskirchen des Orbis catholicus zu einer nur noch aus blindem Gehorsam und devoter Unterwürfigkeit bestehenden Mumie. Kein Wunder, daß junge, einigermaßen aufgeklärte und emanzipationsbewußte Menschen diese Inseln einer längst vergangenen Zeit meiden, so daß auch die Synodenvorlage den ausbleibenden Nachwuchs in den Orden, die Überalterung und Überlastung der noch im Kloster ihren Dienst versehenden Mönche und Nonnen mit tiefer Trauer registriert.

Die Lage der Orden ist – vom kirchlichen Standpunkt aus betrachtet – in der Tat katastrophal, und sie hat sich dadurch nicht wesentlich gebessert, daß im Rahmen und Gefolge der Nostalgiewelle, der Hippiebewegung und der nach Europa gelangenden ostasiatischen Meditationspraktiken auch den Klöstern als romantischen Zeugen der Vergangenheit, als vermeintlichen Oasen der Ruhe, der Entspannung und der Freiheit vom Leistungsdruck eine naiv-unbedarfte, ignorante Sympathie entgegengebracht wird. Zwar haben clevere Ordensmanager nach anfänglichem Zaudern ob der Überfremdungsgefahr durch nichtchristliche Religionselemente den Meditationstrend zu vereinnahmen gewußt, so daß heute praktisch kein größeres Kloster zu finden ist, das seine Tore im Rahmen von Kursen und Exerzitien für meditationswillige »Menschen aus der Welt« nicht weit offen hielte. Aber diese »Weltmenschen«, unter denen sich durchaus auch Jugendliche befinden, haben kaum je Lust, mehr als ein paar Stunden oder Tage in der antiquierten oder gar anachronistischen Abgeschlossenheit der Klöster zu verbringen. Sie verlassen sie nach der kurzen Zeit »geistlicher Erhebung« und »Erneuerung«, ohne je erfahren zu haben, welcher »Geist« in ihnen einmal tatsächlich geherrscht hat bzw. noch herrscht.

Zwar irren jene Kirchenkritiker, die, fixiert auf die allerdings enorme Anzahl sexueller Ausschweifungen von Ordensleuten beiderlei Geschlechts in allen Jahrhunderten, dem Leser den Eindruck vermitteln, die Klöster seien nichts als Stätten ungestörter und ungehemmter Lustbefriedigung gewesen, »Zentren des homosexuellen Verkehrs« wie des heterosexuellen, »reine Bordelle« und Freudenhäuser. Denn nicht der (Un-)Geist sinnentleerter sexueller Ausschweifungen und der damit verbundenen Heuchelei vor dem Kirchenvolk und auch nicht der Ungeist des – wo es vorkam – »süßen Nichtstuns«, des »monotonen Daseins«, der »Einsamkeit« und »Heimlichkeit«[119] waren das Gravierendste. Viel schlimmer wiegt, daß die Klöster jahrhundertelang den *Geist der Anti-Emanzipation* par excellence kultivierten, daß sie bei Tausenden und aber Tausenden gutwilliger Menschen die Persönlichkeit, die geistige Autonomie, den Eigenwillen des Individuums systematisch zerstörten und dies mit dem Segen der Päpste, Bischöfe und Äbte als Gott wohlgefälliges Werk hinstellten.

Nicht die christliche Liebe, nicht einmal die in der christlichen Verkündigung fast stets vor der Liebe rangierende Keuschheit, sondern der unbedingte, schrankenlose Gehorsam war das Stich- und Schlagwort, das den Nonnen und Mönchen stets und überall und oft im wörtlichsten Sinn eingehämmert und eingepeitscht wurde. Was hier Jahr für Jahr, Tag für Tag, Stunde um Stunde verbrochen und zerbrochen, verbogen, liquidiert und vernichtet wurde, wiegt vielleicht in der Endabrechnung der Geschichte, wenn es eine solche gäbe, noch schwerer als die zahlreichen Opfer der entsetzlichen Inquisitions- und Hexenprozesse, die das Konto der christlichen Kirchen so belasten.

Mir liegen einige erschütternde Berichte von Ordensleuten vor, die die These grausamer kirchlicher Machtmanipulation durch das Instrument des christlichen Gehorsamsideals in allen Details zu belegen vermögen. Im Rahmen der Thematik und Zielsetzung des vorliegenden Buches, in dem das Verhältnis von Sexus und anti-emanzipatorisch ausgerichteter kirchlicher Macht auf dem Gebiet des Ordenswesens nur einen Aspekt darstellen kann, muß ich mich auf die Schilderung von ganz wenigen Fällen beschränken. Zur Sprache aber müssen hier diese Fälle kommen, weil die unter dem ideologischen Deckmantel des Gehorsamsideals vollzogene Beschneidung aller individuellen Entfaltungsmöglichkeiten vieler Nonnen und Mönche zweifellos einen wesentlichen Grund für deren geheime sexuelle Exzesse und Perversionen darstellte bzw. weil die allen autonomen Denkens und Wollens beraubten, zu absolutem Gehorsam erzogenen Klosterfrauen dem Welt- oder Ordenspriester keinen Widerstand zu leisten sich trauten, wenn er über sie herfiel – auch wenn ihnen in dieser einen und einzigen Hinsicht gesagt worden war, sie hätten die Pflicht zum Ungehorsam gegenüber den Befehlen des Priesters. Aber der in allen anderen Hinsichten ausgelöschte, ausgerottete Eigenwille, woher sollte er die Kraft hernehmen, in diesem einen Falle zu widerstehen?!

Der Geist des von den kirchlichen Oberen und Oberinnen stets als Gott wohlgefälligste Tugend hingestellten Gehorsams – wie stellte und stellt er sich in Wirklichkeit und konkret dar? Nur die Aussagen von Betroffenen können darüber maßgebend Aufschluß geben. Eine Exnonne, als Ordensschwester fast fünfzehn Jahre hinter Klostermauern lebend, übersandte mir ihre umfangreiche Materialsammlung über die Zustände, die sich im Gefolge der Tugend des Gehorsams in Ordensgemeinschaften einstellen. Ihr Bericht[120] widerlegt alle diejenigen, welche ein entsprechendes Sündenregister der Klöster höchstens für vergangene, entfernte Jahrhunderte anzuerkennen bereit sind. Sie hält auch heute noch daran fest, daß »Gott Menschen braucht in unserer leidvollen Welt, Menschen, die Not und Elend lindern«. Jedoch: Gott braucht ihrer Meinung nach »nicht Opferseelen im kirchlichen Sinne, die durch Fasten, Bußübungen und Abtötungen sich zerquälen, denen durch unsinnige mittelalterliche Regeln das Klosterleben verleidet wird, keine Nummern und billige Arbeitskräfte fürs Kloster!«

Sie erinnert sich »noch gut an einen Exerzitienmeister, der uns acht Tage lang die Demut und Abtötung einhämmerte! ›Was seid ihr denn vor Gott? Ein Kadaver, ein Lehmgebilde, ein Häuflein Dreck, ein Nichts – ja ein Nichts!‹ So überzeugt war dieser Jesuit von unserer Minderwertigkeit. Und man beugte sich weiterhin, beugte sich bei falschen Anschuldigungen; schweigend muß man alles Unrecht in sich hineinwürgen. Man wagt keine Bitte um etwas Notwendiges. Die Selbstverachtung lähmt – klein und erbärmlich kommt man sich vor. Kummer über ein verfehltes Leben ergreift einen...«.

In dieser Atmosphäre sei ihr »das Hochziel versunken, und übrig blieb Minderwertigkeit«. Ständig habe sie sich gefragt, wie sie denn dies alles mit dem Glauben vereinbaren solle, den sie vor dem Eintritt ins Kloster gehabt habe. »Nach Gottes Ebenbild sollten wir erschaffen sein? Da kamen die Zweifel; aber Zweifel, so war uns gesagt worden, ist Sünde. Kein Lichtblick. Ich dachte an die Eminenzen und Exzellenzen und an die ganze hohe Geistlichkeit in ihren Prunkgewändern. Vor ihnen fiel das gläubige Volk in die Knie vor Ehrfurcht. Da stellte ich Vergleiche an, trotz heiligem Gehorsam. Und ich konnte mir beim besten Willen den Herrn nicht im Kreise dieser Geistlichkeit vorstellen. Schon eher bei den Armen und Entrechteten... und bei uns oft so verzagten Schwestern. So zu denken war Sünde, und ich litt darunter.«
Zu welchen absurden Übertreibungen die Anwendung der Gehorsamsregel im Kloster führt, zeigen die weiteren Ausführungen der ehemaligen Nonne: »Die Novizenmeisterin und ihre Gehilfin waren alles andere als Mütter, obwohl wir ›Mutter Meisterin‹ zu ihr sagten. Sie hatten uns in das Klosterleben einzuführen. Streng, kalt und unnahbar waren beide. Die Ordensregel wurde unter so vielen Geboten und Verboten eine Quelle ständiger Verfehlungen. Die geringste Verfehlung war Ungehorsam. Zum Beispiel: man war zu hastig die Treppe hinauf oder hinunter gelaufen, oder man hatte die Tür nicht geräuschlos geöffnet oder geschlossen, die Augen nicht niedergeschlagen usw. Es gab unendlich vieles, was gegen die Regel verstieß. Immer hatte man Angst, von einer Schwester verklagt zu werden. Dabei wurde man zum Nervenbündel, ob man wollte oder nicht. Einmal standen wir vor der Tür der Generaloberin, und eine nach der anderen wurde gerufen. Die Novizin, die vor mir stand, zitterte derart, daß sich das auf mich übertrug und ich auch anfing zu zittern. Ich konnte kein Wort reden, als ich vor der ›Ehrwürdigen Mutter‹ stand. Die ganze Schuld der Novizin war: sie hatte anstatt zwei Unterröcke nur einen angezogen und wurde gemeldet. Ich hatte anstatt zwei Schürzen drei im Gebrauch, eine für die schmutzigsten Arbeiten, eine für die Küche und eine, wenn ich mit den Gästen zu tun hatte oder wenn ich in den Garten gehen mußte. Das alles war Ungehorsam. Durch die seelischen Belastungen und durch meine Krankheit war ich so elend geworden, daß ich zum zweitenmal um meine Entlassung bat, ohne Erfolg.«
Das völlige Fehlen von Nächstenliebe – eine Konsequenz der kleinlichen Auslegung und Anwendung der alles im Kloster beherrschenden Gehorsamkeitsregel – schildert der folgende Passus: »Um diese Zeit hatten wir eine junge Schwester, die auch dauernd verklagt wurde. Wenn sie nun bei Tisch auf dem Fußboden kniete und so traurig ihre Buße betete, ergriff

mich das immer sehr. Sie arbeitete in der Waschküche und hatte eine sehr harte Oberschwester als unmittelbare Vorgesetzte. Wo blieb die Nächstenliebe im Kloster? Es war doch kein böser Wille, oft war es Mißgeschick, oft Mißverständnis und sehr oft der Argwohn der Alten den Jungen gegenüber. Sich entschuldigen oder gar etwas richtigstellen durfte man nicht. Der ganze Mensch bzw. das ganze Selbstbewußtsein wurde so zerstört. Sage mir keiner, man komme so Gott näher, es ist nicht wahr! Ein getretener Mensch wird ein Wrack; er weint nach innen, weil er es nicht zeigen darf, und stöhnt in der Nacht seine Qual in das Kopfkissen. Gott sieht den Jammer – aber helfen? Wie denn? Wir wollten Gott dienen, aber wir dienten einer Institution. Oder irre ich mich... Wenn manche Mutter wüßte, wie es ihrer Tochter geht, sie würde sie herausholen, trotz Schande! Die Tochter, auch in ihrer Not, schweigt im ›Heiligen Gehorsam‹. Eine raffinierte Erfindung! Wer hat schon je sich dieser Wehrlosen angenommen? Warum diese strenge Klausur? Warum dieses unmenschliche Schweigen? – Diese Isolation, wo der Mensch seelisch stirbt? Mit dem Nimbus der Gottgeweihten ist sie umgeben und selbst von den Eltern getrennt – auch innerlich!... Es gibt Mutterschutz und Tierschutz und Umweltschutz und vieles mehr; aber hier in diesen Häusern gibt es keinen Schutz und kein Recht!!! Da gibt es Gottesstellvertreterinnen – das sind heiligmäßige Frauen, gegen die man sich nicht wehren kann und nicht darf. Sie dürfen Menschen zerbrechen...«

Die oberste von allen, die Generaloberin, gab dafür das Modell ab: »Sie war eine hoheitsvolle, unnahbare Frau, wie auf einem Thron sitzend und wir arme Wesen vor ihr kniend – diese hohe Frau hatte kein Herz für unglückliche Menschen.«

Es ist klar, daß Intrigen, Verleumdungen, Denunzierungen, Bespitzelungen, Eifersucht und Neid (Karriere-, Favorisierungs- und Sexualneid) und Sadismus auf der einen, Masochismus auf der anderen Seite sich einstellen müssen, wenn alles darauf ankommt, in den Augen der Oberin als die erste in der Ausübung der Gehorsamspflicht zu gelten. »Es gab da große Unterschiede« in der Hierarchie des Klosters, schreibt diese ehemalige Nonne. »Doch Anspruch auf gerechte Beurteilung bei Verleumdungen sollte jede Schwester haben, denn sie ist doch auf Gedeih und Verderb den Vorgesetzten ausgeliefert. Und hier lag das große Übel in diesem Kloster. Daran zerbrach mein Leben und das anderer... Die Schwestern sind zu rechtlos und schutzlos.«

Schutz- und rechtlos war z. B. eine junge Schwester, die zu Unrecht angeklagt wurde, ein Techtelmechtel mit dem Pfarrer zu haben: »Unter der Oberin D. dort war eine junge Schwester, die das Harmoniumspiel erlernen sollte. Der sehr musikalische Pfarrer gab ihr Unterricht. Nun geschah es, daß sich der Pfarrer, impulsiv eingreifend, auf die Stuhlkante setzte und die Fehler korrigierte. Die Oberin kam dazu und meldete dem Mutterhaus, die Schwester hätte etwas mit dem Pfarrer. Die Schwester wurde ins Mutterhaus geholt, der Makel blieb an ihr hängen – sie war wehrlos. Aber der Pfarrer wehrte sich. Er nannte die Oberin einen Bauerntrampel und anderes. Die Oberin hatte aus Eifersucht die Haupttreppe, die direkt in den Kindersaal führte, abreißen lassen, und alles mußte nun durch den hinteren Eingang gehen, wo sie alles übersehen konnte. Da der Pfarrer den Kindergarten gegründet hatte, ging er nun mal gerne zu dem kleinen Volk. Nach diesem Ereignis kam er nicht mehr.«

Da die Oberin »den Bauerntrampel nicht vergessen konnte«, mobilisierte sie dem Klerus feindlich gesonnene Kräfte, deren »Zeitung die Sache groß herausbrachte – aus einer harmlosen Sache war ein Skandal geworden. Die Oberin wurde versetzt, aber gutmachen konnte das niemand mehr«. Der Pfarrer selbst war »aufs tiefste gekränkt und gedemütigt«.

Im Prinzip ähnlich verlief ein anderer Fall in demselben Kloster: »Wir hatten einen noch jungen Spiritual. Die Schülerinnen himmelten ihn an. Eines Tages verschwand er sang- und klanglos. Wen da die frohe Schar gestört hatte?... Er war ein so froher Mensch, vielleicht doch auch nur ein Mensch!«

Auch im folgenden Fall geht es um Sexualneid bei Ordensfrauen. »Die Oberin machte denselben Fehler wie manch andere: sie wurde eifersüchtig! Sie machte einer jungen Schwester arge Szenen«, weil »der Pfarrer... oft in den Kindergarten kam« und diese dort als Kinderschwester eingesetzt war. Dabei war besagte Schwester »so eifrig und gewissenhaft; wir wußten anfangs gar nicht, warum die Oberin so unzufrieden war mit der Kinderschwester. Sie hatte viele Kinder zu betreuen und war abends wirklich abgekämpft und hätte Ruhe gebraucht. Diese dauernden Nörgeleien machten sie nervös und unsicher, still und traurig. Nachts hörte ich sie oft weinen und nach ihrer Mutter rufen. Ich wagte nichts zu sagen... Einmal lag ein offener Brief auf dem Küchentisch, ob mit Absicht? Es war die Handschrift einer uns bekannten Oberin, und ich hatte keine Bedenken und las den Brief. Darin stand, die Oberin solle doch die Schwester versetzen lassen. Sie könne doch das mit dem Pfarrer nicht dulden usw. Ich ließ die junge Schwester den Brief lesen, sie war außer sich, das ist doch gelogen... Ich beruhigte sie, doch das nützte nichts. Wieder war eine geopfert, solch ein Ruf hat im Kloster schlimme Folgen. Diesen Brief hätten wir dem Pfarrer geben sollen. Schwester T. wurde tatsächlich nach einiger Zeit versetzt... An dem Tag, an dem sie von uns wegging, trafen wir uns... noch einmal, sie weinte ob dieser Verleumdung. Ich habe nichts mehr von ihr gehört.«

Um Sexualneid, basierend auf einer völlig falschen Einschätzung eines harmlosen Ausflugs, sowie um Mißgunst handelt es sich in einem weiteren Fall: »Anfang Mai fuhr die Oberin noch einmal in ihre Heimat. Wir drei Schwestern waren nicht traurig darüber. Wir machten mit den Mädchen des Dorfes und dem Pfarrer einen Ausflug, und ich sagte in ahnungsvoller Stimmung: ›Kinder, wollen wir heute mal recht froh und lustig sein, wer weiß, ob wir noch einmal so zusammenkommen.‹ Als die Oberin wieder da war, fragte sie den Pfarrer, wie wir uns verhalten hätten. (Wenn sie uns gefragt hätte, mit Freuden hätten wir ihr alles erzählt.) Doch eine offene Aussprache gab es nie...

Der Pfarrer sagte, mehr im Scherz: ›Die Schwestern waren recht fröhlich, gar nicht so, wie ich sie sonst kenne – scheinbar führen Sie ein strenges Regiment.‹ Die Oberin war außer sich. Wie konnte man ihr so etwas antun? Sie heulte tagelang; und wir liefen wieder wie verscheuchte Hühner umeinander. So kleinlich war diese Frau! Nun war sie tödlich gekränkt, weil wir einmal froh waren, was man in ihrer Gegenwart ja wirklich nicht konnte... Es spricht schon für die Schwestern, die jede Woche bei dem Pfarrer beichten mußten, daß er keine Ahnung hatte von den – man kann schon sagen – Tragödien, die sich im Schwesternhaus abspielten.«

Obwohl in den Klöstern ständig die »wahre, geistige Liebe« beschworen wird, scheint sie fast kein Vorgesetzter, keine Vorgesetzte für möglich zu halten. Wird doch innerhalb der Klostermauern nichts so aggressiv verdächtigt und bekämpft wie die geistige Freundschaft. Auch darüber weiß die Betroffene ein Lied zu singen: »Ich habe über das Ordensleben geschrieben und wie uns jeder Verkehr mit einer anderen Schwester verboten war. Muß es überhaupt gleich eine Freundschaft sein, im negativen Sinne? Das häßliche Wort von der Partikularfreundschaft tötet auch die reinsten Gefühle; daß sich eine geistige Freundschaft segensreich auswirken kann, findet keine Beachtung. Daß Menschen mit hohen Idealen sich innerlich bereichern und fördern, ist das Freundschaft im negativen Sinne? Es mag auch in den Klöstern Verirrungen geben – doch sie sind bestimmt selten bei soviel Augen, bei solch ständiger Beobachtung! Aber Lieblosigkeit und Unbarmherzigkeit habe ich zur Genüge kennengelernt. Als im Mutterhaus die ewige Anbetung durchgeführt wurde, sagte der Provinzial eines Klosters, der Bescheid wußte: ›Wenn die Schwestern die schwesterliche Liebe mehr üben würden, wäre das Gott wohlgefälliger als die nächtlichen Anbetungsstunden.‹«

Wenn jede menschliche Sympathie und Zuneigung, jeder spontan-natürliche Affekt des Hingezogenseins zum Mitbruder bzw. zur Mitschwester in den Klöstern systematisch verurteilt, verboten und verteufelt wird, muß zwangsläufig eine Atmosphäre entstehen, die man mit Fug und Recht als *religiöse und kollektive Zwangsneurose* bezeichnen darf. Je länger Nonnen oder Mönche in ihrem Kloster leben, desto mehr verschiebt, »ver-rückt« sich der Mechanismus ihrer Reflexe und Reaktionen auf ganz natürliche Vorkommnisse und Begebenheiten. Sie reagieren nicht mehr adäquat. Sie sind besessen von dem vermeintlich höheren oder tieferen, den Weltkindern jedenfalls nicht bescherten Wissen um die Sündhaftigkeit, zumindest aber Oberflächlichkeit und Banalität alles Natürlichen. Das äußert sich bis in die gekünstelte, salbungsvolle Sprache hinein, die keinen einzigen Sachverhalt mehr schlicht auszudrücken vermag. Nicht ohne Grund sind es meist Ordensleute, die – wie auch bei dem jüngsten Exorzismusfall bei Würzburg – junge Mädchen als vom Teufel besessen »durchschauen« und ihn dann dementsprechend mit Hilfe eines abstrusen, mittelalterlichen Beschwörungsrituals austreiben möchten. Wenn man so will: Emanzipation auf kirchlich und unter negativem Vorzeichen!

Wo einerseits alles Natürliche, insbesondere alles, was auch nur entfernt etwas mit dem Körper zu tun hat, pausenlos verdächtigt wird, wo andererseits einem ständig die Verpflichtung eingehämmert wird, alle »schlechten«, »unreinen«, »unkeuschen« Taten, Gedanken, Vorstellungen und Begierden zu vermeiden bzw., wenn begangen, zu beichten, können das Produkt derartiger klösterlicher Indoktrination im Grunde nur verklemmte, gehemmte, realitätsuntüchtige, sich verstellende Menschen sein.

Besonders deutlich zeigte sich mir das immer, wenn Nonnen bei mir beichteten. Im allgemeinen klagten sie sich mit allen Anzeichen heftiger Reue, großer Zerknirschung oder unterwürfigster Demut ganz kleiner Vergehen an, die fast bei allen stereotyp wiederkehrten: der Unaufmerksamkeit im Gebet, der Nachlässigkeit in der Klosterarbeit, der Antipathie einer Mitschwester gegenüber, des Aufbegehrens (»natürlich nur in der eigenen Brust«) gegen Befehle der Vorgesetzten, kleiner Unaufrichtigkeiten usw. Ganz selten war es, daß sie von sich aus einen neugierigen Blick oder gar unkeusche Gedanken und Vorstellungen eingestanden.

Ist der Beichtvater ein einigermaßen normaler Mann geblieben, dann fühlt er sich bei diesen Herzensergüssen sicherlich unwohl, da er ja aus seinem Umgang mit den Menschen »in der Welt« und mit sich selbst weiß, daß echte Schuld ein ganz anderes Gesicht hat und schwereren Kalibers ist. Er wird jedoch bald bemerken, daß man sich so kleiner Dinge nicht mit so großer Demut und Zerknirschung bezichtigen kann, ohne damit mindestens unbewußt einen Zweck zu verfolgen: Die meisten Nonnen haben bereits die kirchlich-klösterliche Verkündigungsstruktur der Verächtlichmachung alles Natürlichen und Leiblichen internalisiert und beichten als außengelenkte, manipulierte Objekte so, als ob die Mutter Oberin, die Novizenmeisterin oder irgendeine andere maßgebende Vorgesetzte allgegenwärtig, zumindest im Beichtstuhl mit anwesend wäre. Und sie möchten ihr mit der Art ihrer Beichte gefallen, dies auch deshalb, weil sie ja nicht ganz sicher sind, ob der Beichtvater nicht doch mal indirekt ein Wörtchen über sie der Oberin gegenüber verlauten läßt. Deshalb versuchen sie mindestens unbewußt den Eindruck zu erwecken, als ob die Subtilität und Zartheit ihres Gewissens als Folge der Verinnerlichung der Befehle der Vorgesetzten schon so weit gediehen seien, daß sie bereits hoch erhaben »über allem Irdischen schweben«, daß der Leib für sie gar nicht mehr existent ist.

Gerade die allseitige (also, wie hier in der Beichte: auch sprachlich-verbale) Unterdrückung des Leiblichen und Geschlechtlichen durch die ganze Skala klösterlich-pädagogischer Methoden muß dazu führen, daß die angestaute Vitalenergie sich anderweitig ein Ventil schafft und in Aggressivität unterschiedlichster Form umschlägt. Die im eigenen Innern so krampfhaft unterdrückte erotisch-sexuelle Vorstellungswelt – man versucht, sie als enthemmt und zügellos bei den Mitschwestern zu entlarven. Jedes, auch das schwächste Symptom eines leiblichen Affekts in ihnen wird als Beweis der Richtigkeit des eigenen Verdachts gewertet und als solcher der Oberin mitgeteilt. Ein Spießrutenlaufen für die beschuldigte Nonne beginnt. Verdächtigt wird auch beim kleinsten Anlaß der Ordens- oder Diözesanpriester, der abkommandiert worden ist, im Kloster die Messe zu lesen, die Beichten der Nonnen entgegenzunehmen, als Exerzitienmeister zu fungieren oder als geistlicher Rektor ständig im Ordens- oder Kongregationshaus der Schwestern zu wohnen.

Aus Mitteilungen solcher Priester wie auch aus eigenen Erkenntnissen (ich war zwei Jahre lang Rektor eines von Nonnen geleiteten Mädchenpensionats und wohnte außerdem als Zelebrationspriester wiederum zwei Jahre lang in einem Nonnenkloster) weiß ich, daß die Unterdrückung des körperlich-seelischen Elements zugunsten eines asketisch-rigorosen Geistideals in den weiblichen Orden und Kongregationen Ergebnisse zeitigt, die man andernorts nicht für möglich hält.

Schülerinnen, die sich in von Nonnen geleiteten Pensionaten an den Hausgeistlichen mit ihren religiösen oder weltanschaulichen Problemen wenden, werden verdächtigt, den Priester in Versuchung führen zu wollen oder gar ein Verhältnis mit ihm zu haben. So mancher wurde deswegen mit Nichtversetzung in die höhere Klasse gedroht, so manche mit den kleinen Schikanen des Schulalltags fertiggemacht.

Ein Priester verbot den Schülerinnen schweren Herzens, ihn weiterhin zu konsultieren, und bat das Generalvikariat, ihn zu versetzen. Er konnte es nicht länger ertragen, ständig unter Beobachtung zu stehen. »Wenn ich mit einer Schülerin im Empfangsraum sprach, passierte es ständig, daß die Tür, ohne anzuklopfen, aufgerissen wurde und eine Nonne hereinglotzte, um zu sehen, ob das Mädchen schon auf meinem Schoß sitzt. Ging ich in den Klostergarten, dann versteckten sich stets ein paar Nonnen hinter Sträuchern und Bäumen, weil sie glaubten, ich hätte ein Rendezvous mit einer von ihnen oder einer Schülerin. Ein paarmal passierte es mir, daß ich, meine Dienstwohnung im Kloster verlassend, auf Nonnen stieß, die durchs Schlüsselloch geguckt hatten. Dabei hätte jede von ihnen ganz gern mit mir verkehrt. Nur den anderen gönnten sie mich nicht!«

Dabei sind Ordensschwestern selbsredend »von Natur« nicht besser, aber auch nicht schlechter als andere Erdenbürger. Nur die institutionalisierte repressive Sexualmoral in den Klöstern macht die Mehrzahl von ihnen zu neidischen, mißgünstigen, gefühlskalten, aggressiven bzw. wehleidigen, schadenfrohen und verbitterten Marionetten. Von dieser Basis aus wird aber auch der »Umschlag des Phänomens« plausibel: Vor allem jüngere Nonnen, in denen das »Vitale und Hormonale« noch nicht erloschen ist, fallen fast widerstandlos um, wenn ein »Tröster« auf der Bildfläche erscheint. Der Tröster ist meist ein Priester oder Mönch, weil diese vornehmlich die Möglichkeit zu Kontakten mit den Ordensfrauen haben. Da sie die frustrierende Klosterpsychologie und -pädagogik kennen, vermögen sie sie auch am besten zu kritisieren und den deprimierten Nonnen wieder Mut einzuflößen. Daß vor diesem Hintergrund auch eine ganz persönliche Sympathie für den »Tröster« entstehen kann und tatsächlich oft entsteht, ist nicht mehr als natürlich.

Eine Nonne schilderte mir folgenden Fall: »Mutter Oberin erklärte mir, daß sie mich ausersehen habe, den Altar in der Pfarrkirche herzurichten, weil der Küster durch Krankheit ausgefallen sei und der Pfarrer darum gebeten habe. Ich war froh, auf diese Weise der düsteren, todernsten Atmosphäre unseres Hauses von Zeit zu Zeit zu entkommen. Fast immer, wenn ich in Sakristei und Kirche zu tun hatte, kam auch der junge Kaplan hinzu. Wir wechselten ab und zu ein paar Worte, später kam es zu längeren Unterhaltungen. Wir entdeckten gemeinsame Interessen, die ich früher gehabt hatte und die inzwischen durch den Klostertrott fast völlig verschüttet waren. Der junge Kaplan erschien mir wie ein Symbol dafür,

daß das Leben noch lebenswert und ich noch keine alte, verknöcherte Jungfer war (ich war zu der Zeit 34 Jahre alt). Als er mich umarmen und küssen wollte, wehrte ich mich nicht eigentlich dagegen, sondern weil er doch mindestens fünf Jahre jünger war als ich. Ein paar Tage ging er mir daraufhin aus dem Weg, er verspottete mich sogar vor den Meßdienern: ›Seht, da kommt die Braut Christi‹, oder: ›die Gottgeweihte‹. Ich wußte, daß er es nicht so meinte. Den eigentlichen Grund kannte ich ja. Als ich ihm dann doch wieder mal allein begegnete, war es auch für mich zu schwer, ihm nicht zu sagen, daß ich ihn sehr sympathisch fände und mich nur zu alt für ihn hielte. Das hatte sofort Konsequenzen: Er drückte mich an sich, fast wäre es in der Sakristei zum Akt gekommen.
Ich empfand damals wieder, was jung sein heißt, denn ich war nach dem Tode meiner Eltern schon mit siebzehn ins Kloster gekommen. Ich fühlte mich so glücklich, daß die Mitschwestern und Mutter Oberin aufmerksam wurden. Kunststück, inmitten all der so verschlossenen und bitterernsten Mienen! Bald kamen Pfarrer und Oberin hinter das Geheimnis, da auch der Kaplan ihnen verändert erschien und wir uns ja noch weiter trafen. Dann holte man zum Schlage aus. Erster Schlag: Eine andere Schwester hatte jetzt den Altar zu schmücken. Ich durfte das Kloster nicht mehr verlassen. Zweiter, noch ärgerer Schlag: Ich erfuhr auf Umwegen, daß mein Kaplan versetzt worden sei, ›hinaufversetzt‹, wie es zynisch hieß, weil er zwar Pfarrer geworden war, aber am anderen Ende der Diözese und in einem kleinen, weltabgelegenen Ort. Ich habe nichts mehr von ihm gehört.
Heute bin ich zwanzig Jahre älter, immer noch im Kloster (wo hätte ich auch, da ich keine näheren Verwandten habe, hingehen sollen?!) und zehre immer noch von dem einzigen großen Augenblick meines Lebens, den ich damals erlebte. Trotzdem fühle ich mich noch glücklicher und erfüllter als meine Mitschwestern, die so steril sind, weil sie so etwas nie erfahren haben oder immer unterdrücken mußten!«
Es erübrigt sich wohl, noch eine Reihe weiterer, mir vorliegender »Bekenntnisse« von Nonnen vorzustellen, die – im Prinzip alle ähnlich gelagert – das Umschlagen der frustrativ-repressiven Atmosphäre des Klosters in eine Hingabe (oder Preisgabe) an einen den schwachen Punkt gezielt angehenden oder ausnutzenden »Tröster« und »Retter« schildern. Es geht letztlich auf das Schuldkonto der Kirche, wenn diese Frauen, an sich wertvoll wie jede andere Frau, gänzlich unvorbereitet und ungerüstet in Liebeserlebnisse hineintapsen, weil sie im Kloster nicht nur nie darüber aufgeklärt wurden, sondern weil ihnen diese fundamentale Dimension ihres Menschseins systematisch suspekt gemacht und verleidet wurde.

Natürlich finden sich auch clevere Don-Juan-Typen unter den Priestern, in Theologenkreisen übrigens »Nonnenhengste« genannt, die sich die sexologische Unbedarftheit von Ordensfrauen zunutze machen. Tragödien dieser oft total unterdrückten Frauen, die sich in einen Geistlichen, der nur den Sex, nicht den Menschen sucht, verlieben, Tragödien aber auch als Resultat der Aufdeckung einer Liaison, die kaum je die Chance hat, verborgen zu bleiben, weil das fast lückenlose Beobachtungssystem innerlich frustrierter und deshalb neidischer Mitschwestern im Kloster optimal funktioniert – wer wollte all diese Tragödien beschreiben, ohne trotz erdrückenden Tatsachenmaterials in den Ruch zu kommen, Unwahrheiten zu erzählen, weil fernab von den Augen der Öffentlichkeit hinter den Mauern der Klöster Dinge passieren, die dem emanzipationsbewußten Menschen unserer Tage aberwitzig erscheinen müssen.

Daß aber auch Insider, wenn sie sich nicht in nebulosen Theorien über das Leben im Kloster verlieren, sondern hart an den Tatsachen bleiben, zu Urteilen gelangen, die dem Nichteingeweihten wenig glaubhaft erscheinen, zeigt das Buch des kritischen, aber überzeugten Katholiken Fritz Leist. Er bringt den Bericht einer Exnonne, die mit fünfzehn Jahren in ein Kloster der Franziskanerinnen kam und es dort neun Jahre aushielt. Der Bericht bestätigt unsere obigen Ausführungen: das Lavieren eines jungen, naiven Menschen innerhalb der Dialektik der Sexualverbote einerseits und des heimlichen erotischen Kontakts andererseits, der im Rahmen der repressiven Kirchen- und Klostermoral nur als Sünde, als »böse Lust« gelten kann.

»Da wir in einem Kloster waren, wo ein Seminar für Priesterkandidaten war, gab es viele Priester und Theologiestudenten. Es wurde uns immer wieder gesagt, daß wir nicht mit den Priestern, zumal mit Studenten und Seminaristen, sprechen dürfen. Trotzdem gab es heimliche Kontakte zu ihnen. Diese Beziehungen durfte niemand erfahren, weil sonst die Betreffenden entweder versetzt oder entlassen wurden... Außerdem habe ich im Kloster gehört, daß Gott schöne Frauen haben will. Ich muß zugestehen, daß ich diesen Ersatz durch einen Mann im Kloster gesucht habe. Ich hatte freundschaftliche Beziehungen zu den Seminaristen, besonders aber zu den Priestern. Schon im ersten Jahr im Kloster wurde ich von einem Priester umarmt und mit Medaillen verschiedener Heiliger beschenkt. Ich freute mich über die Geschenke, aber durfte von dieser Beziehung niemand erzählen. Ich wußte nämlich, wenn die Schwestern diese Beziehung erfahren würden, würde ich entlassen. Dieser Priester sagte mir, er habe mich gern als sein Kind... Wir haben ziemlich oft Briefe gewechselt. Er hat mich getröstet. Er schrieb mir, sollte ich in Versuchung kommen, das Kloster zu verlassen, muß ich daran denken, daß ich von Gott von tausend anderen Mädchen ausgewählt und berufen sei. Ich solle Gott treu bleiben... Dieser Priester schrieb mir auch, daß ich ein schönes Mädchen bin, schöne Augen habe, schön gewachsen bin, und ich kann stolz sein.«

Später verliebte sie sich in einen Studenten. »Er hat mich manchmal angerufen, aber ich konnte ihm nicht sagen, was ich fühle, weil meine Oberin immer anwesend war. Er war Theologe, hatte aber das Kloster verlassen... Allmählich wurde er mir langweilig.«

Dann lernte sie einen älteren Priester kennen, »der bei uns Schwestern einmal Besuch gemacht hat... Zweimal hat er mir geschrieben, wie er von mir träumt, auch sexuell. In einem Brief schreibt er mir, er komme in einem Monat wieder, und ich solle ein Zimmer irgendwo finden, wenn auch im Hotel, wo wir... uns lieben können. Ich habe ihm gesagt, daß es so nicht geht. Er lachte. Auch hat er mir gesagt, wenn ich aus dem Kloster austrete, würde er auch austreten... Für diesen Priester habe ich nichts gefühlt. Wenn er Schwestern besuchte, wurde ich oft unruhig. Ich durfte mit ihm allein nicht in einem Zimmer sein. Er versuchte, mich zu küssen und zu streicheln und legte einmal meine Hand auf sein Glied, das ich nicht sehen wollte, weil ich mich schämte«.

Einen anderen Fall »erlebte ich mit einem Priester von etwa vierzig Jahren. Ich wurde von ihm am Abend in einem Garten vor dem Kloster angegriffen, ohne daß wir uns kennengelernt haben... An dem Abend umarmte er mich und erlaubte mir nicht, schlafen zu gehen, er wollte, daß wir die Nacht zusammen verbringen. Er streichelte mich, meine Brüste und meinen Körper, ungefähr nach einer halben Stunde des Kampfes bin ich geflohen. Am nächsten Tag sah ich ihn in der Kirche. Er hielt die Messe... Später ist dieser Priester ausgetreten, weil er mit einer Schwester ein Kind gehabt hat.«

Noch mit einem weiteren Priester »habe ich ähnliches erlebt. Ich habe in einer Pfarrei meinen Urlaub verbracht und den Priester kennengelernt... Einmal wurde ich von ihm in sein Zimmer eingeladen. Er wollte mir ein Buch geben... Es war keine Rede vom Buch. Er hat mich angegriffen und gegen die Wand gepreßt und mich geküßt. Er wollte mit mir ins Bett gehen, aber das geschah nicht. Er flüsterte, er liebt mich, er gibt sein Leben für mich, ich soll sein werden...«

Die ständige Einimpfung eines Sündenbewußtseins durch die Vorgesetzten konnte diese Nonne auf die Dauer nicht ertragen. »Wenn ich aber im Kloster jemand hatte, mit dem ich befreundet war, kam ich in Konflikt mit meinem Gewissen, weil ich wußte, ich muß im Kloster auf diese Freuden verzichten. Ein solches Leben wäre aber sehr trocken. Ich habe diese Beziehungen als kleine Sünde betrachtet und in der Beichte ausgesprochen! Ich dachte, ich darf nicht lieben... Diese sogenannten schlechten Gedanken habe ich in der Beichte bekannt. Erst nach der Beichte war es schwierig, weil mir der Pfarrer sagte, daß ich am Rand des Untergangs stehe... Ich habe meiner Provinzoberin geschrieben, daß ich das Kloster verlassen will. Meine richtigen Gründe waren Einsamkeit und Unzufriedenheit im Kloster... Ich fühlte mich im Kloster nicht ausgefüllt, und ich suchte jemand, der mir diese Fülle geben kann. Ich habe ihr geschrieben, daß ich gerne eine Familie haben möchte. Das entspricht doch einer Frau. Später habe ich gehört, daß sie den Brief einigen Schwestern gezeigt hat, die über den Inhalt gelacht haben. Es war ihnen lächerlich, was ich ganz natürlich finde...«

Diese Schilderung, die, wie gesagt, im Buch eines Katholiken wiedergegeben ist,[121] wurde lediglich angeführt, um zu verdeutlichen, daß auch Insider, in denen der Wahrheitswille und der Gerechtigkeitssinn gegenüber repressiven Mechanismen stark genug sind, kein anderes Mittel zur Veränderung dieser Verhältnisse sehen als das der schonungslosen Aufdekkung. Aus den mir selbst zugänglichen Berichten von Nonnen soll im folgenden nur noch ein einziger Fall zur Sprache gebracht werden, weil er deutlicher als der von Leist angeführte zeigt, daß die mangelhafte, meist aber überhaupt nicht existente Sexualaufklärung im Kloster und der Gesamtmechanismus der dort wirkenden Strukturen einer repressiven Sexualmoral die Nonnen zwangsläufig auch dann noch zur Rolle *ausgebeuteter Opfer* verurteilen, wenn sie sich mit einem priesterlichen Partner einlassen, der ja, auch als sexueller Unterdrücker, wiederum ebenfalls ein Opfer dieser Moral bleibt.

Die Nonne U. P. war eine der jüngsten im Kloster, und die Mutter Oberin hatte sie beauftragt, das Zimmer des im Kloster wohnenden, sein Zweitstudium an der nahen Universität absolvierenden Priesters aufzuräumen und ihm die Mahlzeiten zu bringen. Sie habe, berichtete sie mir, sich nichts dabei gedacht, wenn sie den Aufenthalt in seinem Zimmer stets auszudehnen trachtete, ihn in Gespräche verwickelte, ja sogar, wenn sie am Abend ihre Harfe brachte, um ihn mit ihrem Spiel zu erfreuen. Etwas Sexuelles habe sie nie im Sinn gehabt, im Gegenteil, sie habe diesen Priester als etwas ganz Reines, Heiliges betrachtet und sich ihn zum Vorbild bei Versuchungen des Fleisches genommen.

Als die Mutter Oberin eines Tages zu Exerzitien ins Mutterhaus gefahren sei, sei dieser Priester zu ihr, die gerade auf dem Harmonium gespielt habe, in die Klosterkapelle gekommen und habe ihr barsch, ganz im Gegensatz zu seinem sonstigen Benehmen, befohlen, auf sein Zimmer zu kommen. Dort habe er mit ihr koitiert, ohne daß ihr das Ganze überhaupt richtig zum Bewußtsein gekommen sei. »Nachdem er sich abreagiert hatte, war er wieder ganz normal. Er bat mich, die ich noch völlig benommen war, ihn doch nicht an die Mutter Oberin zu verraten.« Das hätte sie ohnehin nicht tun können, weil sie ihn trotz dieser Szene weiterhin sympathisch gefunden habe. Sie habe ihm lediglich gesagt, daß ein Ideal in ihr zerbrochen sei und sie so etwas Abscheuliches von seiner Seite her nie erwartet hätte. Er habe ihr versprochen, es nie mehr zu tun, nur verlangt habe er, sie noch einmal, zum letztenmal, küssen zu dürfen, was sie ihm auch erlaubt habe.

Etwa eine Woche lang hätten sie dann kein Wort miteinander gewechselt. Wortlos habe sie ihm das Essen aufs Zimmer gebracht, und wenn sie es aufzuräumen gehabt habe, sei er hinausgegangen. Aber in ihr sei etwas sehr Merkwürdiges vor sich gegangen. Sie habe sich, je länger sie an das Geschehene zurückgedacht habe, allmählich immer mehr danach gesehnt, von ihm geküßt und geliebkost zu werden. Bis sie es nicht mehr ausgehalten und ihn gebeten habe, sie zu küssen. Er habe gerade an seinem Schreibtisch studiert, habe abgelehnt mit dem Hinweis, daß er keine Zeit habe und daß man sich doch gesagt hätte, es sei aus, es habe keinen Sinn. Daraufhin habe sie ihn gebeten, ihn doch küssen zu dürfen, er könne ja dabei weiterstudieren. Gnädig, aber ohne irgendeine Gefühlsanwandlung habe er es ihr schließlich erlaubt, mit dem Zusatz freilich, sie dürfe das nie mehr wiederholen.

Sie habe dann, innerlich vollkommen deprimiert und enttäuscht, die Geschichte einer älteren Mitschwester, zu der sie Vertrauen gehabt habe, erzählt. Die habe das Verhalten des Priesters mit Empörung und dem Urteil »Männer sind so!« quittiert, habe auch von sich aus diesen Priester zur Rede gestellt, wobei sie ihm jedoch versichert habe, sie werde die Sache nicht weitermelden.

Als sie selbst dann wieder dem Priester begegnet sei, habe er sie mit den häßlichsten Ausdrücken bedacht, habe sie hin und her geschüttelt, ja sogar schlagen wollen. Als sie dann hilflos geweint habe, habe er sie plötzlich wie verrückt geküßt und sei wieder über sie hergefallen. Widerstandslos, im Widerstreit zwischen Verachtung für ihn und Nochverliebtsein in ihn, habe sie alles über sich ergehen lassen.

Dann sei der Tag gekommen, an dem ihr ganz klar geworden sei: »Dieser Mann liebt mich nicht. Er ist ein reiner Egoist.« Bei ihr sei die Menstruation ausgeblieben, sie sei zu ihm gegangen, habe ihm das gesagt und ihn gebeten, sie zu heiraten. Sie würde aus dem Kloster austreten, und er solle doch auch die entsprechenden Konsequenzen ziehen. Aber er, leichenblaß, habe sie eine Hure geschimpft und ihr befohlen, abzutreiben. Er habe ihr auch sofort eine Abtreibungsadresse aufgeschrieben. Er jedenfalls werde sie nie heiraten und halte es für möglich, sogar sehr wahrscheinlich, daß sie auch mit anderen Priestern schon Verkehr gehabt habe, nachdem sie ja ihm gegenüber so wenig Widerstand geleistet habe. Gott sei Dank sei dann einige Tage später doch noch die Monatsblutung gekommen. Dieser Priester, ja »im großen und ganzen alle Priester«, seien für sie erledigt gewesen. Im Kloster sei sie geblieben, weil sie ja jetzt wüßte, wie es den armen Ehefrauen ergehe.

Auf einem kirchlichen Kongreß, an dem auch Nonnen teilnahmen, habe ich, damals noch katholischer Priester, diese Nonne kennengelernt. Wir haben halbe Nächte lang in kleineren Gruppen über die offiziellen Veranstaltungen hinaus miteinander diskutiert. Dann kam sie eines Tages – der Kongreß dauerte fast eine Woche – zu mir und bat um ein Gespräch unter vier Augen. So erfuhr ich also von diesem Fall. Ich habe mir damals Namen und Adresse des in ihn verwickelten Priesters geben lassen und mit ihm ein Treffen vereinbart, das auch zustande kam. Aus seiner Sicht stellte sich der Vorfall natürlich ganz anders dar. Er beteuerte, sehr, sehr lange mit der Versuchung in Gestalt dieser Nonne innerlich gekämpft zu haben. Als die Schwester Oberin dann weggefahren sei, habe er gewußt, daß er sich jetzt, ohne das Auge des durch sie verkörperten Gesetzes, nicht mehr werde beherrschen können. Er habe noch die Oberin nachdrücklichst gebeten, nicht zu den Exerzitien zu fahren. Es habe nichts genützt, was für ihn ein Beweis gewesen sei, daß der Teufel ihn hier zu Fall bringen bzw. daß Gott ihn um eine negative Erfahrung reicher machen wollte, um ihn demütiger werden zu lassen. Daß er die Nonne, obwohl er sich doch mit ihr eingelassen habe, nicht geheiratet habe, sehe er trotzdem als etwas Positives an: Schließlich wisse er im tiefsten um die Unabänderlichkeit seiner priesterlichen Berufung, die auch durch gelegentliche Fehltritte nicht außer Kraft gesetzt werden könne. Wenn hier überhaupt einer eigentliche Schuld trage, dann sei es die Kirche, die nun einmal die Möglichkeit, zu heiraten und trotzdem Priester zu bleiben, kategorisch ausschließe. Da für ihn Punkt A, also das Priestertum, feststehe, könne es sich – wiederum in bezug auf ihn – nur darum handeln, Punkt B, also die Ehe, für immer aus dem Rahmen seiner Erwägungen auszuschließen. Das bedeute aber nicht, daß er sich die Sache leichtmache. Er habe schon schrecklich darunter gelitten, daß er eine Gottgeweihte, die obendrein bereits die ewigen Gelübde abgelegt hatte, hereingelegt habe. Aber er glaube andererseits, daß Gott ihm das längst vergeben habe.

Alle Affären in Klöstern kann man selbstverständlich mit dem Argument bagatellisieren, es handle sich dabei lediglich um Ausnahmeerscheinungen. Mit diesem Argument läge man – rein quantitativ gesehen – nicht einmal falsch. Denn die Anzahl von Männern, mit denen im Kloster lebende Frauen Kontakt bekommen können, ist gering: Es sind der Priester, der Hauswart, der Gärtner, der Handwerker, der Elektriker und der Installateur. Mit ihnen dürfte die »Kategorientafel« männlicher Wesen, die im Frauenkloster leben oder dort Eingang finden, schon erschöpft sein. Viel gravierender ist der qualitative Aspekt: die Tatsache, daß die kirchliche Institution als solche die universale Sehnsucht der Frau, also auch der Nonne, nach dem sie ergänzenden Mann (die ja der universalen Sehnsucht des Mannes nach der Frau entspricht) von vornherein einkalkuliert und auf diese Sehnsucht antwortet, indem sie sie verfremdet und pervertiert. Die sublimierende, in Wirklichkeit aber hinterhältig berechnende Antwort der Institution auf die Gefühlswelt der Nonne lautet: »Ihr habt einen Bräutigam im Himmel, Jesus Christus, der größer und erhabener ist als irgendein Mann, den ihr kennt oder je kennenlernen könntet. Ihm sollt ihr total gehören.« In diesem »Christi Braut sein« aller Nonnen liegt die Wurzel der schwülen erotischen Mystik, die in vielen Frauenorden zu Hause ist und die jene Exzesse hervorgebracht hat, von denen die Sexualgeschichten des Christentums[122] haufenweise berichten: Die sexuelle Vereinigung von Nonnen mit Christus, das sich von ihm schwanger Fühlen, das Schwellen ihrer Brüste, um das Jesuskind mit ihrer Milch zu nähren, das Lecken der (eingebildeten) Vorhaut Christi usw.
Die Kirche hat dieser fast allgemeinen Christusneurose von Nonnen offiziell Vorschub geleistet. Zwar hat sie die Idee der Gottesbrautschaft nicht erfunden. Wir finden sie schon im alttestamentlichen Judentum, noch stärker im antiken Mysterienwesen; mehr oder minder ausgeprägt ist sie in zahlreichen anderen Religionen anzutreffen. Das Neue Testament spielt ebenfalls auf sie in Form der Christusbrautschaft an (Math. 25, 1–13; Joh. 3, 29; Eph. 5, 22–32 zum Beispiel). Aber die Gottes-, präziser gesagt Christusbrautschaft der Nonnen wurde von der Kirche systematisch ausgebaut und gefördert. Die Nonnen werden von ihr offiziell zu Bräuten Christi geweiht. Bei dieser Konsekration geht es zu wie bei einer Eheschließung. Der Bischof weiht für die Nonnen Brautschleier, Ring und Kranz und verhüllt sie mit dem Schleier, um ihre totale und exklusive Hingabe an Christus zu symbolisieren. »Er hat sein Zeichen auf mein Antlitz gedrückt, damit ich außer ihm keinen Geliebten erkenne ... mein Gott Jesus Christus hat mich als seine Braut mit dem Kranz geschmückt«, singt der Chor. Und der Bischof betet: »... bei Wahrung des hochzeitli-

chen, über dem heiligen Ehestande ruhenden Segens, sollte es dennoch erhabenere Seelen geben, welche die leibliche Gemeinschaft, die Mann und Frau eingehen, verschmähten, aber das Geheimnis erstrebten, das sie in sich begreift, welche nicht nachahmen würden, was in der Ehe geschieht, aber ihre ganze Liebe dem Mysterium schenkten, das durch die Ehe angedeutet wird. Erkannt hat ihren Urheber die ewige Jungfräulichkeit, und nachstrebend der Unversehrtheit der Engel, weihte sie sich der Brautkammer dessen, der so ewiger Jungfräulichkeit Bräutigam ist wie auch ewiger Jungfrauschaft Sohn.«[123]

Kein Wunder, wenn selbst treuergebene Katholiken, ja sogar Nonnen die kirchliche Idee der Christusbrautschaft der Ordensfrauen gelegentlich als deplaciert empfinden. Die bekannte katholische Schriftstellerin I. F. Görres meint dazu: »Wem kommt nicht gelegentlich ein skeptisches Unbehagen, wenn von Dutzenden und Tausenden von Gottesbräuten geredet wird, von Christus als dem Bräutigam ganzer Frauenvölker, als sei der alternde Salomon sein Vorbild? Und wird nicht, sogar bei Exerzitien und Predigten, das Brautwort meist rein als Ersatz für weltliche Liebe und Ehe dargestellt, der himmlische Bräutigam für den entgangenen irdischen?« Allerdings kommt es der Autorin nicht in den Sinn, die Erhabenheit der Idee als solche anzuzweifeln, denn Christen könnten in der Kraft der Gnade das asexuelle Leben Christi als »Zeuge der Auferstehung« nachahmen, somit eine andere Unsterblichkeit als die durch Zeugung realisieren.[124]

Unsere weiter oben ausführlicher zitierte ehemalige Nonne erinnert sich: »Ich arbeitete... in der Küche des Fremdenheimes... eine winzige Spülküche mit wenig Luft, zum Umfallen. Die Novizin, die mit mir arbeitete, sagte einmal: ›Wir sollen Bräute Christi sein – wozu braucht Christus so viele Bräute?‹ Ich wollte zuerst lachen, als ich aber sah, wie sie sich den Schweiß vom Gesicht wischte, und sah die nasse Stirnbinde und das traurige Gesicht, da verging mir das Lachen. Ganz leise sagte sie mir, daß sie wieder austrete. Ich kam gar nicht zum Denken...«

Die englische Journalistin Marcelle Bernstein, die das Ergebnis ihrer Gespräche mit etwa 500 Nonnen in Westeuropa und den USA in ihrem Buch »Nuns« veröffentlicht hat, zitiert die Äußerung einer belgischen Nonne: »Ich bin keine Braut Christi, den müßte ich ja mit einer Million anderer Nonnen teilen«; und die einer anderen: »Wenn wir Bräute Christi sind, müßten die Mönche ja alle schwul sein.«[125]

Bahnt sich in solchen Aussprüchen heute lebender Nonnen vielleicht eine Rückkehr zur Natürlichkeit an, die lange Zeit als ärgster Feind des Ordensgeistes verteufelt wurde? Einer Natürlichkeit, die den ehemaligen römisch-katholischen Ordensmann Martin Luther, der »die Unnatur des Mönchs- und Nonnenlebens in der Praxis, sozusagen am eigenen Leibe, kennengelernt hatte«,[126] schon vor vier Jahrhunderten erklären ließ: »Also wenig als in meiner Macht steht, daß ich kein Mannsbild sei, also wenig steht es auch dir, daß du ohne Mann seiest, denn es ist nicht eine freie Willkür oder Rat, sondern ein nötig natürlich Ding, daß Alles, was ein Mann ist, muß ein Weib haben, und was ein Weib ist, muß einen Mann haben.«[127] »Und wo man das will wehren, da ist's dennoch ungewehret und gehet doch durch Hurerei, Ehebruch und stumme Sünde seinen Weg; denn es ist Natur und nicht Willkür hierinnen.«[128] Keuschheit ist nach Luther eine so spezielle Gabe, daß man nicht annehmen kann, das Heer der Nonnen und Mönche besäße sie. Wer dennoch den unnatürlichen Kampf um die Keuschheit aufnehmen wollte, dem »wird es gehen wie den Nonnen, zu denen man geschnitzte Jesus legte. Sie sahen sich aber nach anderen um, die da lebten und ihnen besser gefielen«.[129] Luther hat es am eigenen Leibe erfahren, was das unnatürliche Angehen gegen Natürliches bedeutet: »Mir ist's widerfahren, der ich doch nicht sehr damit angefochten ward; doch je mehr ich mich kasteiete und zumacerierte und meinen Leib zähmete, je mehr ich brannte.«[130]

Freilich: auch ein Luther konnte sich nicht frei machen von der düsteren Mönchsethik, die in allem Natürlichen Böses und Ekliges sieht. Die fleischliche Lust sei zwar natürlich, aber trotzdem böse. Nur sei diese »böse fleischliche Lust, ohne die niemand ist, in ehelicher Pflicht nicht verdammlich«, weil die »heilige Menschheit Gottes ihre Schande deckt«.[131] »Aber mit allem diesem Preis des ehelichen Lebens will ich nicht der Natur gegeben haben, daß keine Sünde da sei, sondern ich sage, daß Fleisch und Blut, durch Adam vererbt, in Sünden empfangen und geboren wird... und daß keine Ehepflicht ohne Sünde geschieht.«[132] Die Ursache dafür, daß auch das Natürliche der Sinneslust und -befriedigung im Grunde böse ist, sieht Luther in der »Erbsünde Schuld, die die ganze menschliche Natur beschissen und verheeret hat«.[133]

Immerhin hat sich Luther den Sinn für natürliche Werte bewahrt, wenn er den Stand der Nonnen und Mönche, eine wider der Natur ausgerichtete Existenzform, als eine institutionalisierte Mangelerscheinung betrachtet; denn was soll es sonst bedeuten, wenn er alle Nonnen und Mönche zusammen für nicht wert hält, ein Kind zu wiegen oder zu ernähren, selbst »wenn's gleich ein Hurenkind wäre. Ursache, denn ihr Orden und Leben hat kein Gotteswort für sich; mögen sich auch nicht rühmen, daß Gott gefalle, was sie tun, wie ein Weib tun kann, ob's gleich ein unehelich Kind trägt«.[134]

Man darf trotz aller Verschiedenheit der Motive die heutige Flucht aus den Orden auch als eine Tendenz der Rückkehr zur Natürlichkeit auffassen, zu einem natürlichen Beurteilen und Empfinden der geschlechtlichen Sphäre, das auch Luthers »halbierte« Natürlichkeit (»natürlich, aber trotzdem sündig«) hinter sich läßt. Selbst Menschen, die im Dunst- und Bannkreis der Klöster und Kirchen erzogen wurden, wollen sich nicht länger ihr natürliches Geschlechtsempfinden und -verlangen von der Kirche, vom Bischof oder Abt als schlecht und verwerflich dekretieren lassen. Die Massenflucht aus den Klöstern, verbunden mit den zahlreichen Eheschließungen ehemaliger Nonnen und Mönche, läßt darauf schließen. Zwar ist das Hauptmotiv des Austritts, wie diesbezügliche Untersuchungen ergaben, die Auflehnung gegen die repressive Gesamtstruktur des Ordenslebens generell, die im Namen eines von Gott angeblich befohlenen Gehorsams die Nonnen und Mönche zu Marionetten in den Händen der Vorgesetzten macht. Aber jeder Kenner der Materie weiß, welch breiten Raum innerhalb der den Ordensleuten befohlenen Gehorsamsübungen der Kampf gegen alle Regungen des Fleisches, ja gegen die Natur als solche noch heute einnimmt. –

Eine Nonne, stark künstlerisch begabt, von einer seltenen Kraft und Feinheit des Empfindens, erklärte mir gegenüber ihren Austritt aus dem Kloster damit, daß sie es nicht mehr habe aushalten können, ständig wegen der allergeringsten Äußerungen der Sympathie für die Natur gemaßregelt zu werden. Schon das Riechen an einer Blume habe man ihr als Unbeherrschtheit den sinnlichen Regungen gegenüber madig gemacht; das Ablegen eines der vielen Kleidungsstücke, die sie trotz glühender Hitze zu tragen verpflichtet gewesen sei, sei ihr als Eitelkeit und Entblößungssucht angekreidet worden; als sie einem armen Mädchen, das sie an der Klosterpforte gesehen habe, Unterwäsche geschenkt habe, sei das nicht etwa ein Akt der Barmherzigkeit gewesen, sondern – wie man ihr sagte – eine Art von »schwüler Unmittelbarkeit« zu einer Geschlechtsgenossin; als sie bei schönem Frühlingswetter pfeifend und singend durch den Klostergarten gegangen sei, habe ihr das die Oberin verboten und dabei etwas von zu ausgeprägter erotischer Phantasie und Motorik gemurmelt. Das Maß sei für diese Vorgesetzte übergelaufen, als sie gegenüber einer Postulantin das dieser von der Oberin geschenkte Jesusbild mit kitschigem Naturhintergrund als häßlich hingestellt habe. Sie habe sich in der Mitte des Kapitels auf die Erde werfen müssen und sei von der Oberin im Beisein aller Schwestern heftig gerügt worden: sie liebe ihren Körper zu sehr, sei vom Teufel der Sinnlichkeit besessen und habe eine aufsässige Persönlichkeit; man müßte ihr eigentlich einen Dämon austreiben.

Danach sei sie natürlich ein gebranntes Kind gewesen. Sie sei auch von einigen Mitschwestern noch stärker beobachtet worden als vorher. Als sie einmal ohne Buch in der Klosterkirche meditiert habe, bekam sie von der hinter ihr sitzenden Nonne einen Zettel gereicht: »Sie sind noch nicht so fortgeschritten, daß Sie ohne Buch meditieren könnten. Was Sie tun, ist Hochmut!« Das ganze ausgetüftelte System des Gehorsamstrainings, etwa die genauen Vorschriften, welcher Besen für welchen Saal beim Fegen zu gebrauchen sei, bei welchem Fenster die Staubtücher ausgeklopft gehörten, welcher Pinsel für welche Rinne im Fußboden zu nehmen, zu welcher genau festgelegten Zeit jede Tätigkeit zu unternehmen sei – mit alldem habe man ihr jede Spontaneität, Kreativität und instinktive Freude am Leben nehmen wollen. Das Schlimmste aber sei gewesen, daß man ihr, die eine Kunstakademie absolviert habe, durch Inanspruchnahme in Form von banalsten Hausarbeiten und durch direktes Verbot die Möglichkeit nahm, Figuren zu malen, zu schnitzen, mit Ton zu modellieren. Die Heiligenfiguren, die sie anfangs für das Kloster bzw. für Verkauf durch das Kloster hergestellt habe, seien dort als »zu sinnlich und profan« abgelehnt worden. »Ich will hier lieber nicht die Beschimpfungen wiederholen, die mir Mutter Oberin an den Kopf warf, als ich eine Heilige mit einem wohlgeformten Busen bedachte«, sagte mir die Exnonne.

Nonnen, die ebenfalls das Handtuch warfen, sind zweifellos jederzeit in der Lage, diesen Bericht ihrer Kollegin noch um viele weitere Einzelheiten zu bereichern. Psychoanalytisch interessant und aufschlußreich sind alle diese Einzelheiten, weil jede von ihnen einen der zahllosen Aspekte des sich wechselseitig bedingenden Zusammenspiels asketischer Gehorsams- und Keuschheitsübungen darstellt. Verfügte man nur über einen relativ kleinen Teil des Geldes, das die Kirche Jahr für Jahr allein in der Bundesrepublik einnimmt, dann wäre es eine lohnende und auch durchführbare Aufgabe, jede einzelne aus dem Heer der ausgetretenen Nonnen nach den Motiven ihres Austritts und den Erfahrungen mit ihrer Ordensgemeinschaft zu befragen.

Allein in des Papstes eigenem Land, in Italien, verlassen jährlich etwa 10000 Nonnen ihren Orden bzw. ihre Kongregation, so daß selbst die 500 von Marcelle Bernstein befragten Ordensfrauen dagegen eine verschwindend kleine Minderheit darstellen. In anderen Ländern wird es nicht anders sein, obwohl die Kirche die Zahl der »Abtrünnigen« im allgemeinen geheimhält. Bekannt ist jedoch, daß im letzten Jahrzehnt ungefähr 4000 Ordenspriester ihre Soutane gegen den Zivilanzug eintauschten, und zwar im Sinne einer endgültigen und dauerhaften Trennung, denn gegen Mönche, die während ihres Urlaubs, ihres Studiums an einer öffentlichen

Universität oder bei kürzeren Abstechern aus dem Kloster im eleganten Straßenanzug auftreten, hat ja auch ihr Orden nichts; er kauft ihnen sogar diese »weltliche Kleidung«, da sie ja selbst zu persönlicher Armut verpflichtet sind. Nur die naiv-gläubigen Laien, im Kirchenjargon Betschwestern und Betbrüder genannt, die die Klosterkirchen belagern, sind geistig etwas überfordert, wenn sie Pater Hilarius, Nikodemus, Aloysius oder Basilius im flotten Straßenanzug ins Kloster zurückkehren und ein paar Minuten später im bescheidenen Ordenshabit demütig durch die Kirche gehen sehen.

Den Oberen, nur denen allerdings, die ganz oben in der Ordenshierarchie stehen – denn der Pater Prior hält es auch nicht anders als seine unmittelbaren Untergebenen –, gefällt diese Verweltlichung ja auch nicht, aber ohne Kompromisse halten sie heute fast niemanden mehr im Kloster. Man tut alles, um Gottes »letzte Krieger« (M. Naumann), also etwa 800000 Frauen und 260000 Männer, bei der Stange zu halten. Denn für die Austretenden gibt es keinen Ersatz. Neuzugänge sind äußerst rar geworden. In Deutschland zum Beispiel ging die Zahl der Novizinnen von 4005 im Jahr 1950 auf 412 im Jahr 1975 zurück. Der große Orden der Benediktiner hatte hier 1972 nur noch 25 Novizen zu verzeichnen, dagegen acht »Abtrünnige« allein in einer einzigen Abtei, nämlich der von Niederaltaich, unter ihnen der Abt selbst. Zur gleichen Zeit konnte der bekannte Orden der Dominikaner in der BRD überhaupt keinen Novizen melden, verlor aber in den Jahren von 1968 bis 1975 60 Mitglieder. Und selbst der schneidigste Orden, die Miliz des Papstes, der Jesuitenorden, klagt über mangelnde Neuzugänge und über Verluste. Seine Mitgliederzahl sinkt ständig (von 1278 in Deutschland im Jahr 1965 auf 1109 im Jahr 1972). Insgesamt nimmt die Mitgliederzahl männlicher Orden in der BRD jährlich um 5 Prozent ab.

In anderen Ländern sieht es nicht anders aus. In Österreich z. B. kommen auf 271 Männerklöster heute nur noch 4000 Ordensleute, d. h., daß in jedem der meist riesigen, viele Hektar Land umfassenden Klosterkomplexe im Durchschnitt nur noch 14 Patres und Fratres wohnen, wenn wir hier einmal vom Dienstpersonal absehen. Allein das österreichische Zisterzienserkloster zu Lilienfeld besitzt 12000 Hektar Land und beschäftigt, da Laienbrüder, früher die billigsten Arbeitskräfte, kaum mehr zur Verfügung stehen, über hundert Arbeiter, die im riesigen forstwirtschaftlichen Betrieb eingesetzt werden. Aber selbst der neue Status der Mönche als Manager eines solchen Betriebes lockt keine jungen Menschen an. Seit drei Jahren hat sich an der Klosterpforte kein Novize mehr gemeldet. Der Pater Prior dieses Klosters: »Die Leute draußen glauben, wir leben hinter den Klostermauern so wie im Mittelalter, zu der Zeit also, in der unser Stift gebaut wurde. Dabei sind wir modern denkende Manager, anders könnten wir diesen Betrieb gar nicht führen.«[135]

Wie dieser Prior, so versuchen heute die Orden und die Amtskirche so manches, um das Image der Klöster aufzupolieren und sie für ihre Insassen wie für junge Menschen wieder anziehender zu machen. Teilweise dürfen die Nonnen und Mönche jetzt sogar »konstruktive Kritik« an den Zuständen und der repressiven Struktur der Orden üben. Manches hat sich auch tatsächlich zum Besseren gewendet. Durchschlagende und entscheidende Reforminitiativen aber haben sich nicht durchgesetzt.

Die immanente Ordenskritik selbst beweist es. Fachleute der Ordenstheorie und -praxis gestehen, daß es den Nonnen und Mönchen heute schwerfalle, angesichts der klösterlichen Krise »zwischen einem autoritären und einem Laissez-faire-Stil hindurchzufinden«. Es bestehe zwar eine im Hinblick auf die etablierten Befehlsstrukturen in den Klöstern verständliche, »manchmal ans Allergische grenzende Institutionsscheu«, jedoch nicht minder »Unverständnis für den Mehraufwand an Zeit und Engagement, der von einer demokratischen Partizipation im Ordensleben gefordert wird«. Die Umstellung zu einem demokratischen und pluralistischen Lebensstil falle »besonders in Schwesterngemeinschaften auch dort schwer, wo das Gemeinschaftsleben nicht nur nicht beeinträchtigt, sondern sogar gefördert würde«.[136] Diese Schwierigkeit hat einen ihrer Gründe in dem katastrophalen Bildungsnotstand, in dem man die weiblichen Orden jahrhundertelang belassen hat. Auch diesbezüglich gibt man zu: »Zum großen Teil waren Mitglieder der Orden nicht darauf vorbereitet, verantwortlich an Entscheidungsprozessen teilzunehmen, sowohl von der Sachkenntnis als auch vom bisherigen Gehorsamsverständnis und seinen psychologischen Erfordernissen her.«[137] Mönche und Nonnen waren aufgrund ihrer bisher geübten, strukturbedingten Passivität überfordert, als plötzlich an vielen Orten Organe eingerichtet wurden, in denen das Mitspracherecht trainiert werden sollte. Es fanden Haus- und Provinztreffen als Delegierten- oder Vollversammlungen statt, und die innere Anteilnahme der Ordensleute war zunächst auch groß. Als sie aber erkennen mußten, »wie mühsam es ist, sich eine fundierte Meinung zu bilden, Informationen nicht nur zu fordern, sondern auch zu lesen und zu geben, wie anfordernd es für die Leitung ist, andere an Gesprächen und Entscheidungen wirklich ernsthaft zu beteiligen ... breitet sich Resignation aus, kaum jemand ist bereit, in solchen Organen mitzuarbeiten«.[138]

Fazit: Ein tiefgreifender Demokratisierungsprozeß hat in der Masse der Klöster nicht stattgefunden. »Die Frage, die bleibt, ist die, wie Kräfte der

Basis aktiviert werden können, eigenverantwortlich zu leben, Meinungen und Wünsche zu bilden und zu äußern und Konsequenzen von Entscheidungen mitzutragen.«[139] Die Kräfte der Vergangenheit, die einst gerufenen Geister des Vernunft und Herz tötenden Kadavergehorsams wird man nicht mehr los. Schon erheben sich Stimmen, die eine Demokratisierung der Orden nach dem Vorbild der hierarchischen Ordnung der Gesamtkirche, der von oben nach unten verlaufenden Befehlsgewalt durchführen, also nach dem Motto verfahren möchten: Demokratie antidemokratisch durchsetzen! Denn – so wird argumentiert –: »Wenn die Kräfte der einzelnen dafür im Augenblick nicht vorhanden sind, ist dann eine Demokratisierung, die ›von oben‹ systematisch eingeleitet wird, denkbar?«[140] Und machbar? müßte man hinzufügen. Daß jedenfalls der Vatikan die Demokratisierungstendenzen in den Ordensgemeinschaften stets unter Kontrolle halten wird, garantiert schon die Tatsache, daß der General der Jesuiten, also des einzigen Ordens, der eine besondere Gehorsamsverpflichtung dem Papst gegenüber abgelegt hat, zum drittenmal hintereinander zum Präsidenten des Kollegialen Organs der Oberen aller Männerorden und -kongregationen gewählt wurde. So geschehen 1973 für weitere drei Jahre.

Auch in puncto *Armut* und *Ehelosigkeit*, den zwei weiteren Ordensgelübden neben dem Gehorsam, versucht man das Image der Klöster aufzubessern. Verallgemeinernd muß man zu diesen Versuchen sagen: Es wird sozusagen alles probiert, auch das zur bisherigen Tradition der Armut und Ehelosigkeit im Widerspruch Stehende. Heraus kommt dabei meistens ein Tohuwabohu. Ein Ordensmann kritisiert die Unfähigkeit in den Klöstern, »zwischen berechtigten Selbstverständlichkeiten eines erwachsenen Menschen in unseren Ländern und einem Konsumkonformismus zu unterscheiden. Schlechtes Gewissen als Dauerzustand, ungeklärte und z. T. romantische Feststellungen von einer ›Kirche der Armen‹ gibt es ebenso wie den merkwürdigen Geisteszustand, der bisherige Ausgabenfelder (wie z. B. Bauten) unbefangen bejaht, angesichts neuer Fragen, wie z. B. einer Kranken- oder Altersversicherung, aber theologische Bedenken hat«.[141] Es werden in manchen Klöstern, eben um diese attraktiver zu machen – vielleicht auch um den Nachholbedarf in Sachen Luxus zu befriedigen –, teure Swimming-pools, Unterhaltungsräume, Bäder, Saunen usw. eingerichtet, während man andererseits den geistigen Standort und Sinn der Klöster darin sieht, dem Konsumsklaven von heute zu zeigen, daß das Idol des Geldes zerbrochen werden kann, daß es Menschen gibt, die »das Geld nicht mehr als die wichtigste Sache, die uns bestimmt, betrachten«.[142]

In der Tat möchte ein Teil der Ordenstheologen angesichts der heutigen Kritik an einer nur an Leistungs- und Wohlstandsmaßstäben orientierten Gesellschaft das Dasein der kontemplativen Klöster zu einem »Protest gegen die Leistungsgesellschaft« schlechthin hinaufidealisieren. Der andere Teil, näher an der Wahrheit bleibend, sieht im Kloster mit seiner »Abschirmung von der Außenwelt im Zusammenhang mit den charakteristischen Zügen der Gemeinwirtschaft, der Einheit von Betriebs- und Lebensgemeinschaft und der Begrenzung der Selbstbestimmung« ein totalitär-kollektives Gesellschaftsmodell, sozusagen eine »Schwarze Zelle Transzendenz«.[143]

Daß es mit dem Protest gegen die Leistungsgesellschaft im Falle sich abzeichnender Profitchancen nicht weit her ist, zeigt sich, wenn Klöster in unter Naturschutz stehenden Landschaften Kraftwerke zu errichten versuchen, wenn sie feudal-fashionable Luxushotels in Wallfahrtsorten bauen, zum Zweck der Ertragssteigerung die »Begiftung« von Waldkulturen durchführen, »veritable Wirtschafts-, Guts- und Forstbetriebe« führen und in ihnen eine Art Grundherrschaft ausüben und »geschäftstüchtig alle erdenklichen Arten finanzieller Transaktion, Werthäufung, Erwerbstätigkeit und Gewinnerzielung praktizieren«.[144]

Profit und Wohlstand der Klöster wirken sich nicht unbedingt und im gleichen Ausmaß für ihre Insassen aus. Noch immer gibt es Ordenshäuser, insbesondere Frauenklöster, in denen primitive Zustände herrschen, in denen es an ganz selbstverständlichen Einrichtungen für Körperhygiene, an Heizkörpern, elektrischem Licht usw. fehlt. Fast immer wird diesen Mangelzuständen eine theologische Schein- und Schutzbegründung beigegeben: »Euer Lohn wird groß sein in den Himmeln...« Andererseits gibt man sich modern und spricht von der »Integration der technischen Welt« (oder »Heimholung in Christus«, wie dies im theologischen Fachjargon so schön heißt). New Yorker Nonnen beispielsweise arbeiten im Computerzentrum der dortigen Erzdiözese bei der Berechnung der Spendeneingänge und der Speicherung personeller Daten. Freilich, in der Klosterklausur der Nonnen darf der Computer nicht stehen, das wäre Entheiligung, Profanisierung. Und den Transport der von ihnen gestanzten Lochkarten quer durch die Riesenstadt – eine Gefahr für jede Jungfrau! – zum Datenzentrum führen Mönche aus. Und auch wenn Wartungstechniker auf der Bildfläche erscheinen, dürfen die Ordensfrauen nicht bleiben, sie müssen ihre Unschuld durch vornehmen Rückzug schützen. Andere Nonnen sind Empfangschefinnen in kirchen-eigenen Hotels oder betreiben Werbeagenturen – freilich nur für kirchliche Zwecke.

Viele Ordensmitglieder haben heute ein schlechtes Gewissen angesichts der Kluft zwischen Ideal und Wirklichkeit der Armut, zu der sie sich verpflichtet haben. So bezeichnen sich 65,6 Prozent der Mönche des Kapuzinerordens eher als »gutgestellt« denn als arm, wobei zu bedenken ist, daß es sich hier um einen Orden handelt, der bei der Missionierung des Volkes als besondere Ziele Askese und Armut hinstellt. Insgesamt gesehen gibt es *die* Armut von Nonnen und Mönchen überhaupt nicht mehr: Sie bestand bei der Masse der im Kloster lebenden Individuen auch früher oft nur in der relativen Bescheidenheit eines den jeweiligen Zeitverhältnissen angepaßten Kleinbürgertums. –

Die heutige Orientierungslosigkeit der Orden bei allen Versuchen einer Standortbestimmung gegenüber der davongeeilten modernen Welt zeigt sich fast noch eklatanter im Umkreis der Problematik, die mit dem Gelübde der Keuschheit und Ehelosigkeit gegeben ist. Die konkreten Fälle, die wir geschildert haben, beweisen das. Aber auch Ordensleute selbst geben das zu. Sie gestehen, daß »die Ehelosigkeit oft nur eine Flucht vor einer reifen Sexualität war«,[145] daß »religiös motivierte Ehelosigkeit« selbst von Ordensmitgliedern »zunehmend kaum noch toleriert wird«. 29,6 Prozent, fast ein Drittel der Mönche des Kapuzinerordens, des fünftgrößten Mönchsordens der katholischen Kirche, wünschen die Möglichkeit intimer Beziehungen zum anderen Geschlecht, also die Abschaffung der vielen Beschränkungen in dieser Hinsicht. Noch mehr Kapuziner, nämlich 35,6 Prozent, betrachten den Umstand, daß ihnen die Liebe einer Frau fehlt, als ein Hindernis für »die volle Reifung der Persönlichkeit«. Das zeigt eine Untersuchung aufgrund einer umfassenden Fragebogenaktion, die eine Gruppe italienischer Kapuziner und Soziologen durchgeführt hat. Die Ergebnisse dieser Untersuchung lösten im Vatikan Überraschung und Bestürzung aus.

Bei den Versuchen, das Gelübde der Keuschheit und Ehelosigkeit im Kontext der modernen Welt neu zu fassen, fällt man von einem Extrem ins andere. Es gibt Fachleute, wie den französischen Ordenspriester Bernard Besret, die mehr oder weniger deutlich sagen: Wenn schon die Orden in Sachen Ehelosigkeit versagt hätten, dann sollten sie Sexualität wenigstens als Symbol totalen Daseins für den anderen offen vorleben. Denn in der »Welt« diene Sexualität ja oft nur dazu, »den anderen zu unterdrücken«. Dagegen gebe »das Ordensleben hier einen Hinweis, daß wir eine befreite Sexualität finden müssen, die ein wichtiges Moment im menschlichen Leben ist, um dem anderen zu begegnen, nicht nur in der Ehe, auch in unserem Leben... Wir müssen in Ehe oder Ehelosigkeit eine Sexualität leben, in der ich für den anderen wirklich da bin«.[146] Wie das: »In Ehelosigkeit eine Sexualität leben«? Der katholische Laie wird kein Verständnis für so sublime Logik haben, die ihre Harmonie über der Ebene der endlichen Widersprüche im Unendlichen findet. Und der nicht so spekulativ und subtil veranlagte normale Ordensmensch des einen wie des anderen Geschlechts wird diese Formel »einer Sexualität in Ehelosigkeit« kaum anders verstehen können denn als einen Freifahrtschein für sexuelle Freiheit unter dem Deckmantel der dem katholischen Fußvolk weiterhin wie eh und je »vorgelebten« Ehelosigkeit.

Da sind einem doch jene Nonnen und Mönche sympathischer, die einen klaren Trennungs- und Schlußstrich ziehen, die, wie etwa der Prior des berühmten belgischen Benediktinerklosters von Maredsous, Pater Olivier du Roy, aus dem Orden austreten und erklären, der Zölibat, die Ehelosigkeit hindere den Ordensmann, in voller Übereinstimmung mit dem Evangelium zu leben. Fünf seiner Untergebenen fanden das auch: Sie verließen das Kloster, in dem sie doch die Möglichkeit gehabt hätten, im Sinn einiger neuerer Interpretationen des Ordensideals Ehelosigkeit und Sexualität miteinander zu verbinden – und heirateten.

Aber man experimentiert eben doch auch in Richtung einer »höheren Synthese« von Sexualität und Ehelosigkeit, wiewohl man das möglichst vor der Masse des Kirchenvolkes geheimhalten möchte. Genau diese Geheimhaltungstendenz ist das Negative daran, nicht das Experiment, das, wenn man sich offen zu ihm bekennen würde, jede Heuchelei der »Tugend« einer nach außen zur Schau getragenen Ehelosigkeit ausschlösse. So gibt es heute einige gemischte Klosterkommunen, zu denen die Leiter und Leiterinnen der betreffenden Orden »nach anfänglichen großen Bedenken« – versteht sich – ihren Segen gaben und in denen es darum geht, die Prinzipien der absoluten Gemeinschaft von Gütern (als ob es in den meisten Familien anders wäre!) und einer fortgesetzten intensiven Kommunikation untereinander zu befolgen.

Sie mögen kommunizieren – in allen Richtungen und Dimensionen! Nur als ein höheres Leben, über und jenseits dem anderer Erdenkinder, sollten sie es nicht hinstellen. Worin unterscheidet es sich denn auch von ganz gewöhnlichen Wohnkollektiven und -kommunen, die jedoch nicht den Anspruch erheben, den Menschen ein Stück des himmlischen Gottesreiches vorzustellen, in dem es angeblich nur noch Ehelose geben soll.

Immerhin ist im Sinne eines beginnenden Emanzipationsprozesses positiv zu vermerken, daß manche Ordensleute heute den »sehr legitimen Wunsch« äußern, »nicht als eine dem Leben entzogene Sakralperson zu erscheinen«,[147] daß Nonnen offen bekennen: »Wir haben Gefühle wie andere Frauen auch, und wir müssen diese Gefühle unterdrücken«, daß sie »heulend in der Zelle« liegen, weil ihnen plötzlich bewußt wird, daß sie »nie einen Mann im Arm halten und nie ein Baby hören werden, das Mama ruft«, daß sie vielleicht niemals oder nie mehr »Hand in Hand mit einem Menschen über einen Boulevard bummeln werden«, ohne daß die andere Hand der Schwester Oberin gehört.[148]

Die Widersprüche in bezug auf Formulierung und Art der Durchführung des Gelübdes der Ehelosigkeit liegen ja auch nicht so sehr beim Ordensvolk bzw. sind hier nur sekundärer, abgeleiteter Natur. Sie wurzeln primär in den überkommenen repressiven Strukturen der Orden einerseits und andererseits in dem Wunsch der Oberen, diese – nur scheinbar gelockert – beizubehalten. So werden nach wie vor beim Eintritt in den Orden von den Novizinnen ein Gutachten des Pfarrers über den bisherigen Lebenswandel, insbesondere aber Jungfräulichkeit und eheliche Geburt verlangt. Und weiterhin wird trotz verbaler Liberalität in der Artikulierung manch moderner Sexualtheorie das Gros der hörigen Ordensleute frustriert und um ihre vollmenschliche, den Leib einbeziehende Lebenserfüllung gebracht. Noch kürzlich berichteten mir zwei Novizinnen, daß sie langwierigen Vernehmungen durch ihre Oberin ausgesetzt worden seien, nur weil sie sich zueinander ins Bett gelegt hätten, nicht etwa, um lesbisch miteinander zu verkehren, sondern um die anderen Schwestern im Schlafsaal bei ihren freundschaftlichen Gesprächen nicht zu wecken. Kein Zweifel, die alte Ordenswacht funktioniert noch! Mit einem Wort: Sexualität wird in den Orden und Kongregationen von heute im großen und ganzen höchstens verbal enttabuisiert, ansonsten aber weiterhin repressiv sublimiert.

Innerhalb der Klostermauern mag ja auf diese Weise die sexuelle Energie einigermaßen eingedämmt und kanalisiert werden. Wehe aber, wenn die auf diese Weise psychisch Kastrierten mit der bösen »Welt« in Kontakt kommen. Sie mögen noch so überzeugt sein, die Beherrschung des Sexus und dessen Sublimierung zu einer idealen Antriebskraft in freier Entscheidung realisiert zu haben – die ungeschminkte Wirklichkeit der unmittelbaren Konfrontation mit dem anderen Geschlecht wird die meisten von ihnen eines anderen belehren. Ich denke in diesem Zusammenhang – um nur ein Beispiel zu nennen – an eine Theologiestudentin, die sich mir während meiner Assistentenzeit an einer theologischen Fakultät anvertraute. Sie war im Rahmen einer Pilgerfahrt deutscher Katholiken nach Rom gereist und hatte dort auch die Katakomben besucht. Zwei junge Franziskanerpatres führten eine Gruppe von knapp fünfzig Pilgern durch die unterirdischen Gänge. Plötzlich sei der eine von ihnen an sie herangetreten, während der andere mit dem Rest der Gruppe weiterge-

gangen sei. Er habe ihr in gebrochenem Deutsch erklärt, daß er sie noch zu einer Sehenswürdigkeit hinführen wolle, die man nicht allen zeigen könne, weil das zuviel Zeit in Anspruch nähme. Dann habe er sie vergewaltigt. Sie habe sich natürlich gewehrt und schreien wollen, aber er habe ihr gedroht, daß er sie dann in den dunklen Gängen zurücklassen werde, aus denen nur ein »Spezialist« herausfinden könne.
Die repressiven Entsexualisierungsmethoden im Kloster führen bei den meisten Ordensleuten nur zu einem hochmütigen Überlegenheits- und Auserwähltheitsbewußtsein einerseits, zu den verschiedensten Ersatzformen und -handlungen als Revanche für den Entzug sexueller Kommunikation andererseits. Man fühlt sich als Instrument Gottes, dazu ausersehen, durch Leben und Lehre dem fast auf der Ebene tierischer Sinnlichkeit dahinvegetierenden Menschen das Göttlich-Geistige nahezubringen. Aber die rein geistige Melodie, die sie spielen wollten, halten diese Geiger Gottes dann meistens nicht durch. Es kommt zur Ersatzsexualität, von der Exbenediktinerpater Steffensky, nachher Ehemann der bekannten evangelischen Theologin Dorothee Sölle, sagt: »Viele katholische Priester sind mit tausend Dingen verheiratet: angefangen vom guten Essen und Trinken bis hin zur Selbstbefriedigung, zur Freundin und zur Homosexualität.« Er handelte sich mit dieser Bemerkung eine Strafanzeige des Kölner Erzbischofs Höffner ein, heute Vorsitzender der bundesdeutschen Bischofskonferenz. Das darf uns aber nicht hindern, von einer weiteren »giftigen Frucht« des Zölibats zu sprechen, der von Steffensky erwähnten Homosexualität, soweit diese eine *Ersatzform* für unterdrückten heterosexuellen Verkehr ist.

7. *Priesterzölibat und Homosexualität*

Bei diesem Thema ist einem Mißverständnis von vornherein vorzubeugen. Nicht darum geht es uns, vom »bösen Baum« des kirchlich verordneten Zölibatsgesetzes die »böse Frucht« der Homosexualität als notwendige Folge genüßlich zu pflücken. Homosexualität kann heute kein Einsichtiger mehr als sexuelle Perversion, als Degeneration, als physische oder psychische Krankheit diskriminieren. Daß diese Diskriminierung vor unser aller Augen tagtäglich geschieht, ist zwar eine triviale Tatsache. Diese Diskriminierung hat aber die entsprechenden Ergebnisse der biologischen Anthropologie und der Psychologie, der Kultursoziologie und Ethnologie, der zwischen Tier und Mensch vergleichenden Verhaltensforschung und der zwischen Natur- und Kulturreligionen vergleichenden

Religionswissenschaft sowie zahlreicher anderer Wissenschaftsdisziplinen gegen sich. Die Homosexualität ist diesen Ergebnissen zufolge zwar eine im Vergleich zur Heterosexualität weniger häufig auftretende, jedoch zweifellos normale, naturhafte Komponente innerhalb der weiten Grenzen sexueller Verhaltensweisen.

Wenn hier im Umkreis der Zölibatsproblematik dennoch das Thema Homosexualität angesprochen wird, geschieht das aus folgendem Grund: Wie die römisch-katholische Kirche die Ehe von Priestern verurteilt, so verurteilt sie auch die Homosexualität ingesamt, ob sie nun von Klerikern oder Laien, Gläubigen oder Nichtgläubigen »begangen« wird. Diese *»theoretische Sünde«* der Kirche, die darin besteht, daß sie sich über die Homosexualität betreffende, gesicherte Erkenntnisse der Natur- und Humanwissenschaften hinwegsetzt, sie bagatellisiert, verdammt und direkt zur Unwahrheit abstempelt, wird aber noch in den Schatten gestellt durch ihre *»sündige Praxis«*, die gerade zahlreiche Bedingungen für die Entstehung »erworbener Homosexualität« (also nicht konstitutionell prädisponierter Homosexualität, wenn es diese überhaupt geben sollte[149]) schafft.

Welcher Kenner der Materie möchte leugnen, daß die Kirche Bedingungen dieser Art tatsächlich herstellt? Tausendfach läßt sich belegen, daß die kirchliche Internats- und Priesterseminarerziehung mit ihrer psychisch kastrierenden, männliche Jugendliche räumlich und gesinnungsmäßig vom Mädchen, von der Frau distanzierenden Behandlungsweise jene Atmosphäre schafft, in der Homoerotik, Homophilie und Homosexualität als Ersatz für fehlende erotische, freundschaftliche und sexuelle Beziehungen zum weiblichen Geschlecht gedeihen müssen. Nicht um konstitutionelle, gleichsam endogene Homosexualität im Sinne angeborener Triebveranlagung geht es in diesem Zusammenhang, wenn wir diese hier einmal als hypothetischen Kontrapunkt zur erworbenen voraussetzen (vgl. Anmerkung [149]), sondern um *Nothomosexualität*, um die *ekklesiogene Induzierung* homosexuellen Empfindens und Handelns in an sich heterosexuell veranlagte Zöglinge.

Bekanntlich gibt es fließende Übergänge von ausgesprochener, eindeutiger Heterosexualität über Bi- zu reiner Homosexualität. Die katholische Kirche nun, die theoretisch – auch noch in ihrem jüngsten Dokument, der von der vatikanischen Kongregation für die Glaubenslehre veröffentlichten »Erklärung zu einigen Fragen der Sexualität« (1976) – so verbissen jede Form der Homosexualität bekämpft, disponiert und determiniert gerade zu ihr diejenigen der ihrer Internats- und Seminarerziehung anvertrauten männlichen Individuen, die biologisch, psychologisch, anthropologisch und hormonell an einem bestimmten Punkt innerhalb der fließenden Übergangslinie zwischen reiner Hetero- und reiner Homosexualität angesiedelt sind. In sie wird durch die ganze Art isolatorisch-repressiver Bildung und Erziehung ein homosexuelles Schicksal förmlich induziert; nachdem es ihnen aber die Kirche oktroyiert hat, werden sie von derselben Kirche dafür abgewertet, gedemütigt, diskriminiert... »Keine pastorale Methode« gebe es, »die diese Personen moralisch deswegen rechtfertigen würde, weil ihre Handlungen als mit ihrer persönlichen Verfassung übereinstimmend erachtet würden. Nach der objektiven sittlichen Ordnung sind homosexuelle Beziehungen Handlungen, die ihrer wesentlichen und erläßlichen Zuordnung beraubt sind. Sie werden in der Heiligen Schrift als schwere Verirrungen verurteilt und im Letzten als die traurige Folge einer Verleugnung Gottes dargestellt. Dieses Urteil der Heiligen Schrift erlaubt zwar nicht den Schluß, daß alle, die an dieser Anomalie leiden, persönlich dafür verantwortlich sind, bezeugt aber, daß die homosexuellen Handlungen in sich nicht in Ordnung sind und keinesfalls in irgendeiner Weise gutgeheißen werden können.«

Es dürfte keine Übertreibung darstellen, wenn man diese Sätze aus der neuesten vatikanischen »Erklärung zu einigen Fragen der Sexualität« als latente Grundlage autoritärer Moral und Pädagogik ansieht. Denn diese »objektive sittliche Ordnung«, als solche Gegenstand einer nur den Mächtigen im Vatikan bekannten und verfügbaren Geheimwissenschaft, wird den christlichen Erziehern und Lehrern in Schulen, Bildungsinstituten, Internaten und Seminaren als eiserner Maßstab vorgegeben, an dem sie das tatsächliche Verhalten ihrer Zöglinge und Schüler, auch das homophile und homosexuelle, zu bewerten und folgerichtig zu verurteilen haben. Was nützt da der allgemeine Hinweis, daß der einzelne, der »an dieser Anomalie leidet«, persönlich dafür nicht verantwortlich zu sein braucht, wenn man im gleichen Atemzug kategorisch betont, »daß die homosexuellen Handlungen in sich nicht in Ordnung sind und keinesfalls in irgendeiner Weise gutgeheißen werden können«. Der auf diese Weise ideologisch infizierte Erzieher ist völlig überfordert, wenn er im Rahmen, ja trotz dieser amtlichen Erklärungen der Kirche dem homophil oder homosexuell sich verhaltenden jungen Menschen noch Gerechtigkeit widerfahren lassen soll.

Auch Karl Barth, zusammen mit seinem theologischen Gegner Rudolf Bultmann als größter protestantischer Theologe des 20. Jahrhunderts gefeiert, erblickt in der zölibatären Erziehung, in der Ausbildung zum Dauerhabitus der Jungfräulichkeit sowie im klösterlichen »männlichen oder weiblichen Fürsich- und Untersichsein« bereits eine »feine Homosexualität« und den ersten Schritt zur »groben«. Da von seinem Geschlecht »niemand sich für dispensiert halten« könne, könne ein zölibatäres Leben »nur klarer Ungehorsam sein«. Dieser Ungehorsam sei als Flucht vor dem Geschlecht zugleich »Flucht vor Gott, die als solche dann unfehlbar auch die Flucht in die Unmenschlichkeit« sei.

Eine Form dieser Unmenschlichkeit ist für den protestantischen Theologen die Homosexualität. Hierin stimmt er mit dem Gros der katholischen Theologen überein, wenn er auch im Unterschied zu diesen sieht, daß die institutionalisierten Formen katholischer Seminarerziehung selbst das Klima und die Bedingungen für die Entstehung der Homosexualität bei geschlechtslabilen Zöglingen schaffen. Seine Kennzeichnung der Homosexualität als »Verkennung Gottes und des Menschen«, als »Humanität ohne den Mitmenschen«, als »korrupte geistige und schließlich auch korrupte physische Lust« ist jedoch, wie es selbst ein an sich konservativer evangelischer Theologe wie H. Thielicke zugibt, Symptom einer »durch theologische oder psychische Aversion gegenüber dem Phänomen bedingten Hilflosigkeit«.[150]

Die Widersprüche in den Stellungnahmen der katholischen Ethik zum Phänomen der Homosexualität seien hier anhand der Ausführungen eines ihrer führenden Vertreter, des inzwischen emeritierten Professors für katholische Moraltheologie an der Universität Bonn, W. Schöllgen, dargestellt. Im Rahmen des von Vertretern verschiedenster Fachdisziplinen gemeinsam erstellten Werkes zum Thema »Sexualität und Verbrechen«[151] war er gebeten worden, den katholisch-theologischen Beitrag zu liefern. Der katholische Moraltheologe kennt und nennt anschaulich die Umstände und Bedingungen, unter denen Jugendliche in den Bannkreis der Homosexualität gelangen: »tragische Verwicklungen (Verführung in der Jugend, schwere Erziehungsfehler der Eltern, Internatsklima usw.)« könnten Jugendliche »auf ihre bedenkliche Bahn geraten« lassen. »Die Verhaltensforschung hat im Vorgang der ›Prägung‹ eine unheimliche Macht der Determinierung, nicht nur bei Tieren, sondern ebenso beim Menschen aufgedeckt, die das Bannende der Verfallenheit (die dämonologische Deutung früherer Zeiten) erklärt: Es ist nicht mehr rätselhaft, daß selbstunsichere Psychopathen und pubertierende Jugendliche in ihrer Ambivalenzzeit (wo sie in ihrer Fixierung auf das andere Geschlecht sich sehr schwer tun) in die Sackgasse der Verirrung geraten.«[152]

Verschwiegen wird von Schöllgen in der ganzen Breite seines Beitrages, daß die katholische Heimerziehung das Beispiel par excellence für die Verursachung dieser Verirrungen und Verwicklungen ist. Wenn wahr ist, daß Jugendliche in der Pubertätszeit sich ohnehin »in ihrer Fixierung auf das andere Geschlecht« schwer tun, warum muß dann die Kirche durch zölibatär-repressive Isolation der männlichen Jugendlichen in ihren Erziehungs- und Bildungsanstalten diese Fixierung noch zusätzlich erschweren bzw. unmöglich machen, und warum unterschlägt der Autor, der zur Homosexualität aus katholischer Sicht Stellung zu nehmen hat, ausgerechnet diesen so wichtigen Tatbestand?

Der Homosexualität als »dem düstersten Schatten«, als »der äußersten ethischen Finsternis«[153] stellt der katholische Theologieprofessor das hehre Bild der »Institution der Ehe« entgegen, in der »das Höchste geschieht, zu dem der Mensch als diesseitiges, geschichtliches Wesen berufen ist – er gibt den in zahllosen Jahrhunderten aufgesammelten Erbstrom weiter und schafft zugleich im Klima der Familie den gemäßen Lebensraum zur sinnvollen Entfaltung seines Reichtums«.[154] Wenn aber die Ehe das Höchste ist, was soll dann der Zölibat, was soll dann die antifeministische Erziehung in den Ausbildungsanstalten für künftige Priester, eine Erziehung, die wohlgemerkt schon *strukturell* antifeministisch sein muß, trotz gelegentlich die Ehe lobpreisender Äußerungen der Erzieher, weil ja das eigentliche *Erziehungsziel* Zölibat den Zöglingen schmackhaft gemacht werden muß.

Die irreführende Dialektik katholischer Moraltheologie im Rahmen ihrer schizophrenen Haltung zur Sexualität sieht also so aus: Die Homosexualität wird bekämpft, indem man die Vorzüge, ja den Höchstwert der Ehe preist; die Ehe wird relativiert und in ihrem Wert reduziert, indem man den jungfräulichen Stand der Zölibatäre, der Ehelosen auf den Thron hebt. So schließt sich der Teufelskreis: denn den zum Zweck der Erreichung des zölibatären Priestertums Kasernierten werden die günstigsten Bedingungen dafür geboten, das Reservoir der Homosexuellen anzureichern. Dabei ging (und geht) die Herausstellung der negativen Seiten der Ehe in kirchlichen Internaten und Seminaren teilweise so weit, daß manchem Kasernierten der homophile oder gar homosexuelle Kontakt subjektiv geradezu als Tugend erscheinen mußte (oder muß).

»Was sollte ich tun«, heißt es z. B. in der von mir 1971 protokollierten Aussage eines auf seine Seminarzeit zurückschauenden, damals 28 Jahre alten Priesters, »als ich sah, daß es gegen die ›Frau in mir‹ kein Heilmittel gab? Fasten, Beherrschung der Sinne, Verzicht auf mancherlei unschuldige Freuden? – all das half nichts. Da ich aber Priester werden wollte, erschien mir eine zunächst von mir nur rein seelisch gemeinte Freundschaft mit einem anderen Theologiestudenten, der hübsch wie ein Mädchen aussah und auch dementsprechende Bewegungen hatte, als die von Gott selbst, der mich zum Priestertum berufen hatte, dargebotene Notlö-

sung. Anfangs versuchte ich mir einzureden, daß geistige Freundschaft zwischen zwei Männern doch ein hohes Gut sei und daß es dafür auch in der Kirchengeschichte Parallelen gebe. Skrupel bereitete mir allerdings das ›Phänomen der Verliebtheit‹, d. h. das starke, sehnsüchtige Hingezogensein zu meinem Partner im Falle seiner Abwesenheit, weil ich mir sagte, daß das zwischen ganz männlichen Freunden ja wohl doch nicht möglich wäre. Ich wehrte mich krampfhaft und unter Aufbietung aller nur möglichen Motivationen gegen die Einsicht, daß ich, der physisch Stärkere und Männlichere, meinen Freund wie ein Mädchen behandelte und liebte, wobei ich zugleich jede Erscheinungsweise des Weiblichen in ihm aggressiv verurteilte und bekämpfte. Damit erreichte ich aber nur, daß er sich allmählich derart burschikos gab, daß er mir – allerdings erst geraume Zeit später – ganz unsympathisch wurde.
Zunächst aber konnte ich von ihm nicht lassen, obwohl sich oft alles in mir verdunkelte, weil mein Unterbewußtes mich ständig mit dem Vorwurf belastete, mein Freund diene mir nur als Frauenersatz. Aber gerade das war paradoxerweise zugleich mein stärkstes Motiv für die Beibehaltung des Verhältnisses. Hatten unsere Vorgesetzten nicht oft genug betont, daß es für den zum Priestertum Berufenen keinen ärgeren Feind gebe als das Weib? Hatten sie nicht ebenfalls erklärt, daß die Phase der Empfänglichkeit für die Reize der Frau nach einigen Jahren der Sinnesbeherrschung vorbei sei? Nun denn: Dann wollte ich eben mit der Hilfe meines Freundes diese gefährliche Phase überstehen. Ermutigt und sozusagen ermuntert, weiter fortzufahren, wurde ich noch dadurch, daß mein Freund der hübscheste feminine Junge im ganzen Priesterseminar war und daß die halbe ›Belegschaft‹ in den Zeiten der Rekreation hinter ihm her rannte und seine Freundschaft suchte. Mir schmeichelte auch, daß gerade ich es war, der das Rennen gemacht hatte.
Trotzdem war ich an sich nicht homosexuell. Das bestätigte sich mir jedesmal, wenn ich in der Uni Studentinnen sah. Ich spürte, daß ich jederzeit meinen Freund gegen eine von ihnen eingetauscht hätte. Aber das war eben nicht möglich. Unser Verhältnis endete auch dadurch nicht, daß mein Freund, der vor mir wie ich vor ihm nicht die geringsten Geheimnisse hatte, mir eröffnete, daß er für Frauen nichts übrig habe, daß er Jungen und Männer viel sympathischer finde. Natürlich konnte unsere Freundschaft im Konvikt nicht unentdeckt bleiben. Die Kommilitonen hänselten uns, obwohl viele von ihnen nur neidisch waren. Als wir uns einmal im Zimmer meines Freundes einschlossen und auf dem Bett liebten, wobei wir vergaßen, das Schlüsselloch zu verdecken, wurden wir beim Regens angezeigt. Wir wurden einzeln und beide zusammen zu ihm

zitiert, widerlich und detailliert ausgehorcht und ausgefragt. Aber da wir beide bis zu diesem Zeitpunkt als vorbildlich galten, bekamen wir nur die Auflage, nicht mehr allein miteinander zu sein. Von Zeit zu Zeit gelang uns das dennoch, und vor allem trafen wir uns ausgiebig in den Ferien. Rückschauend muß ich heute sagen, daß ich bis zur Priesterweihe nicht durchgehalten hätte, wenn ich damals nicht diesen Freund gehabt hätte. Hätte ich mich nicht in ihn verliebt, dann wäre es bestimmt ein Mädchen gewesen, in das ich mich verknallt hätte. Freilich: mein Verhältnis damals war Himmel und Hölle zugleich. Aufgrund priesterlicher Fehlaufklärung oder vielleicht auch einer Aufklärung, die ich nicht richtig verstanden hatte, war erst die sich bei unseren Liebesakten einstellende Pollution der Beweis für uns, daß wir uns nicht ethisch korrekt geliebt hatten. Wir haben daher bei unseren körperlichen Kontakten geradezu übermenschliche Anstrengungen veranstaltet, um den Samenerguß aufzuhalten. Immer gelang es trotzdem nicht, und wir waren dann jedesmal furchtbar bedrückt. Außerdem konnten wir diese Dinge ja nicht beichten, denn der Beichtvater hätte uns bei der Bußauflegung verpflichtet, uns dem Regens zu offenbaren. So erschien uns jede Beichte, zu der wir wöchentlich hingehen mußten, wie ein Sakrileg.«

Feind Nummer eins in der kirchlichen Priesterausbildung ist und bleibt das »Weib«. Kein Wunder, daß manche Priesterkandidaten den Ausweg gleichgeschlechtlicher Kontakte suchen und finden. Man muß dabei folgende Differenz beachten: Es gibt Jugendliche mit bereits ausgeprägter homophiler Neigung, die gerade deswegen ins Priesterseminar eintreten, weil sie dort von vornherein eine größere Anzahl Gleichgesinnter vermuten. Internate, Seminare, Konvikte und Gefängnisse sind ja privilegierte Stätten gleichgeschlechtlicher Begegnung im weitesten Sinne des Wortes. Eine andere Kategorie stellen jene Jugendlichen dar, die an sich heterosexuell ausgerichtet sind, für die jedoch – wie im soeben geschilderten Fall – Homophilie und Homosexualität zu einem Ersatzventil für den kirchlicherseits unterdrückten und verbotenen Verkehr mit dem anderen Geschlecht werden.

Als Tugend erscheint auch manchen Kandidaten priesterlicher Ehelosigkeit, die vor der »Befleckung mit einem Weib« permanent gewarnt werden, die »Selbstbefleckung« oder -befriedigung, die Masturbation. »Der katholische Klerus hat sich immer mit der Selbstbefriedigung befaßt. Denn wo der Koitus unmöglich ist, wird gewöhnlich onaniert, besonders in Gefängnissen und Priesterseminaren – nichts ›schreit‹ dabei, nichts stört die Karriere.«[155] Das Phänomen der Masturbation ist unter katholischen Priestern und Priesteramtskandidaten ziemlich verbreitet und dem Eingeweihten (Beichtvater, Spiritual, Erzieher, Lehrer) weitgehend auch so gut bekannt, daß Beispiele sich eigentlich erübrigen.

Der katholische Moralphilosoph F. Leist hat sie dennoch in zwei Büchern zusammengestellt. Die darin von den Betreffenden selbst geschilderten Fälle bezeugen die Not der um ihre heterosexuelle Erfüllung gebrachten Menschen. Ein 34 Jahre alter Kaplan: »Die Zeit im Studium war immer wieder beschattet von der Onanie. Ich wurde allmählich daran gewöhnt. Geschlechtliche Beziehungen zum anderen Geschlecht oder zu gleichgeschlechtlichen Personen waren für mich wegen meines Priesterberufs von vornherein ausgeschlossen... Die Onanie war die einzige Art meiner geschlechtlichen Betätigung. Ich versuchte auch davon loszukommen, und es gelang mir für einige Jahre. Mit Hilfe eines Beichtvaters wurde mir klar, daß dieser Zustand wiederkehren würde, und so kam es auch.«[156]

Ein 36 Jahre alter Priester über seine Seminarzeit: »In den Beichten war es mir furchtbar, bekennen zu müssen, daß ich oft ›Unkeusches‹ allein getan hatte. Als einmal ein alter Pfarrer sagte, daß das Todsünden seien, bei denen ich die genaue Zahl angeben müsse und ja nicht zur Kommunion gehen dürfe, wenn ›so etwas‹ passiert sei, lebte ich in ständiger Furcht und Angst, denn ich onanierte in dieser Zeit sehr oft. Ich kam einfach nicht davon los... Das permanente Schuldgefühl machte mich ängstlich und scheu... Ich glaubte, man würde mir mein ›ausschweifendes‹ Leben am Gesicht ablesen können... Das so einseitig männlich geprägte Milieu des Seminars fand ich bisweilen unerträglich... Sexuelle Wünsche versuchte ich immer wieder mit den uns angebotenen Motiven zu sublimieren. Etwaige Rückfälle in die Onanie bedrückten mich schwer und führten oft zu der quälenden Frage, ob ich nicht doch das Theologiestudium aufgeben solle.«[157]

Ein 38 Jahre alter Pfarrer schildert plastisch die Atmosphäre im Priesterseminar, die alle sexuellen Ersatzhandlungen begünstigt: »Die sechs Jahre im Priesterseminar haben mir beträchtliche Schwierigkeiten bereitet. Den ganzen Betrieb empfand ich als belastend, die dauernde Einengung der Freiheit, die totale Unterdrückung jeglicher Meinungsäußerung, die Heuchelei des Redens, die wir bald durchschauten, das Herausgezogensein aus einem normalen Alltagsleben (pro Woche zweimal nachmittags Ausgang), keine Chance zum Kontakt mit einer Frau, das dauernde Eingelulltwerden mit frommen Parolen über die ›Herrlichkeit unserer Auserwählung‹ und die ›Sonderliebe‹, die Gott für den Zölibatären empfindet. Aber schließlich hat man doch geglaubt, Gott wolle den ›erniedrigten und demütigen Priester‹. Das Seminar zu verlassen wäre mir sehr schwer gewesen, weil ich wußte, wie viele Gebete die Heimatpfarrei zum Himmel schickte, wieviel auch an Geld für mich gegeben wurde (wir waren zu Hause recht arm). (Heute im Rückblick erkenne ich, wie raffiniert das ganze System war, wie im Grunde eine ›Demagogie‹ praktiziert wurde, die allen Diktaturen eigen ist. Zur Entschuldigung der ›Erzieher‹ will ich aber hinzufügen, daß sie wohl guten Willens waren. Auch sie waren Verdorbene des Systems und heuchelten uns etwas vor.)«

Unter diesen Bedingungen des Seminars bleiben nur drei Auswege: die »übermächtige«, aber ohnmächtige »Sehnsucht nach der Liebe einer Frau«; »die Selbstbefriedigung ... als ein pubertäres Kreisen um sich selbst, als wäre man wie ein 15/16jähriger dabei, zu sich selbst zu finden«; und die Homosexualität: »Der Zölibat erleichtert Homosexuellen den Zugang zum Priesteramt. Gerne will ich annehmen, daß dieser oder jener mit dem Problem fertig wird, aber die *meisten*, die ich kenne, helfen sich durch Partnerverkehr oder Selbstbefriedigung.«

Der betreffende Pfarrer entschied sich später für die Quasi-Ehe mit seiner Haushälterin. Diese empfahl ihm, in seinem Bericht die Zustände in der kirchlichen Erziehung besonders hart anzuprangern: »Verwende die schärfsten Ausdrücke gegen diese Diktatoren und Sklavenhalter, die voller Machtgier instinktiv das richtige Gebiet – die Sexualität – gewählt haben, um die Menschen zu unterjochen. So haben sie über Jahrhunderte die Menschen ›klein‹ gehalten und versuchen es noch heute durch Zwangszölibat, Pillenenzyklika, Diffamierung der Selbstbefriedigung und Homosexualität und jeglicher Regung der Sexualität. Aber die Vergewaltigung der Menschen durch diese kirchlichen Tyrannen geht zu Ende; die Menschen ... lassen sich von diesen mythischen Hirngespinsten nicht mehr verdummen.«[158]

Die Kirche, die in ihren Erziehungsinstituten, insbesondere in den Priesterseminaren, einen Grund für die Masturbation als Ersatz für den verbotenen heterosexuellen Verkehr legt, brandmarkt sie auch in ihrer neuesten Stellungnahme zur Sexualität weiterhin als »eine zumindest schwer ordnungswidrige Handlung«, die »im Zusammenhang mit dem Verlust der Gottbezogenheit und mit der Verwilderung der Sitten« sowie im Zusammenhang mit dem »Verlust des Schamgefühls« gesehen werden müsse.

Da diese Art der Beurteilung der Onanie der traditionellen, »stets gleichbleibenden« diesbezüglichen Lehre der Kirche entspricht, hatte ich als blutjunger Priester auch nur solche oder ähnliche Phrasen für einen Kapuzinermönch zur Verfügung, der mir seine »sich regelmäßig wiederholenden« Selbstbefriedigungen beichtete. Auf meine im Grunde belanglosen Hinweise auf asketische Heilmittel gegen das »Übel« reagierte er in einem Sinne, der mir – allerdings eher nach als während seiner Beichte – immer klarer zum Bewußtsein brachte, daß mir damals die psychologischen und psychoanalytischen Kenntnisse zur Bewertung der Masturbation Zölibatärer total fehlten. »Mein Problem«, sagte er in etwa,[159] »ist nicht eigentlich das einer ethisch oder theologisch relevanten Schuld, sondern die Differenz zwischen meiner Ratio und meiner Emotionalität. Rein verstandesmäßig und auch erfahrungsmäßig, d. h. im Hinblick auf die Eintönigkeit und den eher düsteren oder infantil heiteren Charakter des Klosterdaseins, weiß ich ganz genau, daß ich keine Sünde begehe, wenn ich mir jenes minimale Quantum Lust verschaffe, das jeder Mensch braucht, um nicht ganz zu veröden. Wer den Trieb nicht oder meist nicht zum ›höheren Rausch‹ der Mystik sublimieren kann wie ich – und übrigens auch viele meiner Ordensbrüder –, der braucht diesen ›niederen Rausch‹.

Schlimm ist nur, daß mein Gefühlsleben nicht mit meinen Einsichten Schritt hält. Ich fühle mich trotzdem schuldig oder, präziser gesagt, minderwertig, erniedrigt, verächtlich, wenn ich es getan habe. Meine emotionale Sphäre reagiert auf mein sexuelles Verhalten so spontan und instinktiv mit einem Schuld- und Erniedrigungsreflex, daß ich glauben könnte und früher auch glaubte, das sei eine echte Reaktion meiner gottgeschaffenen Natur. Ich glaube heute trotzdem, daß man einem einen Schuld- und Sündenkomplex derart tief anerziehen kann, daß dann seine ›Natur‹ so ›natürlich‹ reagiert. Wenn ich an meine Kindheit und Jugend denke, wird mir das ganz plausibel. Nur eben: das Gefühl zieht nicht mit, weil es anders erzogen wurde, als dies dem Stand meiner jetzigen Einsichten entspricht. Schuldlos vom rationalen Standpunkt aus weiß ich mich auch deshalb, weil ich bei meinen Onanieakten stets das Bewußtsein habe, daß ich sie gar nicht zu vollziehen bräuchte, wenn ich eine Frau hätte. Ich prüfe mich noch, aber wahrscheinlich werde ich den Orden verlassen. Ich bin überzeugt, dann hört auch das Masturbieren auf.«

Ob er aus dem Orden ausgetreten ist, weiß ich nicht. Er hat sich bei mir nie mehr blicken lassen, vielleicht infolge meiner psychologisch-pädagogischen Unbeholfenheit. Aber auch ich war ja ein Produkt repressiv-zölibatärer Ausbildung, die dazu führt, daß der Priester als »Seelsorger« völlig überfordert ist, wenn er mit echten menschlichen Konflikten konfrontiert wird. Wie ja auch Freud und die ganze Psychoanalyse bis heute für die Kirche ein rotes Tuch sind und dementsprechend den Theologiestudenten meistenteils vorenthalten werden.

Die Kirche schafft die Bedingungen für Masturbation und Homosexualität ihres Klerus nicht nur unmittelbar durch die Art und Struktur ihrer Ausbildung der Kandidaten für das Priesteramt, sondern auch mittelbar durch die Infizierung der katholischen Eltern mit ihrer repressiven Sexualmoral. Tiefgläubige oder dem katholischen Milieu besonders angepaßte Eltern, denen seit ihrer Kindheit das nicht ausschließlich auf Nachkommenschaft ausgerichtete Geschlechtliche als »schmutzig«, »befleckend«, »widerlich«, »unwürdig«, »gemein«, »eklig« und »bös« hingestellt wurde, werden so fast zwangsläufig dazu getrieben, sich ihren Sohn als künftigen, makellos jungfräulichen Priester vorzustellen und zu wünschen. Dabei spielt selbstredend die Ersatzheiligung und -sühne eine Rolle: Der Sohn soll als Priester auch für die in die Niederungen des Geschlechtslebens verstrickten Eltern Buße tun. Die Sündenbockideologie ist mit den primitiven Religionsformen der Frühzeit durchaus nicht verschwunden.

Vor allem in vielen katholischen Müttern, denen das Wort des von einer Frau unberührten Priesters und der ganze sinnenfällige Herrenkult der Hochmessen und Andachten in allen Jahrhunderten der Kirche besonders imponierten, war fast stets der Wunsch intensiv lebendig, ihren Sohn »am Altar zu sehen«. Gerade starke Mutterpersönlichkeiten vermochten diesem Wunsch in ihren Söhnen auch Geltung zu verschaffen, denn das Produkt ihrer autoritären Erziehung waren schwache Kinder, die widerstandslos das taten, was die Mutter für richtig hielt. Oft war und ist die Aggressivität dieser Mütter im Sinne autoritärer, das Eigenleben und die eigenen Entfaltungsmöglichkeiten der Kinder brüskierender Erziehung ihrerseits die Folge kirchlich bedingter Sexualverklemmung im Eheleben.

Das durch die kirchliche Verkündigung der alles umfassenden und umhegenden »Mutter Kirche« und der »reinsten«, »unbefleckt empfangenen« und »einzigartig jungfräulichen« Mutter Maria noch verstärkte und vertiefte Bild der in der Familie dominierenden eigenen Mutter vor Augen, muß der junge Mann natürlich zu der Ansicht gelangen, alle anderen Frauen seien mit ihr nicht vergleichbar, seien minderwertig, wenn nicht gar wertlos. Will die Mutter aus ihrem Sohn einen Priester machen, so bleibt ihr auch gar nichts anderes übrig, als alle anderen Frauen als schlecht und falsch, als »Versuchung« zu »entlarven«. Sie wäre sicher bestürzt, erführe sie, daß sie auf diesem Wege homophile Neigungen im Sohn auslöst oder begünstigt. Auch wegen des überdimensionalen Leitbildes der eigenen Mutter müssen dem jungen Mann alle Frauen als gewaltig, stark, gefährlich und herrschsüchtig erscheinen. Da hält man sich denn doch lieber an das eigene oder gleiche Geschlecht. Aus der starken bis neurotischen Bindung an die eigene fromme Mutter und der damit einhergehenden Angst vor der Bindung an andere Frauen resultieren tatsächlich, wenn auch nicht notwendigerweise, die gleichgeschlechtlichen Neigungen vieler Priesterkandidaten. Was die Mutter mehr oder weniger bewußt oder unbewußt beabsichtigt, ist folgendes: Sie will ihre Dominanz gegenüber dem Sohn über dessen Kindheit und Jugendzeit hinaus erhalten. Die Ehe mit einer Frau könnte das Ende dieser Dominanz sein, die priesterliche Ehelosigkeit sorgt für die Zementierung dieser Dominanz. Was die Mutter dabei im allgemeinen nicht voraussehen kann, ist der Nebeneffekt der auf dieser Grundlage entstehenden homophilen und homosexuellen Neigungen und Kontakte.

Aus meiner religionspsychologischen Praxis halte ich in diesem Zusammenhang folgenden Fall für signifikant. Im Frühjahr 1972 sprach bei mir ein Priester (39) vor, der sich gleich zu Beginn unserer Aussprache offen als homosexuell bezeichnete. Nicht seine Homosexualität, behauptete er, bereite ihm Schwierigkeiten, sondern die durch eine feindliche Umwelt bedingte Notwendigkeit, ständig sein Wesen und seine Absichten zu verschleiern. Ich bat ihn, mir Näheres über seine Kindheit und Jugend sowie über seine Eltern zu erzählen. Es stellte sich heraus, daß er seinen Vater noch immer verachtete und haßte, obwohl dieser schon seit einigen Jahren unter der Erde lag. Der Vater, ein einfacher Fabrikarbeiter, sei ein Säufer gewesen, sei fremdgegangen, habe sich um seine und seiner Geschwister Erziehung keinen Deut gekümmert. Zum Kirchgang habe ihn die Mutter nur an den großen Feiertagen – Weihnachten, Ostern, Pfingsten – bewegen können, wobei es aber immer Ärger und Krach gegeben habe.

Dagegen stellte mir dieser Priester seine Mutter als einen Engel an Güte dar. Beredt schilderte er mir ihre tiefe Frömmigkeit, ihre Hingabe an die Kinder (wobei mir klarwurde, daß er eine privilegierte Stellung unter seinen Geschwistern einnahm), ihre hohe intuitive Intelligenz und Lebenserfahrung, die ihm schon manche Klippe zu überwinden geholfen habe. Ich bat meinen Gesprächspartner, doch einige der mütterlichen Lebensweisheiten wiederzugeben, und war erstaunt darüber, welchen Tiefsinn dieser an sich doch intelligente Mann in die banalen Sprüche seiner Mutter hineinlegte. Ich fragte ihn dann, ob denn seine Mutter eine sehr männliche Frau sei. Er verneinte zunächst entschieden, fügte dann allerdings hinzu, daß sie zwar »zu uns Kindern immer gut war, aber keinerlei Widerspruch oder Ungehorsam duldete«. Gegen den Vater sei sie sehr streng gewesen, der habe nichts zu bestellen gehabt. Den weiteren Ausführungen des Priesters und der ganzen Atmosphäre seiner Schilderung entnahm ich, daß sein Vater nur eine Randexistenz in der Familie geführt hatte, daß die Kinder von der Mutter systematisch zu seinen Gegnern und Verächtern aufgebaut worden waren und daß sich dieser Mensch nur gelegentlich im betrunkenen Zustand zu Hause ausgetobt hatte, was natürlich den Kindern als eine Bestätigung für die Richtigkeit der Hetzreden der Mutter gegen den Vater erscheinen mußte.

»Wie war denn die religiöse Erziehung zu Hause?« fragte ich. Seine Mutter habe ihn sehr oft zur Kirche mitgenommen. Oft habe er sie auch sagen hören, daß alle Männer schweinisch und brutal seien und daß es für einen Mann das beste sei, ins Kloster zu gehen oder Priester zu werden. An seinem siebten Geburtstag habe sie ihn gefragt, ob er denn nicht Meßdiener werden wolle, und er habe das freudig bejaht. Seine Mutter sei dann mit ihm zum Kaplan gegangen und habe für ihn um Aufnahme gebeten. Obwohl sie nicht reich gewesen seien, habe die Mutter etwas später teure Stoffe gekauft und ihm Meßgewänder, wie sie die Priester tragen, angefertigt; ebenso habe sie in einer Ecke der Wohnung einen kleinen Altar errichtet, wo er »die Messe wie der Priester üben konnte«. Er habe auch Jungen aus der Nachbarschaft eingeladen, »sein Volk zu sein«, für das er den Gottesdienst abhalten wolle. Mädchen seien für ihn immer tabu gewesen. Instinktiv habe er gespürt, daß die Mutter, obwohl selber eine Frau, nicht viel von ihnen hielt. Tief sei in seinem Gedächtnis haftengeblieben, wie sie einmal gesagt habe: »Selbst der liebe Gott mag uns nicht besonders, sonst hätte er uns doch das Recht gegeben, Priester zu werden.«

Im Grunde habe er denn auch nur Sympathie für Jungen hegen können, aber auch nicht für alle, sondern nur für die braven und frommen. Unter den Meßdienern habe er sich in der Kirche und beim Spiel im Pfarrgarten wohl gefühlt. Aber auch unter ihnen seien ein paar freche Typen gewesen, die er nicht habe ausstehen können. Unsagbare Freude habe ihn jedesmal erfüllt, wenn er in der Frühmesse neben dem Priester zur Kommunionausteilung gegangen sei und einen bestimmten Jungen, der häufig kommuniziert habe, an der Kommunionbank habe knien sehen. Ihn habe er auch einmal angesprochen und um seine Freundschaft gebeten. Sie hätten sich dann recht oft zum Spiel getroffen, und in einem Wald nahe der Stadt, wo sie damals gewohnt hätten, sei es dann zum erstenmal passiert. Sie hätten miteinander »Doktor gespielt«, und dabei habe er, inzwischen zwölf Jahre alt, eine Erektion und »wunderbare Lust« verspürt. Dem anderen Jungen sei es anscheinend ebenso ergangen, jedenfalls hätten sie es dann noch öfter praktiziert und bei den Sexspielen miteinander auch häufig Pollutionen gehabt. Schuldgefühle habe er dabei keine verspürt, im Gegenteil Genugtuung empfunden, daß sein Verkehr so sauber sei und mit den »bösen Mädchen« nichts zu tun habe.

Immer seien es Jungen gewesen, mit denen er sich in der Folgezeit vergnügt habe. Schon lange vor dem Abitur habe festgestanden, daß er Priester werden würde. Ja, er habe sich auf das Priesterseminar gefreut, weil er dort Gesinnungsgenossen erwartet habe. In Wirklichkeit habe er dann dort die verschiedensten Charaktere getroffen. Dabei habe er eine Wandlung in seiner psychischen Einstellung erlebt: Die lieblichen, frommen Knaben der Jugendzeit habe er nun nicht mehr gemocht. Nur eine bestimmte Art von Alumnen habe ihm jetzt noch imponiert: männlich-herbe Asketentypen, deren Gesellschaft und Freundschaft er gesucht habe. Interessanterweise hätten sich auch manche von ihnen um seine Freundschaft bemüht, obwohl er als weiblich und weichlich, als »süßlich-frommer Jüngling« gegolten habe. Mit einigen von ihnen habe er auch sexuell verkehrt.

Als junger Kaplan in der ersten Pfarre habe er dann immer »einen Haufen« kleiner und großer Jungen um sich gehabt und ihr Vertrauen genossen. Sie seien mit allen ihren Problemen zu ihm gekommen, auch mit ihren geschlechtlichen, und es sei ihm nicht schwergefallen, auch ihren »Penis zu begutachten«, zu betasten, zum Beispiel »um ihre Potenz zu prüfen«. Regelrechten Verkehr habe er aber nur mit einem siebzehnjährigen »Altmeßdiener« gehabt, den er sich »ganz langsam aufgebaut« habe. Mit ihm habe er lange Gespräche in seiner Vikarie geführt. Später habe er ihn gebeten, im Badezimmer seinen Rücken zu bürsten und abzureiben, schließlich – er sei damals grippekrank gewesen – ihm den ganzen Körper zu massieren. Am Ende sei der Junge so weit gewesen, daß er den Verkehr auch von sich aus gewünscht habe.

Um den Jungen, der bisexuell geblieben sei, vor den Frauen zu bewahren, habe er, der Priester, dann versucht, ihm die Idee, Ordensbruder zu werden, schmackhaft zu machen. Er habe dabei an ein bestimmtes Kloster gedacht, mit dessen Prior ihn ein starkes Freundschaftsverhältnis verbunden habe, der ihm also auch jederzeit Kontakt mit dem neuen Frater erlaubt hätte. Es sei ihm auch gelungen, seinen jungen Freund mit Erlaubnis von dessen Eltern ins Kloster zu bringen. Aber sobald der permanente Kontakt mit ihm nicht mehr bestanden habe, sei dieser Jugendliche aus dem Kloster geflüchtet und habe auch von ihm nichts mehr wissen wollen. Für ihn, den Priester, sei es persönlich eine furchtbare Tragödie gewesen, weil er an diesen jungen Kerl so gebunden gewesen sei.

Wie ich dann noch erfuhr, war der unmittelbare Anlaß seines Besuches bei mir eine Enttäuschung. Er habe die Ernennung zum Leiter eines Knabenkonvikts praktisch schon in der Tasche gehabt, da habe sich sein früherer Regens (des Priesterseminars) beim Generalvikariat eingeschaltet und schärfstens gegen diese Ernennung protestiert. Sie sei dann auch nicht zustande gekommen. Er vermute, daß der Regens seine päderastischen und homosexuellen Neigungen schon im Priesterseminar durchschaut und ihn mit Hinweis darauf beim Generalvikar der Diözese angeschwärzt habe. »Warum hat er mich dann aber nicht schon damals aus dem Seminar hinausgeworfen?« fragte er mich. Er merke jetzt immer stärker, wie man ihn als Priester zweiter Kategorie behandle und ihn isoliere. Anstatt der Ernennung zum Konviktsleiter sei er Pfarrer in einem abgelegenen Winkel der Diözese geworden. Interventionen wie die des Regens sprächen sich ja auch herum. Das Überlegenheitsgefühl heterosexuell veranlagter Priester ihm gegenüber ließe sich gar nicht übersehen. Von menschlichem Verständnis und Einfühlungsvermögen in die Probleme von Minderheiten sei innerhalb der Mauern der Mutter Kirche weit und breit nichts zu spüren....

Auch wenn sich ihr Prozentsatz nicht genau feststellen läßt, für viele Priester bilden die enge Mutterbindung und die kirchliche Internatserziehung zweifellos die auslösenden Faktoren ihres Durchbruchs zur Homosexualität.[160] Dies darf als Tatsache festgehalten werden, auch wenn die Details der Zusammenhänge zwischen Leitbildfunktion der Mutter und des Vaters und Rollenidentifizierung der Kinder mit ihr oder ihm auf der einen Seite und Entstehung von Homosexualität auf der anderen Seite noch immer nicht ausreichend erforscht sind. Priesterseminare sind jedenfalls Sammelbecken für junge Leute, die, infiziert durch kirchliche Erziehung in Elternhaus, Religionsunterricht und Internat, sich durch besondere Labilität sowohl in bezug auf psychische Konstitution und Rollenfindung im allgemeinen als auch in bezug auf Identifizierung mit ihrer Rolle als Mann im besondern auszeichnen.

Bei der Berechnung des Anteils homosexueller Priester am katholischen Klerus überhaupt ist man auf Schätzungen angewiesen. Eine Hochrechnung (aufgrund der mir bekannten Fälle) hinsichtlich dominant gleichgeschlechtlicher Neigung bei katholischen Priestern ergibt, daß etwa ein Drittel von ihnen vorwiegend oder ausschließlich homophil bzw. homosexuell sein dürfte. Der Vatikan hütet sich selbstverständlich, sein diesbezügliches Zahlenmaterial vorzulegen, obwohl ihm dem Vernehmen nach von Soziologen und Ärzten erstellte Untersuchungsergebnisse vorliegen, denen zufolge die Rate homosexueller Priester innerhalb des Gesamtklerus zwischen 30 und 50 Prozent schwankt.

Während das Thema »Homosexualität der Priester« in der katholischen Kirche noch weitestgehend tabu ist, geben Führer anderer Kirchen wenigstens von Zeit zu Zeit zu, daß es unter ihren Priestern viele Homosexuelle gibt. In einer im April 1973 gehaltenen Rundfunkrede bat der anglikanische Erzbischof von York, Donald Coggan, um Verständnis und Mitleid von seiten der Öffentlichkeit für den Kampf »vieler anglikanischer Priester« gegen ihre homosexuelle Neigung.[161] Im Frühjahr 1976 wurde sogar in London eine »Bewegung homosexueller Christen« (Gay Christian Movement) ins Leben gerufen, zu deren Präsidenten die zunächst 150 männliche und weibliche Mitglieder aus allen großen Glaubensgemeinschaften zählende Organisation den homosexuellen anglikanischen Pfarrer Peter Elers wählte. Während diese Bewegung durchsetzen will, daß zum Christentum sich bekennende Homosexuelle als »ehrliche und aufrechte christliche Menschen« anerkannt werden, während Pfarrer Elers, der verheiratet ist und vier Kinder adoptiert hat, vor seinen Gemeindemitgliedern sich öffentlich zur Homosexualität bekennt und sein Bischof keinen Grund zu seinem Rücktritt oder seiner Versetzung sieht, beeilt sich die katholische Kirche, zum selben Zeitpunkt und Gegenstand apodiktisch zu erklären, daß sie die Homosexualität nicht als Alternativform der Sexualität akzeptieren könne.[162]

Nicht nur als sexuelle Alternativform wird die Homosexualität von der Kirche nicht akzeptiert, aus dem Mund ihrer berufenen moraltheologischen Vertreter hört man sogar Worte, die der Strafidee einer Zwangsreglementierung der Homosexuellen bedenklich nahekommen. »Unser Gewissen kann nicht davon entbunden werden, sich eugenisch auszurichten; gegenüber einem Rechtsgut von solcher Dignität« – gemeint ist die Ehe – »muß das Individuum sich (auch rechtlich gezwungen) einpassen.«[163] Wie würde ein solcher, die Homosexuellen betreffender »Rat« an den Gesetzgeber und die Exekutive wohl lauten, gäbe es weiterhin die universale Bevormundung des gesamten politischen und gesellschaftlichen Lebens durch die Kirche früherer Jahrhunderte? Noch 1566 verlangte die päpstliche Bulle »Cum primum« ganz unverschlüsselt »die Auslieferung jedes Homosexuellen an den Staat, was ohne Zweifel die Hinrichtung nach sich zog«. Und »noch die bis Ende des 18. Jahrhunderts allgemeingültige Peinliche Halsgerichtsordnung Karls V., des ›weltlichen Oberhauptes der Christenheit, des Schirmvogtes der Kirche‹, belegt Sexualverkehr zwischen Mann und Mann oder Frau und Frau mit dem Feuertod«.[164] Aber selbst »in unseren Tagen bezog sich noch das Bundesverfassungsgericht in einem Urteil zur Verfassungsmäßigkeit des § 175 nicht nur auf den Artikel 116 der Constitutio Criminalis Carolina von

1532, sondern sogar auf 3. Mose 18,22 und 20,13!«,[165] wo für den »Greuel« und das »Abscheuliche« des Beischlafs eines Mannes mit »seinesgleichen« die Todesstrafe befohlen wird.
Wo und wenn die Kirche kann, wie sie will, bestraft sie die Homosexualität auch heute noch grausam wie eh und je. So in den noch bis vor kurzem bestehenden katholischen Diktaturen des 20. Jahrhunderts: in Spanien und in Portugal. In Spanien beispielsweise wurden Homosexuelle seit den fünfziger Jahren Internierungsmaßnahmen unterworfen.[166]
Woher kommt diese sadistische Bestrafungslust gegenüber Homosexuellen? Metaphysisch-ideologisch wurde die Bestrafung der Homosexualität durch die Kirche in allen Jahrhunderten mit dem Argument eines furchtbaren Verstoßes, ja Umsturzes der gottgeschaffenen Seinsordnung gerechtfertigt, die sich für homosexuelle Unzucht – so, als einer von vielen, der lutherischen Kirchen- und Strafrechtslehrer Benedikt Carpzow (17. Jahrhundert) – mit Folgeerscheinungen wie »Erdbeben, Hungersnot, Pest, Sarazenen, Überschwemmungen und sehr dicken, gefräßigen Wühlmäusen«[167] räche. Zweifellos aber spielt bei dieser kirchlichen Lust an der Bestrafung Homosexueller eine Verdrängungstendenz mit. Man will sich nicht eingestehen, zumindest nicht öffentlich bekennen, daß der Feind, gefördert durch die institutionalisierte Verteufelung der Frau, in den eigenen Reihen sitzt, daß das »trojanische Pferd« der Homosexualität längst oder stets schon in den kirchlichen Erziehungsinstituten zu Hause war. So projizierte man Wut und Enttäuschung über diesen Sachverhalt aggressiv in den Bezirk außerhalb der klerikalen Hierarchie, indem man homosexuelle Laien und nicht der Kirche Angehörige weit schärfer bestrafte als gleichgeschlechtlich verkehrende Priester. (Interessant ist in diesem Zusammenhang ein Passus bei Luther, der sich darüber aufregt, daß Homosexualität, genauer Päderastie, an höchster Stelle in der katholischen Kirche getrieben werde, deshalb von einer kirchlichen Institution nicht bestraft werden könne, da der Papst ja höchster Richter und Bestrafender, nie Bestrafter sei; Luther denkt aber wie seine katholischen Gegner im Rahmen desselben, oben erwähnten metaphysisch-ideologischen Rechtfertigungsmechanismus, wenn er den Papst dann eben als durch die sich rächende Seinsordnung bestraft hinstellt: »... Verachtung und Schande der schändlichen Unzucht und Hurerei im Papsttum, die sehr groß und greulich ist. Papst Leo ist tot blieben, da er mit einem Knaben zu schaffen gehabt hat, und drüber gestorben. O der greulichsten Schande von dem allerheiligsten Vater!«[168])
Was homoerotische Priester und Priesterkandidaten betrifft, so läßt sie die Kirche heute m. W. im allgemeinen in Ruhe, selbst wenn sie von ihren

Neigungen weiß. Dieses In-Ruhe-lassen macht sie jedoch praktisch von zwei Bedingungen abhängig: 1. die Homoerotik muß sich in Grenzen halten, darf nicht in praktizierte Homosexualität übergehen; 2. und vor allem: sie darf einem größeren Kreis nicht bekanntwerden. Sobald das letztere dennoch eintritt, setzt sich der breit gefächerte Bestrafungsmechanismus der Amtskirche gegen den »Sünder« in Bewegung. Natürlich gibt es die Todesstrafe für Homosexuelle, wie sie die Kirche früherer Jahrhunderte kategorisch forderte und mit Hilfe des »weltlichen Armes« auch praktizierte, heute nicht mehr. Aber es ist schon grausam genug, wenn ein Priesteramtskandidat sein ganzes langjähriges Theologiestudium hinter sich gebracht hat und dann erfährt, daß man ihn zu den höheren Weihen der Diakonats- und Priesterweihe nicht zulassen dürfe, zugleich ihm einen Wink gibt, daß ihm auch für das Lehramt an Schulen die Zulassung nicht in Aussicht gestellt werden könne.

Diese Art kirchlicher Berufsverbote existiert tatsächlich. In einem dieser Fälle war es so, daß die Vorgesetzten des Priesterseminars von den gleichgeschlechtlichen Neigungen des Kandidaten wußten, sie auch im Laufe der ganzen Seminarzeit in dem Sinne tolerierten, daß sie ihm ständig nahelegten, sich zu beherrschen, diesen Neigungen nicht nachzugeben. Der Kandidat auf das Priesteramt nahm sich auch heroisch zusammen, weil er unbedingt Priester werden wollte. Gegen Ende des letzten Semesters uferte die überschüssige Sexualenergie aus; mit einem anderen Theologiestudenten gleicher Art und Neigung erging er sich sexuell. Das wurde beobachtet, machte die Runde, kam den Vorgesetzten zu Ohren. Endergebnis: wie oben beschrieben.

Überflüssig zu fragen, wo denn hier die oft betonte, angeblich alle Menschen umfassende Liebe der Kirche bleibe? Wirft man trotzdem diese Frage auf, so muß die Antwort lauten: Kirchlich organisierte Religion – die ständig, um die allen Minderheiten feindlich gesinnten Massen bei der Stange zu halten, Konzessionen machen muß – und Liebe sind einfach und schlicht zwei sich absolut ausschließende Größen. Theologen, deren Beruf u. a. darin besteht, in die offiziellen Maßnahmen der Kirche immer auch – und sei es um tausend Ecken herum – noch etwas von Menschenliebe und -güte hineinzuinterpretieren bzw. »hineinzugeheimnissen«, sollten lieber die notwendig ideologische Pervertierung, den zwangsläufig eintretenden Mißbrauch der »Macht der Liebe« innerhalb einer von Berufsmanagern geleiteten organisierten Massenreligion untersuchen.

Wenn hier, gewiß unpopulär, für eine homosexuelle Minderheit in der Kirche und im Klerus Stellung genommen wird, so heißt das keineswegs, daß alles im Umkreis der Homoerotik gesetzes- und straffrei bleiben soll.

Wäre zum Beispiel im zuletzt geschilderten Fall das kirchliche Berufsverbot für einen Priesteramtskandidaten als Bestrafung für sexuelle Handlungen mit *Minderjährigen* ausgesprochen worden, wäre das voll vertretbar. Aber es geschah mit einem fast gleichaltrigen Erwachsenen, und die Gefahr, daß der betreffende Priesterkandidat sich künftig in Seelsorge oder Schule an gleichgeschlechtlichen Kindern oder Jugendlichen vergehen würde, war in keinem Falle größer als die, in der sich heterosexuell disponierte Priester bei ihren pädagogischen Veranstaltungen angesichts »kleiner Mädchen« befinden.
In einem anderen Fall bestand die Strafe »lediglich« im Ausschluß nach sechs Semestern Theologie. Der Betreffende fiel aus allen Wolken, weil er bis dahin vom Regens des Priesterseminars besonders aufmerksam behandelt, ja favorisiert und protegiert worden war, so daß er sogar annahm, sein Vorgesetzter sei selbst homosexuell. Der Regens hatte ihn, weit häufiger als jeden anderen Alumnen, oft zu sich beschieden und stundenlange, »sehr sympathische« Gespräche mit ihm geführt. Als unser Seminarist dann aber in einer dunklen Korridornische des Seminars einen anderen Studenten geküßt habe, sei zufällig (?) der Regens vorbeigekommen, habe aber so getan, als ob er nichts gesehen habe. Am nächsten Morgen sei er zum Regens zitiert worden: »Packen Sie Ihre Sachen und verschwinden Sie!« – habe der ihm befohlen. Er habe dem Befehl ganz benommen Folge geleistet. Erst in der Heimatpfarre sei ihm die Katastrophe zu Bewußtsein gekommen: die neugierigen Fragen des Pfarrers, der Kapläne, warum er so mitten im Semester nicht im Seminar sei; die leisen, dann immer lauter werdenden Verdachtsäußerungen verschiedenster Art; die Einsamkeit des plötzlich aus seinem Milieu, in dem er sich wohl gefühlt habe, Herausgerissenen; das Ende einer Berufshoffnung, obwohl er wirklich »saubere seelsorgerliche Intentionen« gehabt habe. Er habe sich dann zunächst in immer größere Wut und Aggression hineingesteigert. Er habe den Regens mit bitterbösen Briefen bombardiert, ihm mit Anzeige und Gerichtsverfahren gedroht, aber nie eine Antwort bekommen. Auf dem absoluten Tiefpunkt der Katastrophe habe er sich mit Schlaftabletten umbringen wollen. Es sei aber nur zu einem Krankenhausaufenthalt und zum Auspumpen des Magens gekommen. Noch heute wisse er nicht, was er nun eigentlich werden und machen solle. Die Eltern, die erst durch den Rausschmiß aus dem Priesterseminar von seinen Neigungen erfahren hätten, gäben ihm ziemlich viel Taschengeld, seien aber bedrückt und unsicher ihm gegenüber. Er selbst meinte mir gegenüber, daß ihm seine »homophile Schlechtigkeit« erst durch die »ganze soziale Ächtung« zu Bewußtsein gekommen sei.

Die amtliche Bestrafung homosexueller katholischer Laien und Kleriker ist durch das kirchliche Gesetzbuch, den Codex Iuris Canonici, geregelt. Von einem Kirchengericht rechtmäßig wegen Homosexualität Verurteilte verfallen der sogenannten Infamie, d. h. dem Ehrverlust im kirchenrechtlichen Sinn, der immer mit dem Kirchenbann und der persönlichen Gottesdienstsperre verbunden ist. Die Infamie zieht die Irregularität (ein nur durch oberhirtliche Befreiung zu behebendes dauerndes, kanonisch festgelegtes Hindernis, das vom Weiheempfang bzw. der Ausübung der Weihe ausschließt) und die Unfähigkeit zur Erlangung kirchlicher Benefizien nach sich. Maioristen, also Träger der höheren Weihen, sind darüber hinaus nach den Vorschriften des Codex Iuris Canonici zu suspendieren, von Amt und dienstlicher Stellung zu entfernen, in schweren Fällen mit Absetzung zu bestrafen (vgl. CIC, Kanon 2357, § 1; Kanon 2358; Kanon 2359, § 2).
Wie sehr müssen wohl jene Alumnen kuschen, die mit einer in der frühen Kindheit erworbenen homosexuellen Neigung ins Priesterseminar eintreten oder durch die Seminarausbildung entsprechend homoerotisch disponiert werden und ihr Ziel, Priester zu werden, um jeden Preis erreichen wollen?
Schon die eindeutig Heterosexuellen sehen sich in der katholischen Seminarerziehung einem ständigen Druck ausgesetzt, weil jedes Symptom auch der kleinsten, zum Beispiel verbalen Unbeherrschtheit in Richtung auf das andere Geschlecht von den Vorgesetzten eifrig registriert und bei der späteren Vergabe von Posten entscheidend mitberücksichtigt wird. Aber bei aller Verteufelung des »Weibes« wurde doch in der kirchlichen Verkündigung der Verkehr mit ihm nie als widernatürlich (contra naturam) hingestellt. Da aber, wie auch die neueste Sexualerklärung des Vatikans wieder beweist, die Homosexualität stets als »furchtbare Sünde gegen die Natur«, als »crimen pessimum« (so eine Kategorialisierung der Homosexualität durch das Heilige Offizium) kirchlicherseits eingestuft wurde, kann der diskriminierende Druck, der in Priesterausbildungsstätten auf dieser »Rechtsbasis« gegen Homoerotiker angewandt wird oder lautlos, gleichsam atmosphärisch vorherrscht, noch beträchtlich größer sein als der auf eindeutig Heterosexuelle ausgeübte. Homoerotiker bilden ein besonders ergiebiges Objektfeld kirchlicher Machtmanipulation. Ihr Servilismus, ihr Verzicht auf jegliche individuelle, von der kirchlichen Erziehungsnorm abweichende Entfaltung, auf jegliche Anwandlung von Selbständigkeit oder gar Auflehnung ist besonders eklatant. Ihre Angst, entdeckt zu werden, treibt sie zu hypertrophierender Repression, zu neurotisch verstiegener Unterdrückung des ihnen eigenen Sexualverhaltens,

zu sozusagen sadistisch-masoschistischer Aggression gegen sich selbst, gegen die eigene Triebsphäre.
Kein Wunder, daß es auf dieser Grundlage nach Verlassen des Seminars und nach der Priesterweihe häufig zur Verführung Minderjähriger durch homosexuelle Priester kommt. Die jahrelang angestaute, verdrängte, auf sich selbst zurückgekrümmte Sexualenergie bricht aus dem in die Seelsorgepraxis Beorderten, nicht mehr so unmittelbar unter dem Auge der geistlichen Ausbilder Stehenden hervor und sucht sich, nach Revanche für eigene Unterdrückung lechzend, ihr Opfer unter jungen, abhängigen Individuen. Zwar gelangen nur relativ wenige Fälle von katholische Eltern immer wieder so beunruhigender Verführung Minderjähriger und Schutzbefohlener durch homosexuelle Priester ans Licht der Öffentlichkeit. Berichtet wurde aber bereits in einem anderen Zusammenhang des vorliegenden Buches über die Eskapaden von zwei Priestern unter der Jugend ihrer Pfarrgemeinden. Zitiert wurde der Ausspruch des ersteren: »Die Kirche hat mich in meiner Not allein gelassen. Nie haben die zuständigen Stellen einen Versuch gemacht, mich von meinem Begehren zu befreien.« Zur Sprache kam auch der im Fall des ersteren sowohl die Hierarchie wie das katholische Fußvolk betreffende Kausalmechanismus eines zynischen bzw. feigen Verschweigens der betreffenden Tatbestände. Was von diesen und ähnlichen Tatbeständen an die Öffentlichkeit dringt, ist im wahrsten Sinne des Wortes nur die alleroberste Spitze eines Eisberges.
Erwähnt sei in diesem Zusammenhang auch das Schicksal des Triebtäters und Kindermörders Jürgen Bartsch. Von ihm schreibt jemand, der wie kein anderer das Vertrauen des am 28. 4. 1976 unter so merkwürdigen Umständen gestorbenen Bartsch besaß, nämlich der in Berlin lebende amerikanische Publizist P. Moor: »Bis heute begreifen die meisten Mitbürger von Jürgen Bartsch die Natur seiner schrecklichen psychischen Krankheit nicht. Ein für allemal: geerbt hat er sie nicht. Der Knabenmörder Jürgen Bartsch war schlicht und einfach das Ergebnis der ersten fünf oder sechs Jahre seiner abscheulichen pathologischen, fast unbeschreiblich unglücklichen Kindheit... Den Kindermörder J. B. erzeugte die Mißhandlung und die anderen traumatischen Erlebnisse seiner eigenen Kindheit.« Schweren Schaden fügte dem Jugendlichen Bartsch auch ein katholischer Priester zu. »Aus Jürgens Revisionsprozeß wurde bekannt, daß der katholische Priester Pater P. (›Pa Pü‹) Jürgen als Internatsschüler in M. sadistisch bestraft und sexuell mißhandelt hatte. Nach dem Prozeß hat einer von Jürgens Rechtsanwälten gegen Pa Pü Anzeige wegen Meineids erstattet.«[169]

Was Bartsch in einem Brief an P. Moor zum Thema der Bestrafung des Paters ausführt, ist in zweierlei Hinsicht bemerkenswert: in bezug auf seine eigene Gesinnung und in bezug auf die von ihm behauptete Verzögerungstaktik des Gerichts: »Will ich was erreichen beim Verfahren gegen Pa Pü? Ja. Rache? Nein. Es wäre nicht normal, so zu denken. Ich glaube, und *das* ist die Profession, daß er nie wieder an Kinder heran darf! – Das Verfahren ist schon interessant. Fünf Jahre für ›crystal-clear‹ Meineid. Rekord. Im November wurde Anklage erhoben. Termin immer noch nicht festgesetzt. Auch das ist Rekord. Jetzt genügt wohl ein Attest, daß es weitere Jahre dauert. Wenn ich nicht Jürgen Bartsch hieße, würde ich sagen, daß es ein Skandal ist.«[170]

Mir sind in den letzten 29 Jahren, d. h. seit meinem eigenen Eintritt ins Seminar, an die 60 Päderasten im Status des Priesters oder Priesteramtskandidaten begegnet. Die breite Masse stellt sich solche Leute stets als verworfene, gemeine Kreaturen vor. Aber wer ihre Lebensgeschichte kennt, weiß, ohne ihre Tat (wenn sie geschehen ist) beschönigen zu wollen, daß sie zunächst einmal unglückliche oder frustrierte oder individualpsychologisch nicht ausgereifte Menschen waren. In einigen der mir bekanntgewordenen Fälle verhielt es sich so, daß die betreffenden klerikalen Päderasten sozusagen nur etwas fortsetzten, dessen Opfer sie selbst einmal geworden waren: Ein Lehrer, ein Konviktsleiter, eine für sie als Autorität geltende Person hatte sich an ihnen in der Kindheit oder Jugend vergangen. In allen diesen Fällen hatte der eigene Vater durch ein Zuwenig oder ein Zuviel an Autorität versagt bzw. existierte nicht mehr, und diese Ausfallserscheinung wurde durch blindes Vertrauen zu einer anderen Autoritätsperson kompensiert, der man dann auch blindlings bei den sexuellen Spielereien folgte.

Der typische Werdegang eines päderastischen Priesters – verallgemeinert aufgrund der mir bekannten Fälle – ist etwa folgender: Starke Mutterbindung (siehe das dazu bereits Ausgeführte), seltener zu starke Vaterbindung – Schwache Ichbildung – Eintritt in ein kirchlich geführtes Internat oder nach dem Abitur Eintritt ins Konvikt oder Priesterseminar aufgrund des internalisierten Mutterwunsches, seltener Vaterwunsches, ein jungfräulich-priesterliches Leben zur Ehre Gottes oder zur Sühne für die Sünden der Menschheit zu führen – Die steril-gleichgeschlechtliche Konviktsatmosphäre mit der fast zwangsläufig entstehenden Bewußtseinskonzentration und -fixierung der erotischen Aufmerksamkeit auf Knaben und Jünglinge – Der unbewußte Versuch, die eigene Geschlechtslabilität durch Identifikation mit der Vaterfigur eines Vorgesetzten zu überwinden – Das Scheitern dieses Versuchs aufgrund der Unzulänglichkeit der

Vaterfigur: der Jugendliche erkennt, daß der Vorgesetzte zwar autoritär, aber keine echte Autorität, im Grunde schwammig-weich ist und selber Angst vor dem anderen Geschlecht hat bzw. homoerotische oder päderastische Neigungen besitzt (ob er sich nun mit ihm identifiziert oder – aus Enttäuschung – nicht identifiziert, die eigene Ichschwäche und Unfähigkeit, sich mit der Rolle als Mann voll zu identifizieren, bleiben bestehen und werden durch die jahrelang bestimmende Seminaratmosphäre gleichsam verewigt) – Verewigt wird somit auch das Stehenbleiben auf der geschlechtsspezifisch nicht dezidierten, nicht fixierten Vor- oder Pubertätsstufe, was einen lebenslangen Infantilismus, die Entstehung der komisch wirkenden Figur des Priesters als eines ewigen Jünglings zur Folge hat – Nach der Priesterweihe: als Kaplan, Jugendführer, Religionslehrer, Konviktsleiter, Subregens des Priesterseminars usw. werden die im Laufe dieser relativ langen Vorgeschichte erworbenen homoerotischen bzw. päderastischen Neigungen und Handlungen weiter kultiviert und praktiziert bzw. angesichts der jetzt zur Verfügung stehenden größeren Freiheit, Eigenautorität und günstigeren Betätigungssphäre erst richtig in die Tat umgesetzt und »ausprobiert«, wobei manchen dieser Priester noch die zölibatäre Angst vor der Frau im Nacken sitzt und ihre Zuwendung zu den »weit ungefährlicheren, harmlosen« Kindern obendrein verstärkt.

Angemerkt sei aber hier, daß die Knabenliebe mancher Priester ebenso platonisch bleibt wie die heterosexuelle Verliebtheit allzu schüchterner Kleriker. Es gibt jedenfalls Päderasten im Priesterrock, die zwar die entsprechenden Zeichen und Signale aussenden, es aber im Falle des Ausbleibens einer Antwort nicht wagen, Hand an den Jungen oder Jugendlichen zu legen. Häufiger kommt allerdings die langsame Einführung Jugendlicher in die päderastische Wunschwelt des betreffenden Priesters vor. Eigentliche Vergewaltigungen sind absolute Ausnahmen.[171] Aber die Grenzen zwischen Suggestion, geistigem oder geistlichem Zwang und Vergewaltigung im engen Wortsinn sind andererseits auch fließend, und selbstredend wird die Schwere eines Verbrechens an einem jungen, in der psychischen Entwicklung befindlichen Charakter nicht notwendig erst durch das Eintreten eines körperlichen Gewaltaktes gegen ihn markiert.

Optimisten unter den Kritikern des katholischen Zwangszölibats meinen, daß gerade die Aufhebung dieses Kirchengesetzes den strahlenden Glanz der charismatischen Ehelosigkeit »um des Himmelreiches willen« bei jenen Priestern zum Vorschein brächte, die nun heiraten könnten, es aber eben dennoch nicht täten. Hält aber vielleicht die Amtskirche am Zölibatsgesetz nicht auch deshalb so hartnäckig fest, weil sie, wenigstens in diesem Punkt, realistischer oder auch pessimistischer ist als diese Optimisten? Weil sie weiß, daß nach Aussonderung der heiratsfreudigen und tatsächlich heiratenden Priester ja nicht bloß die »gottbegnadeten jungfräulichen Männer« übrigblieben, sondern auch die durch die Bedingungen ihres eigenen Ausbildungssystems geschaffenen oder begünstigten, wenn auch zugleich dafür bestraften Homoerotiker und Päderasten, die sich nun aber in der geringer gewordenen Masse der nach außen hin zölibatär lebenden Priester nicht mehr so gut verbergen könnten?

8. Die Unterdrückung der Sexualität als zentrales Anliegen organisierter Religion. Schlußbemerkungen und Schlußthesen

Da der Geschlechtstrieb der stärkste Trieb ist, muß Religion, je organisierter sie ist, um so intensiver ihre kontrollierende Aufmerksamkeit auf alle seine Erscheinungsformen und Entfaltungsmöglichkeiten richten. Die Tendenz, Religion immer raffinierter durchzuorganisieren, entspricht u. a. entscheidend der Angst als Kehrseite der Herrschsucht, der Angst vor Überraschungen jeglicher Art, vor unvorhersehbaren und unübersehbaren Zufällen, vor dem Einbruch wie immer gearteter Unordnung in das Planspiel religiöser Diktatoren mit den Menschen als Marionetten. Da muß diesen Religionsmachern der Sexualtrieb selbstverständlich als besonders suspekt gelten, weil er angesichts seiner Variationsbreite und Intensität, seiner mit dem körperlich-seelischen Kräftepotential schlechthin identischen, ungeheuren Energiekonzentration eine ausufernde, alle Formen des Zusammenlebens sprengende und alle klassenspezifischen und hierarchischen Unterschiede nivellierende, eben »anarchistische« Tendenz zu haben scheint. Jedes religiöse System in Geschichte und Frühgeschichte war deshalb zugleich ein Versuch, dem Sexualtrieb mehr oder minder strenge Regeln vorzuschreiben. Man denke z. B. an die nur selten, aber periodisch von den Herrschenden erlaubten Kollektivorgien archaischer Religionen. In diesen Perioden war die Ordnung der Gruppe, des Stammes, des Volkes und des Kosmos aufgehoben, es herrschte das durch den alle Standesunterschiede nivellierenden Sexualtrieb versinnbildlichte Chaos: Die Sklaven etwa durften zum Zeichen, daß alle soziale Ordnung aufgehört hatte, den Herren befehlen, ihre Frauen »nehmen« usw. Die Unterdrückten, die sich kurze Zeit austoben konnten, folgten ihren Unterdrückern dann um so williger in den langen Phasen der Ordnung des Gemeinwesens und der Zucht des Sexus.[172]

Jede gesellschaftlich organisierte Religion, auch die primitivste und laszivste, hat den Sexualtrieb mehr oder weniger zu regeln und zu kanalisieren versucht, um der Bedrohung der etablierten Ordnung durch ihn zu begegnen. Die Einschränkungen und repressiven Manipulationen des Sexus sind keine christliche Erfindung. Wohl aber gilt, daß die römisch-katholische Organisationsart der christlichen Religion die Formen der Unterdrückung des Sexualtriebs in vielen Hinsichten und Bereichen uneinholbar systematisiert und perfektioniert hat. Sie, die im weltgeschichtlichen Rahmen als die monströseste und kolossalste Verkörperung des weitgehend gelungenen Versuchs gelten muß, die Religion mit allen Mitteln der Zentralisierung, Bürokratisierung, Numerierung und Überwachung, der Diplomatie, des Arrangements mit allen politischen und wirtschaftlichen Mächten, des Intrigenspiels usw. zu einer lückenlos geschlossenen, totalitären Organisation umzugestalten, in der für die freie Religiosität des Individuums kein Raum bleibt, mußte natürlich auch das größte Interesse daran haben, den unberechenbaren, »massiv ordnungswidrigen«, immer eine anthropologisch fundierte Realaffinität zu Tendenzen wie Revolution und Freiheit aufweisenden Geschlechtstrieb in ihre absolute Gewalt zu bekommen. Ausgehend von der Erkenntnis, daß die Masse der Menschen beherrscht, wer den Sexus beherrscht, daß den Menschen knebelt, wer die Freiheit des Geschlechtstriebs entscheidend einschränkt, hat die römisch-katholisch organisierte Religion im Laufe der Jahrhunderte ein perfektes, einzig dastehendes System totalitärer Sexualrepression geschaffen.

Im Rückblick auf primitive Naturreligionen könnte man sie darüber hinaus als nur in der Form, nicht in der Sache modernisierende Institution der Konservierung primitiv-religiöser Sexualfurcht und Sexualtabus[173] ansehen.

Ideologische Stützpfeiler der Systems totalitärer Sexualrepression, wie wir es in der römisch-katholisch organisierten Religion vor uns haben, sind u. a.: die ständige Berufung auf ein vermeintlich objektiv und unwandelbar vorgegebenes sittliches Naturgesetz, das den kirchlichen Machthabern die theoretische Rechtfertigung für die exklusiv matrimoniale Kanalisierung der Sexualität liefert (nach dem Motto: alle Betätigung der Sexualität außerhalb der Ehe ist schon von der menschlichen Natur her illegitim – was aber die Kirche nicht hindert, auch noch die Intima des ehelichen Lebens durch vermeintlich die Integrität und Gottwohlgefälligkeit des Eheaktes normierende Naturgesetze zu reglementieren); die Erniedrigung, in manchen Jahrhunderten sogar Dämonisierung der Frau als des dem »bösen Geschlechtlichen« vermeintlich ergebeneren

(Natur-)Wesens; die zu dieser Erniedrigung nur scheinbar konträre, Verachtung für andere Frauen implizierende Erhebung einer einzigen Frau als »unbefleckt empfangende« jungfräuliche Gottesmutter aus den Niederungen des Fleisches, der Natur, der verunreinigenden Geschlechtsberührung (vgl. den offiziellen Madonnenkult der Kirche mit den Dogmen der seit Beginn ihrer Existenz bestehenden Freiheit Marias von der Erbsünde, der »manneslosen« Zeugung Jesu im Schoße Mariens durch den Heiligen Geist und der Aufnahme der Unversehrten in den Himmel); weiter: die Aufspaltung der religiösen Gesellschaft in ein niederes Volk der Laien, dem in gewissen, eng gezogenen Grenzen der Ehe die Sexualität erlaubt ist, und in einen höheren, über den Gesetzen des Fleisches stehenden Stand der Ehelosen (Priester, Ordensleute; auch damit war selbstredend jeglicher Vollzug des Sexuellen als niedere Handlungskategorie diffamiert); die dementsprechende theologisch-metaphysische Aufspaltung des obersten Prinzips der römisch-katholischen Religion in einen im Grunde niederen *Schöpfergott*, der alles, also auch die Sexualkraft des Menschen, gut geschaffen habe, und in einen nur verbal mit ihm identischen *Erlösergott*, der einer höher gearteten Gruppe von Menschen (Papst, Kardinäle, Bischöfe, Priester, Mönche, Nonnen), eben dem gottgeweihten Stand der Jungfräulich-Ehelosen, das Charisma gebe, die vom Schöpfergott installierten Naturgesetze des Fleisches zu mißachten und über sie erhaben zu sein; Kult und Liturgie als soziodramatische Veranschaulichungsformen der frauenlosen, patriarchalischen Herrschaft des Mannes in der Kirche; die Erhebung des Zölibats zum Charakter eines gleichsam existentiellen, über Bewährung oder Versagen im christlichen Vollkommenheitsstreben überhaupt entscheidenden Tests oder mit den Worten Papst Pauls: eines »einzigartigen Zeichens, das den Wert des Glaubens, der Hoffnung, der Liebe und der christlichen Vollkommenheit bezeugt«; und damit die Einführung und Grundlegung des Primats der sterilen Castitas vor der Caritas, der sexuellen Enthaltsamkeit vor der Brüderlichkeit und Menschenliebe, somit eine radikale Umkehrung, eine »Pervertierung« eines Fundamentalanliegens des frühen Christentums.[174]

Man sieht schon anhand der Aufzählung der ideologischen Pfeiler des Systems kirchlicher Sexualrepression, daß die römisch-katholische Religion eine typische Priesterreligion, eine *Klerikalreligion* im klassischen Sinn ist und sein muß. Man versteht in geschichtlichem Rückblick, daß Luthers Eintreten für das Priestertum aller Gläubigen den erbittertsten, prinzipiellen Widerstand von seiten der Altkirche herausfordern mußte. Ist doch der katholische, zölibatäre Priester die *persongewordene Zusam-*

menfassung aller Rechtfertigungsgründe des kirchlichen Systems gegen die Sexualität und das »Weib«; die personifizierte Form der sexualrepressiven katholischen Institution; konzentriertes Symbol, Repräsentant und Verkörperung der männlich-hierarchisch und frauenfeindlich bestorganisierten Religion (die in abgeschwächter Form allerdings auch in anderen christlichen Kirchen Triumphe feiert. Man denke etwa an den immer wieder aufbrechenden Widerstand gegen die Ordination der Frau und gegen bereits ordinierte Frauen im Protestantismus).

Hier stehen wir vor der entscheidenden Ursache der Weigerung der Kirche als totalitär organisierter Religion, den Zwangszölibat für Priester fallenzulassen. Hat doch für das Empfinden der Masse die Herrschaft der katholischen Kirche im allgemeinen und über den Sexualtrieb im besonderen im zölibatären Priester ihren anschaulichsten, massivsten und effektivsten Ausdruck und Darstellungswert gefunden.

Man könnte das in diesem Abschnitt bisher Ausgeführte auf folgenden Nenner bringen: *Religion ist nicht voll durchorganisiert, nicht total(itär) organisiert, wenn sie sich nicht auch grundlegend wider den unberechenbaren, gefährlichen, stets potentiellen Aufruhr gegen bestehende Ordnungsformen im Keim enthaltenden Sexus wappnet und organisiert. Als perfekteste Form organisierter Religion hat die katholische Kirche auch und gerade die Sexualität in ein perfektes Knebelungssystem eingeschlossen. Als* (im Unterschied zur »abstrakten« Philosophie) *konkretanschauliche Lebensform für die Masse hat sie sich im ehelosen Priester jenes Werkzeug geschaffen, das ihr umfassendes System der Repression alles Sexuellen personal vorlebt und ihm (als Leithengst für das Fußvolk) Geltung verschafft.*

Aus alldem wird auch der *strukturell* antifeministische Affekt jener klassischen Form organisierter Religion, wie sie die römisch-katholische Kirche darstellt, erklärlich und ebenso die aus diesem System perfekter Sexualrepression notwendigerweise resultierende Antipathie gegen jede Form der Emanzipation der Frau. Verkörpert doch die Frau in allen Religionen mit männlicher Dominanz die Nähe und Analogie zum Sexualprinzip: das Dunkle, Unausgegorene, daher Gefährliche; das Ungeordnete, dumpf, aber explosiv Aufbrechende, das Chaotische als Summe aller unberechenbaren Eventualitäten; das Potentielle, der Gestaltung Harrende, wird wie diesem Prinzip, so auch ihr zugeschrieben. Daher ist der katholische Priester-Zölibatär die Institution gewordene Petrifikation der primitiv-religiösen Urangst des Mannes nicht bloß vor dem Sexualtrieb und seiner Herrschaft, sondern auch vor der Frau und ihrer Dominanz.

Hinzu kommt, daß der Katholizismus in seiner Sucht, sich alles einzuverleiben, religionsgeschichtlich und inhaltlich betrachtet ein Synkretismus ist, der in seiner Frühzeit alle leib- und frauenfeindlichen Elemente der antiken Mysterienreligionen und hellenistischen Popularphilosophie »schluckte«, »taufte« und »christianisierte« und sie jetzt aus Machtgründen natürlich nicht mehr ausstoßen kann und will.
Natürlich liegt es auf der Linie desselben nie aufgegebenen Synkretismus der katholischen Kirche, daß sie ihr Gesicht, ihr klerikales, antisexuelles und antifeministisches Macht- und Herrschaftsprinzip heute nicht mehr so deutlich zutage treten lassen kann, wie dies oben herausgearbeitet wurde. Sie eignet sich heute ständig Elemente der Neuzeit und Moderne an, die sie noch gestern verteufelt hat. Sie muß daher auch notgedrungen Konzessionen an Bewegungen machen, die die Befreiung der Frau und der Sexualität aus jahrtausendealter gesellschaftlicher und kirchlicher Bevormundung und Unterdrückung bezwecken. Insofern ist ein konsequenter Traditionalist wie der vom Papst des Amtes enthobene französische Erzbischof Marcel Lefèbvre, der keinerlei Abstriche von der »stets gleichgebliebenen« autoritär-patriarchalischen Doktrin und Liturgie der Kirche zuläßt, *strukturell ehrlicher*, was immer auch seine subjektiven Absichten dabei sein mögen. Aber im Prinzip unterscheidet sich das Kirchenbild Pauls VI. und der ihm treuen Kardinäle und Bischöfe keineswegs wesentlich von dem Lefèbvres. Nur glauben die ersteren, *schlauer* zu sein, wenn sie sich der säkularisierten Welt gegenüber konzilianter und kompromißbereiter geben, ohne dabei im entferntesten daran zu denken, das zölibatär-klerikale, sexualrepressive, antifeministische Strukturprinzip aufzugeben. Somit wird auch die Heuchelei als *Strukturform* notwendig, und zwar im Sinn eines konstitutiven Mittels zur Bewahrung des Grundprinzips durch Verschleierung der wahren Absichten mit Hilfe halbherziger und akzidenteller Konzessionen.
Es ist daher kein Argument gegen das antifeministische Kirchenprinzip, wenn katholische Frauen auf die vielen Dienste verweisen, zu denen sie Hierarchie und niederer Klerus heute berufen, einladen oder zulassen. Denn alle diese Dienste sind bloß Hilfsdienste, nirgendwo verantwortliche Entscheidungsfunktionen oder -ämter. Korrekt stellt ein führender katholischer Theologe fest: Die »Amts- und Machtstrukturen« der Kirche sind »völlig von Männern beherrscht..., auch das Ökumenische Konzil kann nach der gegenwärtigen Gesetzgebung nur von Männern beschickt und der Papst nur von Männern gewählt werden«. Zum Studium der katholischen Theologie werden »Frauen... an vielen Orten nur begrenzt zugelassen oder ganz ausgeschlossen«. Das »Ordinationsverbot für

Frauen« beweist ganz besonders deutlich den Mangel an Gleichberechtigung in der katholischen Kirche.[175]
Wie perfekt das sexualrepressive System der Kirche auch ist, es will den sexuellen Impuls »nur« fesseln, nicht auslöschen, also nur streng und eng kanalisieren – um ihn so stets unter Kontrolle und in der Gewalt zu haben –, nicht aber ersticken. Dies nicht nur aus dem banalen Grund, daß andernfalls, bei Wegfall der Fortpflanzung ihrer Mitglieder, die Kirche selbst zu existieren aufhörte bzw. bereits vor ihrem Ende ins Hintertreffen geriete gegenüber anderen Machtinstitutionen, sondern auch und vor allem deshalb, weil sie die (freilich gebändigte) Macht des Sexualtriebs als stets gegenwärtigen Gegenpol benötigt, an dem sie sich in Form von Bestrafungs- und Entziehungsprozeduren aller Art austoben kann. Wo bliebe auch das derbe Schuldbewußtsein im Kirchenvolk, wenn es keine »Todsünden« gegen das sechste Gebot gäbe? Wird doch aufgrund der schon erwähnten fatalen ekklesiogenen Schwerpunktverlagerung der Moral von der Nächstenliebe zur Reinheit und Enthaltsamkeit hin bei vielen Katholiken die *eigentliche* Sünde und Schuld praktisch nur noch in Übertretungen dieses Gebotes erblickt. Wer also, wie die katholische Kirche, es zustande bringt, daß die Macht des Sexus nicht ausgelöscht, sondern nur gefesselt und dabei lediglich so gebändigt wird, daß sie auch – in natürlich von den kirchlichen Machthabern vorhersehbaren und kontrollierbaren Bahnen – über die Stränge schlägt, der hält sich einen ständigen Quell menschlichen Sünden- und Schuldbewußtseins lebendig.
Auch der Priester selbst ist in dieser Hinsicht schizophren aufgespalten. Seine zwiespältige Doppelrolle besteht darin, daß er einerseits zölibatärer Repräsentant, Darsteller und Vollzieher der den Massen der Gläubigen die Schuldgefühle einimpfenden und die Sünde bestrafenden und verfolgenden Amtskirche ist, daß er aber andererseits der Verstrickung in den von der Kirche vergifteten Eros selbst unterliegt und damit durch sein eigenes, internalisiertes Schuldbewußtsein ihr hörig und durch sie erpreßbar bleibt. Er erlebt die verlogene Dialektik als (von Amts wegen) Reiner und (in Wirklichkeit, gemessen an den Normen seiner Kirche) Unreiner, als Schuldloser und Schuldiger, als (z. B. im Beichtstuhl) Bestrafender und Bestrafter am eigenen Leibe. Man kann begründeterweise die These wagen, daß eine Vielzahl katholischer Priester der Kirche nur deshalb so ergeben ist, weil sie von der Kirche im Bewußtsein der Schuld für begangene oder mögliche Übertretungen des sechsten Gebots und des Zölibatsgesetzes gehalten wird. So sind der Zölibat – gebrochen vom Papst bis zum letzten Dorfkaplan in fast allen Jahrhunderten – und die gesamte

kirchliche Sexualmoral, diese Frucht der zölibatären Ideologie, eine *institutionalisierte Unwahrheit* zum Zweck der Herrschaft und Irreführung naiv gläubiger Menschen. (Einige weitere authentische Beispiele dieser institutionalisierten Unwahrheit bringt die Anmerkung 176).

Wer dem Körper, dem Eros, dem Sexus so viel versagt wie die Kirche, macht den Menschen kalt und steril, wenn nicht gar boshaft, rachsüchtig und grausam. Denn kein menschlicher Geist verwindet es, an den körperlichen Freuden nicht teilnehmen zu dürfen und von ihnen abgeschnitten zu sein, weil die Lust des Körpers erst im Geist, im Bewußtsein sich zum Glück steigert und das Leben des Geistes ohne das volle Leben des Körpers nicht möglich, nicht vollziehbar ist. So eine Komposition, mehr: so eine grundlegende, erst durch die analytische Reflexion in Geist und Körper aufteilbare Einheit ist der Mensch.

Lust gehört konstitutiv zum Menschen. Lustentzug bedeutet Realitätsverlust, Wegfall der Chance, sein Leben voll zur Entfaltung zu bringen. Der Mensch wird lustlos, mag er auch nach außen hin eine krampfhafte Lustigkeit zur Schau tragen wie so mancher zölibatäre Priester bei Geselligkeitsveranstaltungen seiner Pfarrgemeinde.

Durch all das wird das Bild des zölibatären Priesterherrn verständlich. Er spricht ständig von Liebe, aber sie ist für ihn keine konkrete Erlebnisqualität, sondern ein Prinzip, das er moralisierend den verschiedensten menschlichen Situationen und Konflikten überstülpt, ohne diese selbst nachfühlen zu können. Denn da er Eros und Sexus verdrängen muß, kann er auch nicht lieben. Die Energie, die Gefühlsintensität und -intimität auch noch der sogenannten geistigen Liebe, der Agape, leben und nähren sich ja von der Kraft der Erotik eines Individuums, die sich sinnvoll entfalten darf. Die Kälte und Strenge, die Prinzipienreiterei und der Zynismus, die die Bischöfe bei ihrem rigorosen Kampf gegen Ehescheidung, Abtreibung und deren soziale Indikation usw. auszeichnen, sind, psychoanalytisch gesehen, zweifellos eine Folge sexueller Frustration, Kompensation des eigenen Zukurzgekommenseins in puncto Sexualität und neidvolle Rache dafür, daß sich andere sexuell leisten können, was sie selbst nicht oder nicht offen tun dürfen. Wären die kirchlichen Herren nur lustlos, freudlos und streng gegen sich selbst, es wäre rein ihre Sache und ginge niemand etwas an. Aber da sie ihr steril-lustloses, »moralisches« Leben allen Menschen, dem Staat und der Gesellschaft, in der sie nur *eine* Gruppe bilden, aufdrängen möchten, da sie ihre Umwelt nach ihren Moralrezepten zu »heilen« beabsichtigen, stellen sie eine Gefahr für die Freiheit dar, eine Gefahr für jeden – weil jeder seinem Leben in eigener Regie einen Sinn geben sollte.

Gewiß kann Lust nicht alleiniger Orientierungspunkt bei der Lebenssinngebung eines Individuums sein. Wer dem Körper alles erlaubt, wird wahrscheinlich auch vor der Würde des anderen nicht haltmachen. Wer sexuelle Lustmaximierung zum Zentralwert erhebt, dürfte sein Leben kaum sinnvoll realisieren können. Lust muß zurückstehen, wenn ihr Gewinn wirklichen Schaden für andere nach sich zieht. Obwohl also jede Gesellschaft und jedes denkende Individuum vor der Notwendigkeit stehen, die Geschlechtslust harmonisch zu regeln, sollte diese Relativierung des Sexus im Verhältnis zu anderen Werten des menschlichen Lebens nie die Form der totalitären Sexualrepression annehmen, wie sie nämlich die Kirche verkündet, ausübt und in der Gestalt ihrer Amtsträger nicht nur darstellt, sondern geradezu ist.

Der zölibatäre Klerus kann die sexuelle Lebenskraft verdrängen, aber nie abtöten. Durch Tausend und aber Tausend Poren der menschlichen Existenz bricht sie immer wieder durch, wenn auch in Form von unzähligen Masken und Metamorphosen. Ersatzhandlungen im sexuellen Bereich selbst, sodann Geltungs-, Geld-, Macht- und Unterdrückungsstreben, Kult- und Prunksucht sowie monumentales Liturgiegepränge als verkappte Auslebung durch Unterdrückung übersteigerter Sexualwünsche säumen den Weg dieses Durchbruchs und beweisen auf negative Weise die von einigen Religionstheoretikern behauptete Verwandtschaft von Eros und Religion.[177]

In so manchem Kirchenmann ist die Schwerpunktverlagerung des Sexualtriebs zum Machttrieb derart weit gediehen, daß von einer Identität zwischen Machtstreben und Persönlichkeit gesprochen werden darf. Nach dem Motto: »Ich bin, wenn du bist!«, »Ich bin nicht, wenn du nicht mehr bist!«, ist für sie Machtverlust gleichbedeutend mit Lust-, Ich-, Persönlichkeits- und Identitätsverlust. So kämpfen sie denn verbissen um die Aufrechterhaltung ihrer Machtpositionen in der Gesellschaft, und die zölibatäre Verdrängung der Lust sowie dieser Kampf als eines der Resultate solcher Verdrängung prägen ihr Gesicht und ihre ganze Erscheinung. Denn anders müßten sie aussehen, diese Verteidiger des Lebens, als welche sie sich doch z. B. im Kampf um den Abtreibungsparagraphen 218 aufspielen! Nicht so düster dürften sie dreinschauen, nicht so frustriert schmal und hart dürfte die Linienführung ihrer Lippen sein; denn all das sind Zeichen dafür, daß sie Ekel, Abscheu und Widerwillen gegen das Geschenk des Lebens und dessen gesunde, vitale Triebe künstlich in sich genährt haben, daß sie lebensfeindliche Neinsager sind, eher geneigt zum Nein anderen gegenüber als zum Nein gegen sich selbst, wie ihr Wohlleben im Rahmen ihrer großbürgerlichen Existenz beweist. Wenn irgendwo, dann gilt hier das Wort des die kausalen Verästelungen zwischen Glaube und menschlichen Defektformen stets scharfsinnig aufdeckenden Nietzsche: »Eure Gesichter sind immer eurem Glauben schädlicher gewesen als unsere Gründe!«[178]

Trotzdem möchte ich am Ende dieses Buches die Bitte vieler Priester, die sich mit ihrer Not an mich wandten, an die führenden Kirchenmänner weiterleiten und somit die vorliegende Schrift versöhnlich ausklingen lassen: Heben Sie das Zölibatsgesetz auf, geben Sie den Ihnen untergebenen Klerikern die Freiheit der vollen Entfaltung ihres Menschseins. Die Freiheit, die Sie anderen gewähren, wird auch Sie befreien...

Anmerkungen

1 Vgl. den Artikel »Für den Vatikan ein Schock« in der »Frankfurter Rundschau« vom 27. 4. 1977, S. 2.
2 H. Herrmann, Die sieben Todsünden der Kirche, 1976, S. 25; vgl. auch S. 79ff.
3 Vgl. dazu G. Schmidt, Sexuelle Motivation und Kontrolle, in: E. Schorsch–G. Schmidt (Hrsg.), Ergebnisse zur Sexualforschung, 1975, S. 42f.
4 ebd., S. 43.
5 Vgl. dazu die diversen Arbeiten von W. Reich, der allerdings den Zusammenhang zwischen Ökonomie und Sexualität zu einseitig und zu einfach-direkt von der ersteren her sieht; insbes.: Die sexuelle Revolution, 1966; Der Einbruch der sexuellen Zwangsmoral, 1972; Die Massenpsychologie des Faschismus, [2]1972; Die Funktion des Orgasmus, [5]1971; vgl. auch das von einem Autorenkollektiv (D. Beussel u. a.) hrsg. Buch: Revolutionäre Erziehung im Kapitalismus und Sozialismus, 1973.
6 Nach einer offiziellen kirchlichen Statistik, Annuarium Statisticum Ecclesiae MCMLXX., Città del Vaticano (1974), S. 67 u. S. 211, belief sich im Jahr 1971 die Gesamtzahl der Weltpriester auf 271657, die der Ordenskleriker auf 167363.
7 K. Forster, Priesterstatistik – eine Lebensfrage der Gemeinden, in: Herder-Korrespondenz (im folgenden zit.: H-K), 29 (1975), S. 233f.
8 Materialdienst des Konfessionskundlichen Instituts, 20 (1969), S. 82f.; vgl. Segreteria di Stato. Ufficio centrale di Statistica delle Chiesa. Raccolta di Tavole Statistiche 1969. Città del Vaticano (1971), S. 91–94, S. 153–161.
9 Nach inoffiziellen Schätzungen, die aber von allen Kennern der kirchlichen Szene und insbesondere der Zölibatsproblematik geteilt werden.
10 F. Leist, Zum Thema Zölibat, 1973.
11 Leist streift sie nur am Rande.
12 Vgl. zur sexuellen Intoleranz der Kirche früherer Jahrhunderte besonders K. H. Deschner, Das Kreuz mit der Kirche, 1974.
13 Auch wo im vorliegenden Buch für Namen und Orte Anfangsbuchstaben verwendet wurden, stimmen diese nicht mit den eigentlichen Initialen der Namen der Betreffenden und der von ihnen angegebenen Orte überein.
14 Dieser Ausspruch des Bischofs Koop von Lins (Brasilien) ist zitiert in einem Schreiben, das 200 in Chile wirkende ausländische Priester im Juli 1967 an den chilenischen Episkopat gerichtet haben; hier zit. nach der Zeitschrift »Der Seelsorger«, 39 (1969), S. 200.
15 Meldung der »Frankfurter Rundschau« vom 29. 3. 1979, S. 4.
16 Bereits verheiratete Priester wurden vom Konzil jedoch nicht verpflichtet, ein völlig enthaltsames Eheleben zu führen.

17 Aus der Menge der diesbezüglichen Veröffentlichungen zur Geschichte des Zölibats seien hervorgehoben: J. A. Theiner–A. Theiner, Die Einführung der erzwungenen Ehelosigkeit bei den christlichen Geistlichen und ihre Folgen, [1]1828, [2]1845, [3]1892–98, 2, später 3 Bde. Das Werk muß auch heute noch als die originären Quellen am sorgfältigsten heranziehende Arbeit gelten; P. Frischauer, Die Liebessitten der Völker, o. J., 3 Bde; K. H. Deschner, Das Kreuz mit der Kirche, 1974; W. Ronner, Die Kirche und der Keuschheitswahn, 1971; Morus (Richard Lewinsohn), Eine Weltgeschichte der Sexualität, 1956; A. Mühr, Das Kabinett Gottes, 1971; s. auch Anm. 18.

18 G. Denzler, Das Papsttum und der Amtszölibat, 1. Teil, 1973, S. 31 ff., S. 115 ff.; vgl. 2. Teil, 1976, S. 207 ff., S. 234 ff. und passim.

19 A. Huxley, Die Teufel von Loudon, 1966, S. 10.

20 Aufmerksame Beobachter und scharfsinnige Analytiker der sexuellen Szene der Gegenwart warnen vor dem Scheincharakter dieser Befreiung; vgl. z. B. Th. Adorno, Sexualtabus und Recht heute, in: ders., Eingriffe. Neun kritische Modelle, 1963, S. 99–124.

21 In seinem »Dialog von den Wundern«, geschrieben zwischen 1219 und 1221, charakterisiert der Zisterzienser-Novizenmeister Caesarius von Heisterbach die Ausschweifungen des Klerus folgendermaßen: Kein »weibliches Wesen ist vor der Geilheit der Kleriker sicher; die Nonne schützt nicht ihr Stand, das Judenmädchen nicht ihre Rasse, Mädchen und Frauen, Dirnen und adlige Damen sind gleich bedroht. Jeder Ort und jede Zeit ist zur Unzucht recht; der eine treibt sie auf freiem Felde, wenn er zum Filial geht, der andere in der Kirche, wenn er Beichte hört. Wer sich mit einer Konkubine begnügt, erscheint beinah als ehrbar«. Der Bischof Wilhelm von Paris († 1249) hält das »Maß von Unflat und monströsen Lastern« bei den Klerikern für so groß, »daß man sie nicht einfach Sünder, sondern vielmehr Verbrecher, und ihre Sünden nicht einfach Sünden, sondern die gräßlichsten Monstren der Sünden nennen muß, so daß die Kirche Gottes bei ihnen nicht Kirche Gottes, sondern Babylon, Ägypten und Sodom scheint« (De collationibus et pluralitate ecclesiasticorum beneficiorum, hrsg. von J. Wimpfeling, Argentinae 1507, fol. 3). Nach dem im 13. Jhdt. lebenden Dominikaner und Kardinal Hugo von St. Cher »übertreffen die Kleriker in schändlicher Geilheit die Laien; treiben sie vor allem Unzucht und Blutschande; übersteigen sie alles Maß in Wollust und Ausschweifungen; ruhen all' unsere Prälaten im Fleische«. Zit. nach W. Mehnert (Hrsg.), Cölibat und Sittlichkeit, o. J., S. 96. In seiner Bulle des Jahres 1259 erklärt Papst Alexander IV., daß das Volk, anstatt gebessert zu werden, durch die Geistlichen vollständig verdorben werde (zit. nach Mehnert, a.a.O., S. 98). Die Beispiele könnten endlos fortgesetzt werden.

22 Sie stammt von einem Walter Map, der zunächst Kaplan König Heinrichs II. von England, dann Archidiakon in Oxford war.

23 Zit. nach W. Mehnert, a.a.O., S. 125–127.

24 Allerdings kann die Geschichte auch von Aufständen für ihr Recht auf Sexualität, auf Ehe und Familie gegen die kirchliche Hierarchie kämpfender Priester berichten.

25 Conciliorum oecumenicorum decreta, 1962, S. 188.

26 Papst Leo IX. z. B. gebot, daß die Frauen der Kleriker als Sklavinnen der Laterankirche in Rom übereignet werden sollen. Auch den weltlichen Fürsten wurde erlaubt, die Frauen, die sich von den Priestern nicht trennen wollten, als Sklavinnen zu halten.

27 Die Redaktion dieser Dokumentation besorgten: Lothar Kupp, Helmut Link, Dr. Hans-Joachim Türk. Adresse der Arbeitsgemeinschaft »Priester ohne Amt«: Frankfurt (Main) 1, Beethovenstraße 28.

28 Vgl. Th. Adorno–M. Horkheimer, The Authoritarian Personality, 1950; P. R. Hofstätter, Einführung in die Sozialpsychologie, 1963, S. 391; J. Rattner, Tiefenpsychologie und Politik, o. J. (Goldmann Taschenbücher, Bd. 11134), S. 90–92.

29 Z. B. von P. Heribert Jone, Autor eines moraltheologischen Lehrbuchs, das mit kirchlicher Druckerlaubnis schon in weit über zwanzig Auflagen in deutscher Sprache und in hohen Auflagen in französischer, italienischer, englischer, portugiesischer, polnischer, niederländischer und spanischer Übersetzung erschien. Hier wird auf die 16. Auflage von Jones »Katholischer Moraltheologie«, 1953, S. 330 (Nr. 406) Bezug genommen. Die Auszeichnung innerhalb der Wiedergabe des Kanons 132 stammt von mir.

30 Der katholische Theologe B. Thum »Lexikon für Theologie und Kirche« (im folgenden zit. LThK), 3. Bd., ²1958, Sp. 1042 (Art.: Erotik und Religion, Sp. 1041 f.).

31 Der katholische Theologe L. M. Weber im LThK, 3. Bd., Sp. 1040 (Art. Eros, Erotik, Sp. 1038–1041).

32 Der katholische Theologe H. Fleckenstein im LThK, 2. Bd., ²1958, Sp. 106f. (Art. Begegnung der Geschlechter, Sp. 106–108).

33 Die Straße ist im Brief angegeben.

34 Es folgt der Name des Ortes.

35 Vor- und Zuname des Pfarrers sind im Brief angegeben, ebenso die nachfolgende Bezeichnung des Ortes und der Wallfahrtskirche.

36 Den im Brief angegebenen Namen und Ort der Institution kann ich aus verständlichen Gründen nicht nennen.

37 Vgl. dazu ausführlich H. Mynarek, Religion – Möglichkeit oder Grenze der Freiheit? 1977, 141ff.

38 Leist, F., a.a.O.

39 Sie ist jetzt etwas über 50 Jahre alt.

40 So in ihrem Brief vom 19. 2. 1974 an mich.

41 F. Leist, a.a.O., S. 205.

42 a.a.O., S. 205–208.

43 Paul VI., Enzyklika über den priesterlichen Zölibat (von den deutschen Bischöfen approbierte Übersetzung), 1968, S. 97 (Nr. 83).

44 ebd., S. 101f. (Nr. 90).

45 ebd., S. 97–103 (Nr. 83–90). Die Auszeichnung im Text stammt von mir.

46 ebd., S. 101 (Nr. 88, 89). Die Auszeichnung stammt von mir.

47 Der Katholik H. Kühner in seinem Aufsatz »Kirchenflucht« (»Weltwoche« vom 10. 12. 1975, Nr. 49, S. 38f.); vgl. den Bericht eines Priesters in Leists Buch »Zum Thema Zölibat«, S. 54–56: »Was der naive Enzyklikaschreiber

nicht zu wissen scheint, das wissen die meisten Priester, die eine Abschaffung des Zölibats erhoffen (›erkämpfen‹ können sie nichts, weil sie sonst der Bischof mit seinem wissenden Mißtrauen bzw. der Codex mit seiner Suspendierungsdrohung erschlägt), ist nicht die Freigabe der ›Sexualität‹ für den ›gottgeweihten Stand‹, sondern die Entlassung von Menschen in ihre Vollmenschlichkeit, in ihre Verantwortung für Ehe und Familie« (ebd., S. 55).

48 Einleitung zur deutschen Übersetzung der Zölibatsenzyklika (s. Anm. 43), S. 9. Tatsächlich sagt der Papst in dieser Enzyklika: »Der Priester, der ja *in der Person Christi handelt*...; ...der Priester ist seinen Kindern in Christus *Zeichen und Unterpfand der erhabenen und neuen Wirklichkeit des Reiches Gottes*, deren Verwalter er ist und die er in *besonderer* Weise besitzt« (a.a.O., S. 53, Nr. 29, 31; vgl. Nr. 30.); von mir ausgezeichnet.

49 Von den jüngeren Priestern der BRD und West-Berlins (es handelt sich um die Weihejahrgänge 1966 bis 1970) halten 54 Prozent die Aufhebung der Zölibatsverpflichtung für notwendig. 52 Prozent der Priesteramtskandidaten in der BRD und West-Berlin sind derselben Meinung; vgl. K. Forster, Priesterstatistik – eine Lebensfrage der Gemeinden, in: H-K 29 (1975), S. 233f.; G. Schmidtchen, Priester in Deutschland, 1973; ders., Umfrage unter Priesteramtskandidaten, 1975. In der Erzdiözese Wien (Österreich) sind von den jüngeren Priestern (unter 32 Jahren) 73 Prozent für eine freie Entscheidung bezüglich des Zölibats; vgl. die vom Institut für kirchliche Sozialforschung durchgeführte »Österreichische Priesterbefragung«, Wien 1971, S. 14f., S. XLIV ff.

50 Paul VI., Enzyklika über den priesterlichen Zölibat, S. 47 (Nr. 22), S. 67 (Nr. 46), S. 73f. (Nr. 54, 55).

51 W. Daim. Seine Aussage ist zitiert bei A. M. Knoll, Katholische Kirche und scholastisches Naturrecht. Zur Frage der Freiheit, 1962, S. 133, Anm. 285.

52 LThK, 10. Bd., S. 1400.

53 Der Bischof von Avellino in Süditalien, Pedicini, in einem Hirtenbrief aus dem Jahr 1969.

54 M. Pfliegler, Priesterliche Existenz, ^{3}1953, S. 330.

55 Wobei nicht geleugnet werden soll, daß es natürlich auch edlere Motive gab, derentwegen katholische Priester zu Lutheranern wurden, vor allem die Ablehnung der feudalistischen Herrschaftsstruktur der katholischen Kirche. Vgl. H. Mynarek, Religion..., 1. Kap.

56 a.a.O., S. 29 (Nr. 1).

57 H. Jone, a.a.O., S. 187 (Nr. 225).

58 Vgl. H. Jone, a.a.O., S. 330 (Nr. 406).

59 Auch katholische Autoren geben zu, daß die kirchenamtliche Lehre die Integration der Sexualität in die menschliche Gesamtperson stets verfehlt hat. So urteilt z. B. M. Erber, Professorin der Didaktik der Biologie an der Gesamthochschule Paderborn und Mitglied der Synodenkommission »Ehe und Familie« der Gemeinsamen Synode der katholischen Bistümer in der BRD, über die jüngste Vatikanerklärung zur Sexualität: »*Isoliert* gelebt wird Sexualität in jener Gesellschaft, in der sie nach der Ausdrucksweise des Dokumentes maßlos verherrlicht wird. Diese Ausdrucksweise trifft allerdings den eigentli-

chen Fehler nicht, weil Sexualität gar nicht hoch genug gewertet werden kann, aber eine integrierte Sexualität. Davon aber kennt die kirchliche Sexualethik nichts. Sie macht den gleichen Fehler wie diejenigen, gegen deren ›Sittenverfall‹ sie angehen möchte ... in ihren Leitlinien fehlt diese Ganzheitlichkeit ... Jeder, der den Koitus selbst zum Maßstab erhebt und zum Zeichen für Ehe macht, anstatt danach zu fragen, ob im sexuellen Akt das Du erreicht wird, isoliert Sexualität, wie sie in jenem sexuellen Leistungsdenken isoliert wird, das die Anzahl der Orgasmen zählt. Wer also das Mißverständnis der Sexualität in der Gesellschaft bekämpfen will, kann sich kirchlicher Lehre nicht bedienen, weil sie *ebenfalls* Sexualität nicht zu integrieren versteht. Dadurch aber muß die Kirche gerade jene Erzieher verlieren, die ihre Forderungen mittragen sollten.« M. Erber, Von der Kraft, durch Sexualität zu lieben, in: »Publik-Forum«, Nr. 4, 27. 2. 1976, S. 16; Frau Erber wirft die gleiche Inkonsequenz auch der bundesdeutschen Synodenvorlage »Christlich gelebte Ehe und Familie« vor; S. 16f.

60 H. Jone, a.a.O., S. 496 (Nr. 591).

61 ebd., S. 496–501 (Nr. 592, 593, 594, 595, 598).

62 P. Oppermann (damals Rektor des Klerikalseminars zu Breslau), Die Verwaltung des heiligen Bußsakramentes. Praktisches Handbuch der Moral, 1920, S. 191; vgl. dort das ganze Kapitel über Sollizitation. S. 191–194, das ähnlich viele Möglichkeiten derselben anführt wie Jones »Katholische Moraltheologie«; vgl. auch LThK, 9. Bd., 1964, Sp. 868.

63 B. Rasche, Das heilige Sakrament der Buße, [4]1925, S. 99.

64 Dazu ausführlich K. H. Deschner, Das Kreuz mit der Kirche, S. 205–235.

65 Dazu ebenfalls ausführlich K. H. Deschner, a.a.O., S. 236ff.

66 Papst Pius II. (1458–1464), ep. 92; ep. 106; zit. nach K. H. Deschner, a.a.O., S. 205.

67 Papst Johannes XXIII. in seinem Tagebuch; zit. nach W. Ronner, Die Kirche und der Keuschheitswahn, S. 94f.

68 D. Wendland, Der Mensch – Mann und Frau (Bd. III der 1. Reihe der von J. Hirschmann S. J., hrsg. Enzyklopädie »Der Christ in der Welt«), 1957, S. 26–31.

69 W. Ronner, a.a.O., S. 95.

70 Das von Ronner (a.a.O., S. 95) gebrauchte Wort stammt von A. Rüstow.

71 Trid. Sess. 24, c. 10, in: H. Denzinger–A. Schönmetzer, Enchiridion Symbolorum, definitiorum et declarationum de rebus fidei et morum, 1963, Nr. 1810.

72 Die Übersetzung dieser Erklärung stammt vom Sekretariat der Deutschen Bischofskonferenz.

73 Die Ehe-Enzyklika Pius XI. »Casti connubii«, bearbeitet in Frage und Antwort von B. van Acken S. J., 1932, S. 81f.

74 Vgl. dazu Deschner, a.a.O., S. 252ff.

75 Zit. bei H. Halbfaß, Bertrand Russell, in: K. H. Deschner (Hrsg.), Das Christentum im Urteil seiner Gegner, Bd. II, 1971, S. 136f.

76 Der Katholik G. Hirschauer, Der Katholizismus vor dem Risiko der Freiheit, 1966, S. 256.

77 ebd., S. 259.
78 Pastoralkonstitution über »Die Kirche in der Welt von heute«, Nr. 49, 2. Absatz.
79 G. Hirschauer, a.a.O., S. 260.
80 Das geben auch katholische Autoren zu; vgl. M. Erber, a.a.O., S. 16.
81 M. Chinigo, Pius XII. sagt. Nach den vatikanischen Archiven zusammengestellt, 1958, S. 20.
82 Deschner, a.a.O., S. 262.
83 Für die Beurteilung kirchentreuer evangelischer Frauen ist die Sexuallehre der Gründer der Kirchen der Reformation (Calvin, Luther, Zwingli) von Bedeutung; vgl. dazu etwa W. Ronner, a.a.O., S. 97–122.
84 K. Thomas, Handbuch der Selbstmordverhütung, 1964.
85 Ref. im Anschluß an W. Ronner, a.a.O., S. 120f.
86 Vgl. Anm. 83.
87 So charakterisiert von einer, die zu dieser »Dunkelziffer« hinzugehört; bei F. Leist, a.a.O., S. 179.
88 Name und Ort sind im hier zitierten Brief angegeben.
89 G. Hirschauer, a.a.O., S. 262f.
90 Deschner, a.a.O., S. 265; vgl. S. 263f.
91 Vgl. dazu H. Mynarek, Religion..., 183ff.
92 Die Pastoralkonstitution des II. Vatikanischen Konzils (Nr. 48, 1. Abs.) erklärt unmißverständlich: »Durch ihre natürliche Eigenart sind die Institution der Ehe und die eheliche Liebe auf die Erzeugung und Erziehung von Nachkommenschaft ausgerichtet und finden darin gleichsam ihre Krönung.«
93 Zit. bei F. Leist, a.a.O., S. 12f.
94 G. Ermecke in einem Leserbrief an die »Frankfurter Allgemeine Zeitung« vom 14. 5. 1974.
95 Vgl. M. Pfliegler, a.a.O., S. 156f.
96 Die Namen des Pfarrers, des Ortes, der Pfarrei und der Diözese sind von der Briefschreiberin angegeben und sind von mir nachgeprüft worden.
97 »Der Spiegel«, Nr. 30, 17. 7. 1972, S. 53.
98 »Imprimatur«, Nr. 5/1971, S. 173. Zur konkreten psycho-sozialen Situation der Priesterhaushälterinnen vgl. auch »Der Spiegel« vom 25. 3. 1968, S. 49, und vom 18. 10. 1971, S. 97. Nach den Ergebnissen der zu Jahresbeginn 1971 im Auftrag der deutschen Bischöfe und in Zusammenarbeit mit dem Demoskopischen Institut in Allensbach durchgeführten ›Totalbefragung‹ des bundesdeutschen Klerus verfügen 66 Prozent der Geistlichen über einen eigenen Haushalt, sind 79 Prozent mit ihrer Haushaltssituation zufrieden. Es gibt etwa 20000 Pfarrhaushälterinnen in Westdeutschland, davon 16000 aktive, 4000 pensionierte; vgl. Die Priester unter der Lupe der Demoskopen, in: H-K 27 (1973), S. 461; »Der Spiegel« vom 17. 7. 1972, S. 52f.
99 Auch wenn man kirchliche Erhebungen zugrunde legt, denen zufolge die aus den sogenannten Kleinen Seminaren ins eigentliche Priesterseminar Eintretenden nicht die Mehrheit der Priesteramtskandidaten bilden, so gilt dennoch das im Haupttext nachfolgend Gesagte von den auch kirchlicherseits zugestandenen Prozentsätzen derer, die eine katholische höhere Schule besuchten

(13 Prozent), die bereits während ihrer Schulzeit in einem kirchlichen Haushalt gelebt haben (35 Prozent, »bei den jungen Jahrgängen sind es sogar 42 bis 45 Prozent«); vgl. Der Priester unter der Lupe der Demoskopen; in: a.a.O., S. 461.

100 P. Gieß, Das Problem des verheirateten Priesters in der Westkirche (unveröffentlichte Zulassungsarbeit an der Pädagogischen Hochschule Augsburg), 1972, S. 7.

101 Der Bischof von Augsburg im »Amtsblatt für die Diözese Augsburg«, 81. Jg., Nr. 18/1971, S. 332; zit. nach P. Gieß, a.a.O., S. 8.

102 G. Siefer, Alarmierender Rückgang der Priesterzahlen, in: »Zur Debatte. Themen der Kathol. Akademie in Bayern«, 3. Jg., 1973, Nr. 1/2, S. 2.

103 Ist die Seelsorge durch Nachwuchsmangel gefährdet? Ein Gespräch mit Bischof Tenhumberg, in: H-K 27 (1973), S. 467f.

104 »Amtsblatt für die Diözese Augsburg«, 82. Jg, 1972, Nr. 2, S. 36; zit. nach P. Gieß, a.a.O., S. 7.

105 Information für Presse, Funk und Fernsehen aus dem Bistum Augsburg, Nr. 38/1970, S. 2.

106 P. Gieß, a.a.O., S. 8.

107 Vgl. z. B. das mit kirchlicher Druckerlaubnis und dem Segen Papst Pius XII. erschienene Buch »Reinheit und Jungfräulichkeit« von D. von Hildebrand ([3]1950).

108 Vgl. zum Fall des Pfarrers E.: »Der Spiegel«, Nr. 52/1973, S. 52f.; Nr. 1/2/1974, S. 12; »Praline«, Nr. 52/1973, S. 52f.; »Bild« vom 28. 11. 1973; dpa-Meldung vom 27. 11. 1973.

109 Vgl. »WieWo« vom 8. 2. 1974, S. 5.

110 Aufgrund einer ap-Meldung in der »Main-Post« vom 7. 2. 1973, S. 5.

111 Der volle Name ist im Brief der Dame angegeben.

112 Zit. nach »Der Spiegel«, Nr. 3/1970, S. 45.

113 Man denke in diesem Zusammehang auch an den in kirchlichen Kreisen wohlbekannten und oft angewandten Spruch: »Si non caste, tamen caute« (wenn nicht keusch, so doch wenigstens vorsichtig), den sich übrigens der Patriarch von Aquileja, Gregor von Montelongo, 1251, als Wahlspruch ins Wappen setzen ließ.

114 Vgl. zu den beiden Fällen: »Stern«, Nr. 6/1975, S. 126–128, »Süddeutsche Zeitung« vom 20. 2. 1975; »Frankfurter Rundschau« vom 23. 1. 1975; »Main-Post« vom 18. 6. 1974; »Bild« vom 24. 1. 1975.

115 »Der Spiegel«, Nr. 3/1970, S. 57; vgl. ebd.: »Das zur Mussolini-Zeit abgeschlossene Konkordat zwischen dem Heiligen Stuhl und Italien beispielsweise verbietet bis heute, daß ›abgefallene Priester‹ – so der amtliche Text – im öffentlichen Dienst beschäftigt werden. Exgeistliche dürfen mithin nicht einmal Müllfahrer oder Busschaffner werden.«

116 ebd., S. 41.

117 Vgl. »Münchener tz«: »Abt aus Liebe zur Sekretärin zurückgetreten«, vom 24. 8. 1973, S. 1 u. 3.

118 Zit. bei H. Wirtz, Die Kirche im Jahre 1969, in: Deutsche Volkszeitung, Nr. 2, 9. 1. 1970, S. 10.

119 Deschner, Das Kreuz mit der Kirche, S. 125, 128, 137, 143; vgl. Ronner, a.a.O., S. 230ff.

120 Mir liegen einige maschinengeschriebene Manuskripte der Exnonne, ihre Klostererlebnisse betreffend, vor, ebenso eine Reihe von Briefen zu diesem Thema. Einen Teil ihrer Erlebnisse hat sie im Selbstverlag in einer von H. K. S. bearbeiteten Fassung unter dem Titel »*Fürchte dich nicht, denn ich habe dich erlöst.* Autobiographie einer ehemaligen Nonne«, 1973 veröffentlicht. Die nun im Haupttext meines Buches folgenden Zitate sind alle den unveröffentlichten Manuskripten entnommen, auch dort, wo sich ihr Text mit dem der veröffentlichten Biographie fast wörtlich deckt, weil diese insgesamt eine – wahrscheinlich vom Bearbeiter stammende – abgemilderte Fassung darstellt. Die ehemalige Ordensschwester schreibt selber in einem Brief an mich vom 4. 12. 1974, sie sei »mit diesem Buch nicht ganz einverstanden«.

121 F. Leist, a.a.O., S. 185–192.

122 Vgl. z. B. den Untertitel von K. H. Deschners Werk »Das Kreuz mit der Kirche«.

123 Vgl. L. Münster, Hochzeit des Lammes – Die Christusmystik der Jungfrauenweihe, 1955, S. 154.

124 I. F. Görres, Laiengedanken zum Zölibat, 1962, S. 34, 36.

125 Vgl. »Stern«, Nr. 36, 26. 8. 1976, S. 130ff.

126 A. Bebel, Die Frau und der Sozialismus, [25]1895, S. 77.

127 Zit. nach A. Bebel, a.a.O.

128 M. Luther, Auswahl seiner Schriften, hrsg. von O. Lerche, o. J., S. 54.

129 M. Luther, a.a.O., S. 6903.

130 ebd., S. 2129.

131 ebd., S. 48.

132 ebd., S. 80.

133 ebd., S. 3508.

134 ebd., S. 73.

135 G. Markus, Pater Prior, der Manager, in: »Wiener Kurier«, 9. 12. 1972, S. 9.

136 P. Lippert CSSR, Orden im Wandel, in: »Zur Debatte. Themen der Kathol. Akademie in Bayern«, 3 (1973), Nr. 7, S. 1.

137 M. Fühles RSCJ, Entwicklungstendenzen in Ordensgemeinschaften, in: »Zur Debatte«, 3 (1973), Nr. 7, S. 3.

138 ebd.

139 ebd.

140 ebd.

141 Lippert, a.a.O., S. 1.

142 B. Besret, Orden und Charisma, in: »Zur Debatte«, 3 (1973), Nr. 7, S. 5.

143 Zitate bei M. Naumann, Gottes letzte Krieger, in: »Zeitmagazin«, Nr. 11, 9. 3. 1973, S. 8.

144 F. L., Die Wirtschaft und die Tugend, in: Österreichische »Wochenschau«, Nr. 46, 14. 11. 1971. In diesem Artikel werden zwar bestimmte Wirtschaftsaktionen österreichischer Klöster gegeißelt. Vieles trifft aber auch auf die »unternehmerischen Qualitäten« deutscher Ordenskollegen zu.

145 B. Besret, a.a.O.

146 ebd.
147 P. Lippert, a.a.O., S. 2.
148 M. Jürgs, Auch Nonnen sind Frauen, in: »Stern«, Nr. 36, 26. 8. 1976, S. 130, 133.
149 Psychoanalytiker und Soziologen leugnen im allgemeinen eine solche. Aber: »In einigen wenigen Fällen könnte die Homosexualität auf Vererbungs- oder hormonale Faktoren zurückgehen« (S. Bailey, Homosexualität, in: RGG, Bd. III., S. 441; vgl. Art. Homosexualität, in: Das große Fischer-Lexikon in Farbe, Bd. 8, 1975/76, S. 2699). Der Wahrheit am nächsten dürfte wohl die differenzierende Sicht N. Haires (Geschlecht und Liebe heute, 1965, S. 448) kommen: »Wie ist es möglich, daß die Zahl der Vollhomosexuellen und vor allem die der Gemischtsexuellen nicht größer ist? Gibt es vielleicht dennoch eine Veranlagung zum homosexuellen Verhalten, der der eine unterliegt und der andere ausweicht oder überwindet? Und wenn dem so ist, worin besteht diese Veranlagung? Es scheint uns wahrscheinlich, daß eine bestimmte Veranlagung zum homosexuellen Verhalten dem Menschen angeboren ist, denn sein Nervensystem bringt ein jeder ebenso mit sich auf die Welt wie die Eigentümlichkeiten seines allgemeinen Stoffwechsels. Ob sich aber aus dieser Veranlagung ein perverses Verhalten entwickelt oder nicht, hängt schließlich von dem prägenden Einfluß der engeren oder weiteren Umwelt ab, in der man lebt.«
150 H. Thielicke, Erwägungen der evangelisch-theologischen Ethik zum Problem der Homosexualität und ihrer strafrechtlichen Relevanz, in: F. Bauer u. a. (Hrsg.), Sexualität und Verbrechen, Fischer-Bücherei, Bd. 518/519, 1963, S. 50; W. Ronner, a.a.O., S. 117; bei diesen beiden Autoren auch die Stellenangaben für die Zitate aus K. Barths »Kirchlicher Dogmatik«.
151 Siehe zu diesem Werk Anmerkung 150.
152 W. Schöllgen, Sexualität und Verbrechen in der Sicht der katholischen Moraltheologie, in: F. Bauer u. a. (Hrsg.), a.a.O., S. 78f.
153 W. Schöllgen, Konkrete Ethik, 1961, S. 410.
154 W. Schöllgen, Sexualität und Verbrechen in der Sicht der katholischen Moraltheologie, S. 80.
155 Deschner, a.a.O., S. 309.
156 F. Leist, Der sexuelle Notstand und die Kirchen, ^{2}1972, S. 217.
157 ebd., S. 220f.
158 ebd., S. 232–234; eine ganze Reihe von Berichten über masturbierende Ersatzhandlungen als Konsequenz kirchlicher Erziehung enthält auch Leists Buch »Zum Thema Zölibat«. Zur Geschichte des Fehlverhaltens in Form der Masturbation in der Kirche und zu den grausamen Bestrafungsmethoden, die sie sich für Onanierende ausdachte, vgl. Deschner, a.a.O., S. 309–312.
159 Ich habe mir seine Worte nach der Beichte sofort aufgeschrieben.
160 Vgl. auch K. G. Rey, Das Mutterbild des Priesters, 1969.
161 Nach einer Meldung des Wiener »Kurier« vom 19. 4. 1973.
162 Vgl. »Frankfurter Rundschau« vom 6. 4. 1976.
163 W. Schöllgen, a.a.O., S. 80.
164 Deschner, a.a.O., S. 314f.

165 ebd.; vgl. E. Fischer, Trennung von Staat und Kirche, [2]1971, S. 313.

166 R. W. Leonhardt, Wer wirft den ersten Stein? Minoritäten in einer züchtigen Gesellschaft, 1971, S. 235; Deschner, a.a.O., S. 315.

167 Zit. nach H. Thielicke, a.a.O., S. 54.

168 Luther, a.a.O., S. 6928.

169 P. Moor, Leben und Tod des Jürgen Bartsch, in: »Die Zeit«, Nr. 23, 28. 5. 1976, S. 55.

170 ebd.

171 Selbst der während des Dritten Reiches abgeurteilte berüchtigte Franziskanerpater Leovigild hatte nicht das Mittel der Gewalt, sondern das der suggestiven Verführung angewandt. Auch kirchliche Stellen gaben damals zu, daß er auf Aspiranten und Novizen »einen verheerenden Einfluß« ausgeübt und 22 Brüder zur Unzucht mit sich verleitet hatte. Insgesamt wurden während der großen Sittenkampagne der Nazis 1936/37 45 Priester und 150 Laienbrüder verurteilt; vgl. »Der Spiegel«, Nr. 42, 11. 10. 1971, S. 76.

172 Vgl. H. Mynarek, Der kritische Mensch und die Sinnfrage, 1976, S. 75–90, 111–129 (das Buch wird von der Eekboom-Gesellschaft e. V., Geschäftsstelle: 2 Hamburg 67, Wulfsdorfer Weg 63, ausgeliefert).

173 Zu religiösen Sexualtabus vgl. H. Mynarek, a.a.O., S. 111ff.

174 Vgl. W. Ronner, a.a.O., S. 46: »Keine der Seligpreisungen der Bergpredigt gilt dem sexuell Enthaltsamen, keine Verdammung trifft das Geschlechtsleben an sich, wenn der Ehebruch verurteilt wird. Niemand hat Jesus eine Predigt gegen Unzucht, Hurerei und Homosexualität in den Mund gelegt, wozu das Alte Testament Muster genug geboten hätte, nirgends finden wir eine Anklage des Weltlebens, die sich vergleichen ließe mit der Anklage gegen die ›Narren und Blinden‹, das ›Schlangen- und Otterngezücht‹ der Priester und Frommen (Matth. 23). Da ist der in allen Offenbarungsreligionen vorkommende und zeitweilig herrschende Typ des Klerikers geschildert, wie keine Religionssoziologie es besser kann. Nicht die Sünder – die Frommen waren Jesus ein Ärgernis.«

175 H. Küng, Für die Frau in der Kirche. 16 Thesen zur Stellung der Frau in Kirche und Gesellschaft, in: »Publik-Forum«, Nr. 14, 16. 7. 1976, S. 17.

176 Mir ließ ein tiefreligiöser Mann, Herr Ch. Th. aus H., folgenden Bericht zukommen: »Was ist das? Wahnkrankheit oder bewußte Tendenz, die Wahrheit zu vergewaltigen? Und dann: ein Kind als Medium des Hasses, der die Eltern treffen soll. Ich versichere Ihnen die Wahrheit des folgenden, von mir selbst erlebten Vorfalls. Ein mir bekannter ehemals römischer Geistlicher – es sind einige Jahre bereits her –, welcher eine Emigrantin aus dem slawischen Osten in der ersten Nachkriegszeit heiratete und nachher Geistlicher bei orthodoxen Emigrantengruppen wurde, nannte eine Tochter sein eigen – ein intelligentes, liebes, doch auch von der bedrückten Lage der Familie gezeichnetes Kind. Bei einem Besuch in einem mir befreundeten Kloster lud mich die Oberin zum Mittagstisch ein – eine Nonne von grenzenloser Güte und Toleranz, die ein Martyrium ausstand unter der Neurotik und Borniertheit der ihr unterstellten Nonnen und in den besten Jahren bereits abgeglitten war! Zu Tische sitzend, brachte der zweite Hausgeistliche das Thema jenes

›todsündlichen‹ Geistlichen auf: Heirat, Zeugung, Abfall vom Papst, und ergoß den Kübel seines seelischen Unrats, Bodensatzes, Hasses über das – damals schlecht gekleidete und ebenso ernährte – Schulkind N. Vor so viel Gift stieg mir der Ekel hoch, ich stand vom Essen auf, ging meiner Wege, informierte die Oberin und gab in einem Schreiben an jenen Pfaffen meine eindeutige Stellungnahme ab. (Mutter W., die Oberin, erhielt mir demonstrativ ihre Freundschaft!) Später erfuhr ich, daß eine tatfromme Dame, die den Jammer nicht mitansehen konnte, die Eltern jenes armseligen Kindes soweit unterstützte, bis es auch dem Mädchen N. besser ging – Deo gratias!«

Eine Frau, U. N., schreibt mir, nachdem sie meinen Brief an den Papst gelesen hat: »Wie viele von uns, auch ich habe es zweimal bitter gespürt, haben schon darunter gelitten, daß Priester, die ›zur Einhaltung des Zölibates verpflichtet sind und nicht ganz zölibatär leben‹, dann ›besonders kirchenkonform‹ sind. Unser Ortsgeistlicher hat vor fast 20 Jahren, ohne meinen Vater zu kennen, vor 50 Mitschülern zu mir, einem damals neunjährigen Kommunionkind, gesagt: ›Dein Vater ist ein schlechter Mensch, er hat deine Mutter ins Unglück gestürzt!‹ Meine Eltern führten jedoch eine beispielhaft glückliche Ehe, und dieser Mann bildete sich dieses Urteil nur wegen der Eintragung auf meinem Taufschein: ›Eltern nicht kirchlich getraut, da Vater evangelisch und in erster Ehe geschieden.‹

Vier Jahre später rauschte der deutsche Blätterwald. Selbst Größen wie T. K. und H. P. kamen angereist, um den ›Fall‹ zu untersuchen. ›Weltbild‹ brachte eine vierseitige Bildreportage über die ›Thesentüre von L.‹. Der Filmtheaterverband intervenierte in München bei Monsignore R., und warum? Wir hatten in unserem Kino den ›Pfarrer von Kirchfeld‹ gespielt. Darin mußte sich ein junger Priester auch mit dem Zölibat auseinandersetzen, weil er sich verliebt hatte. Der fragliche Geistliche wetterte von der Kanzel und schlug sieben ›Thesen‹ an die Kirchentüre. Danach wollte er Besucher dieses Films nicht trauen, nicht beerdigen, für sie keine Seelenmesse lesen und ähnliche Repressalien mehr. Von H. P. nach dem Grund gefragt, äußerte er sich dahingehend, daß meine Eltern ein ›sehr weites religiöses Gewissen‹ hätten (siehe fehlende kirchliche Trauung) und er als Priester verpflichtet sei, zu verhindern, daß seinen Pfarrkindern weisgemacht würde, es gäbe Priester, die in puncto Zölibat in Versuchung geführt werden könnten. Das gäbe es nicht, und nur Menschen mit so geringer religiöser Verantwortung wie meine Familie könnten solche Machwerke zur Vorführung bringen. Dabei war es ein harmloser kitschiger Heimatfilm.

Sehr viel später kam dann heraus, daß dieser Priester von seiner früheren Pfarrei versetzt worden war, weil es dort zu fast gleichen Vorkommnissen gekommen war, wie es der fragliche Film schildert: Ein Priester, der einer gelähmten jungen Frau mehr Sympathien entgegenbringt, als der Zölibat zuläßt. Während im Film die Frau wieder laufen lernt und von dem Priester getraut wird, wurde in der Wirklichkeit der Priester versetzt.

Dies sind nun nur zwei Beispiele zu Ihrer Aussage über Priester, die aufgrund eigenen, nicht ganz zölibatären Verhaltens nun besonders kirchenkonform gehen. Zweimal mußte ich als Mädchen öffentlich die Moral meiner Eltern anzweifeln lassen. Vielen anderen ist es aus dem gleichen Grund noch viel schlimmer ergangen.«

Dazu noch ein weiterer Fall, den ich als Kaplan seinerzeit selbst mitansehen mußte: Ein Pfarrer des Dekanats, in dem auch ich tätig war, hatte seine Haushälterin vor der eigenen Gemeinde als nahe Verwandte ausgegeben. Auch seine klerikalen Mitbrüder glaubten das. Bei einer Gerichtsverhandlung, zu der sie als Zeugin geladen war, ergab sich bei der Feststellung ihrer Personalien, daß sie zum Pfarrer in keinerlei Verwandtschaftsbeziehung stand. Die Art, wie sich daraufhin seine Confratres bei allen Anlässen und Zusammenkünften von ihm wie von einem Aussätzigen distanzierten, und zwar auch da, z. B. bei Wallfahrten, wo das Gros der Gläubigen von der Sache nichts wußte, war ein Skandal, kalt wie die katholische Nächstenliebe! Dabei gehörten zu den ihn so behandelnden Geistlichen einige, von denen ich aufgrund der Beichte ihrer Haushälterin bei mir wußte, daß sie es ebenfalls so trieben. Aber freilich, der »gewaltige« Unterschied war ja der: bei ihnen war es nicht herausgekommen, zumindest waren sie davon überzeugt, und ihr Verhältnis war jedenfalls nicht öffentlich bekannt. Sünde wurde hier – wie so oft in der zölibatären Klerikalreligion – zur Frage der Schlauheit, zu einem Versteckspiel.

Man erinnere sich in diesem Zusammenhang an die Heuchelei bei mittelalterlichen Beichten: Frauen, die eine sexuelle Todsünde begangen hatten, mußten ihre Sünde vor dem Priester am eigenen Leibe demonstrieren!

177 Vgl. das diesbezüglich klassische Werk von W. Schubart, Religion und Eros. 1941.

178 Zit. nach Deschner, a.a.O., S. 149.

Rezensionen

Eros ist keine isolierte autonome Größe; es gibt keine vollmenschliche Kommunikation unter Ausschluß der Körperlichkeit. Davon ausgehend zeigt Mynarek die Lebensläufe von Priestern mit Totalausfall humaner Liebesfähigkeit... Mynarek bringt zahlreiche Beispiele für soziale Ächtung priesterlicher Gefährtinnen, desgleichen für klerikale Fehlleistungen bei Beurteilung von Eheproblemen... Nicht Lustmaximierung als Zentralwert, sondern Liebe als konkrete Erlebnisqualität des Priesters zu ermöglichen ist Mynareks Intention.

Neues Forum, Wien

Mynarek... geht es um Fakten, die er aus eigenen Beichtstuhlerfahrungen belegt oder zum Teil, wo er Literatur nicht ausschlachtet, durch ihm zugespielte Berichte von laisierten, verheirateten oder ängstlich sich tarnenden Geistlichen vorstellt. Es geht ihm darum, in authentischen Zeugnissen, über deren repräsentativen Wert trotz allem schwer zu entscheiden ist, die für ihn mit dem Zölibat unausweichlichen »giftigen Früchte« zu erweisen. Dabei steht als eine These im Zentrum, daß das Herrschaftssystem der Kirche aufsässige Priester durch bekanntgewordene Verfehlungen erledigt: Sexmoral... Die Beispiele für falsch präparierte, in korrupteste Situationen mit Mißbrauch von Ehen, Beichtkindern oder in Homosexualität getriebene Priester sind in der Häufung sicher für die einen eine bestürzende, für die anderen die Aversion gegen die Kirche bestätigende Enthüllung.

Bücherkommentare

Die Diskussionen und Auseinandersetzungen um den kirchenrechtlich verordneten Zölibat prallen gerade in letzter Zeit vor allem im kircheneigenen Lager mit eskalierender Heftigkeit aufeinander. Mynarek legt mit dem Buch »Eros und Klerus« eine weit über den aktuellen Anlaß hinausreichende umfassende Auseinandersetzung zu diesem Thema vor, an der man nicht vorübergehen kann, wie immer man diesem Problem gegenübersteht... Die wiedergegebenen Schicksale müssen jeden tief bewegen, der Freiheit und Würde des Menschen ernst nimmt.

Neues Volksblatt, Linz

Die zentrale These Mynareks kann in Tucholskys Feststellung gefaßt werden: »Welche Rolle spielt die Kirche? Was will sie? Sie will in erster Linie sich.« Wie stur sie dabei vorgeht, demonstriert Mynarek als Insider am Beispiel des Zölibatsgesetzes... Nach Mynarek produziert das unnatürliche Zölibatsgesetz eine Palette ekklesiogener Neurosen. Sein Urteil ist entsprechend scharf.

Henry Gelhausen,
Führender Luxemburger Atheist in »d'Letzeburger Land«

Wer ist der Verfasser, der solche Haßausbrüche und leidenschaftliche Zustimmung hervorruft? Wer ist der Mann, den man geistig, seelisch und wirtschaftlich zu zerstören sucht, der immer aufs neue die Kraft findet, zu seiner Überzeugung zu stehen, sich zu ihr zu bekennen und gegen Unrecht an die Welt zu appellieren? Eine skandalumwitterte Persönlichkeit? Nichts weniger als das: ein Bekenner mit einem Mut, wie er ungewöhnlich ist, an Luther, an Müntzer erinnert, ohne die leiseste Kompromißneigung selbst eines Galilei. Jede Form von Opportunismus und Konformismus ist ihm fern. Sein Werk »Eros und Klerus« ist eine neue Anklage, mit wissenschaftlicher Akribie und persönlicher Leidenschaft zugleich geschrieben. Eine Anklage ... nicht gegen Personen, sondern gegen unmenschliche Institutionen ... Das Buch enthält Berichte, die zum Lesen aufregend, mitunter qualvoll sind. Es sind nur Berichte, zu deren Veröffentlichung Prof. Mynarek ausdrücklich ermächtigt wurde, Notschreie, die uns von Geistlichen und Nonnen, von normal empfindenden Menschen und Menschen mit homosexueller Neigung aus dem Buch entgegendröhnen. Der Verfasser bringt Einzelheiten, die unglaubwürdig wären, wenn er nicht jederzeit in der Lage wäre, den Beweis anzutreten.

Professor Dr. Werner Peiser, Botschafter i. R.
Rundbrief der evangelisch-lutherischen Gemeinde, Genua

Wünschenswert unprofessoral und erfreulich konkret reißt Professor Dr. Hubertus Mynarek in seinem Werk »Eros und Klerus« einer immer aufs neue sanktionierten Heuchelei die Maske vom Gesicht. Außer dem verstorbenen Fritz Leist hat wohl niemand das »Elend des Zölibats« in unserer Zeit mit einer so eindrucksvollen Fülle von grotesken, traurigen, tragischen Schicksalen katholischer Priester, Mönche und ihrer »Frauen« belegt und ebenso literarisch gewandt wie psychologisch überzeugend kommentiert. Ein entlarvendes, aufrichtiges, ein im besten Sinn humanes und notwendiges Buch, das man stets angeekelt und ergriffen, empört und erschüttert zugleich lesen wird, lesen muß, will man hier die fatale Wirklichkeit vom frömmlerischen Schein unterscheiden.

Dr. Karlheinz Deschner,
Autor des Buches »Das Kreuz mit der Kirche.
Eine Sexualgeschichte des Christentums«

Mynarek bietet genug Beispiele: Auf der einen Seite hört man da von jenen Kompromißlern unter den Klerikern, die sich mit Hilfe einer inhumanen Moraltheologie millimetergenau an der »Todsünde« vorbeizudrücken gewohnt sind. Man erfährt aber auch von viel Brutalität, von üblen Vergewaltigern im Priesterkleid ebenso wie von Casanovatypen, von Geistlichen, die hinter jedem Rock her sind. Alles in allem zeigt sich eine erschütternde Verflachung des Eros bei den berufsmäßigen Deutern der menschlichen Geschlechtlichkeit ... Angesichts jenes Leidens, von dessen Einzelformen dieses Buch so detailliert berichtet, wird man nur noch mit Abwehr auf die Sprüche der Idealisten hören wollen. Ja, man wird der heilen Welt dieser Art von Kirche noch weniger als bisher zu trauen geneigt sein. Man wird ihren Repräsentanten nichts anderes als »Erosvergiftung« bescheinigen, eine der schlimmsten Ketzereien auf dieser geschaffenen Welt ... Im übrigen kann man, mit Mynarek, auch kaum verschweigen, daß auch die erotische Kultur, dieser andere Grundwert der menschlichen Gesellschaft, in der Gesetzeskirche nicht zu Hause ist... Nicht bewiesen werden muß, nach diesem Buch, daß ein auf weite Strecken einseitig, weil gesetzlich interpretierter Grundwert der evangelischen Botschaft eine Fülle von Leiden mit sich gebracht hat und bringt... Es wäre nicht überraschend, wenn Mynareks Buch noch weitere Zungen lösen würde. Sie würden nur das bestätigen und bezeugen, was in den amtlichen Geheimarchiven der Kirche schlummert, das traurige Ergebnis der Herrschaft von Menschen über Menschen...

Professor Dr. Horst Herrmann,
Ordinarius für katholisches Kirchenrecht an der Universität Münster

Fallbeispiele, Schicksale »gestrauchelter Priester« bringt Mynarek genügend, um seine Grundaussagen zu belegen, daß die katholische Kirche »als perfekteste Form organisierter Religion... auch und gerade die Sexualität in ein perfektes Knebelungssystem eingeschlossen« habe. Selbst bei noch so wohlwollender Einstellung der eigenen Kirche gegenüber kann man sich der Einsicht nicht verschließen, daß eine amtlich verordnete Ehelosigkeit auf Lebenszeit oft gerade nicht das erreicht, was ihr als Sinngehalt zugewiesen wird... erst recht dann, wenn das persönliche Scheitern an diesem menschlich-weltlichen Gesetz mit dem Bannstrahl der Verachtung bestraft wird. Laisierte Priester können davon ein Lied singen. Sicher, Mynareks Interesse ist kompromißlos. Er möchte in Kommentar und Analyse seiner Schilderung das »repressiv-antisexuelle System katholische Kirche« offenlegen und anklagen... Angesichts der Probleme, vor denen die Kirche derzeit steht, kann Mynareks Buch daran erinnern, daß die Abschaffung des Zwangszölibats um der betroffenen Menschen und um der Gemeinden willen überfällig ist!

Publik-Forum, Frankfurt a. M.,
Führende katholische Intellektuellen-Zeitschrift